本书蒙国家语委"十二五"科研规划重点项目"教育领域方言文化保护状况调查研究"（ZDI125－31）、教育部哲学社会科学重大课题攻关项目"新时代国家语言文字事业的新使命与发展方略研究"（18JZD015）和武汉大学"中央高校基本科研业务费专项资金"的资助，谨致谢忱！

语言生活与语言规划研究丛书

中国语情与社会发展研究中心 组编

赵世举 总主编

"方言文化进课堂"的现状与思考

李 佳 著

中国社会科学出版社

图书在版编目（CIP）数据

"方言文化进课堂"的现状与思考 / 李佳著 . —北京：中国社会科学出版社，2024. 1
ISBN 978 – 7 – 5227 – 2285 – 6

Ⅰ. ①方⋯　Ⅱ. ①李⋯　Ⅲ. ①社会语言学—研究—中国　Ⅳ. ①H1

中国国家版本馆 CIP 数据核字（2023）第 133466 号

出 版 人	赵剑英	
责任编辑	许　琳	
责任校对	李　硕	
责任印制	郝美娜	

出　　版	中国社会科学出版社	
社　　址	北京鼓楼西大街甲 158 号	
邮　　编	100720	
网　　址	http://www.csspw.cn	
发 行 部	010 – 84083685	
门 市 部	010 – 84029450	
经　　销	新华书店及其他书店	

印　　刷	北京君升印刷有限公司	
装　　订	廊坊市广阳区广增装订厂	
版　　次	2024 年 1 月第 1 版	
印　　次	2024 年 1 月第 1 次印刷	

开　　本	710×1000　1/16	
印　　张	17	
插　　页	2	
字　　数	264 千字	
定　　价	98.00 元	

凡购买中国社会科学出版社图书，如有质量问题请与本社营销中心联系调换
电话：010 – 84083683

走进语言生活 服务社会和国家

——《语言生活与语言规划研究丛书》总序

人类创造了语言，语言也塑造了人类。语言是人性的重要组成部分，也是人类最重要的思维工具、交际工具、信息载体和社会纽带。缘此，语言生活便成为人类生活最为重要的组成部分；它也犹如社会的万花筒，折射出社会万象，纷繁复杂而又多姿多彩。顺畅、和谐、健康、美好的语言生活，无论对于个人，还是对于社会、国家和世界，都至关重要。因此，全面关注社会语言生活，深入研究和助力语言治理现代化，切实解决语言生活中的各种问题，充分满足社会和国家语言需求，也就具有不同寻常的重要意义。

我国自古就非常重视观测社会语言生活。"三代周秦轩车使者、遒人使者，以岁八月巡路，求代语、僮谣、歌戏"（刘歆《与扬雄书》），加以整理，呈奏朝廷，以供其观风俗，察民意，知得失。后来，虽然轩轩使者制度未能得以延续，但以不同方式考察和研究社会语言生活者并未间断。例如汉代大学者扬雄，遍访官员、卫卒等不同阶层人士，广采各方异言殊语，并参以石室奏籍，撰就我国第一部方言著作《轩轩使者绝代语释别国方言》，志在使人"可不出户庭，而坐照四表，不劳畴咨，而物来能名……辨章风谣而区分，曲通万殊而不杂。"（郭璞《方言注》序）至今仍为学界奉为方言研究的开山之作。隋朝李谔注意到南朝以来"文笔日繁，其政日乱"的不良状况，奏请朝廷"屏黜轻浮，遏止华伪"，肃正文风，得到了隋文帝采纳等等（赵世举，2015），不胜枚举。

当今，由于新一代计算机技术、网络技术、人工智能技术等迅猛发展，"人机共生社会"正在走来，人类生存空间、生存方式、社会结构、生产方式和生活方式等都在发生前所未有的变化，"元宇宙"、Chat GPT 等带给人们的震撼，预示了人类社会的新图景。随之，语言功能和社会语言生活也在发生全方位的、深刻的乃至颠覆性的变化，而且变得更加丰富多彩。我们每一个人都是变者，也都在接受不断的变。以下这些方面都是显而易见的：语言使用主体在变——过去人使用语言，现在机器也在使用语言；语言使用场域在变——过去只有现实空间使用语言，现在虚拟空间也在使用语言；语言使用方式在变——表达方式变了、接受方式变了、存储方式变了、处理方式变了、传输方式变了、表现方式变了、阅读及信息获取方式变了；语言本体也在变，语言服务方式也在变，语言应用也在变。与此同时，语言关系、语言格局、人们的语言观和语言意识等也在变……这些纷繁复杂而又丰富多彩的变化，又不断产生新的语言需求和问题，亟需深入研究和切实解决。这是时代赋予语言学者和相关工作者的使命。

我国地域辽阔，人口众多，语言方言丰富，语言生活中的需求和问题自然也就更加复杂多样，因此，及时关注语言生活动态，把握社会脉搏，研究和解决语言问题，引导健康和谐的社会语言生活，发展语言事业，做好语言服务，化解语言矛盾，增强国家语言能力，都至关重要。这不仅是语言文字领域的根本任务，也是社会治理的要务，直接关系到人民福祉、社会稳定、国家发展和安全，乃至人类进步。需要全社会高度重视，也需要学界积极尽责。张寿康先生早在20世纪八十年代初就指出，"愚以为语言是为社会服务的，因此语言学也要为社会服务。语言工作者要关心人们的社会语言（语文）生活，人们才能关心语言学，关心语言学的发展，拥护语言学工作者的工作。"这至今仍具有指导意义。

武汉大学中国语情与社会发展研究中心作为国家语委科研基地和

国家语言文字智库首批试点单位，自创立以来，就以"观测语言生活，解读社会万象，提供决策咨询，服务国家发展"为宗旨，主要从事中国语情观测分析以及当代语言生活、国家语言战略、语言政策与规划、有关国计民生的重大现实语言问题研究，致力于打造集语情观测、学术研究、咨政建言、学科建设、人才培养等为一体的多功能学术平台和高水平智库。为此，我们创建了系统化、立体化的语情观测发布平台，主办有《中国语情》《中国语情特稿》《中国语情月报》《中国语情年报》等连续性系列内参，建设了"中国语情动态资源库"，开办了"语言与社会"网站和"中国语情"微信公众号，以服务国家、社会和学术为己任，及时编发语情信息和关于语言生活中的重大问题、热点问题及突发事件的研究成果，成为国家有关部门和相关领域专家的重要参考。正是这些实实在在的工作基础，孕育了这套《语言生活与语言规划研究丛书》。

《语言生活与语言规划研究丛书》所研究的问题，全部来自我们长期对现实社会语言生活的实时观测，都是与国计民生关系密切的重要问题。作者均为中国语情与社会发展研究中心长期从事语情观测和研究的中青年骨干学者，各部著作都聚焦当代语言生活中的一些重大问题、热点问题和有争议的问题，开展追踪性的研究。所呈现的信息资料和思想观点，都是作者长期在语情观测和研究实践中日积月累的结晶，具有浓郁的生活气息和时代特征。近期推出的是李佳博士的《"方言文化进课堂"的现状与思考》和覃业位博士的《网络语言规范问题的社会观察及治理研究》，后续会有持续跟进。编撰这套丛书的目的，旨在对我国现实语言生活中的一些重要问题进行全面而系统的追踪和梳理，摸清其状况，剖析其因由，探讨其规律，捕捉其难点，寻觅其锁钥。力求为语言政策与规划的制定、语言生活治理和相关领域学术研究提供参考，进而为我国和谐语言生活建设和社会治理、国家语言能力提升，以及社会语言学、应用语言学、语言规划学、社会学、人类学、管理学、政治学等学科的理论创新贡献力量。

　　与本丛书密切关联的还有我们组编的《中国语情档案丛书》和《语言智库论丛》，前者以本中心主编的内参《中国语情》《中国语情特稿》《中国语情月报》为基础，致力于全面搜集、整理和综合分析我国历年的重要语情信息及相关研究信息，依年序精选汇编，力图建立一套连续的中国语情历史记录，供有关方面研究、参考；后者则旨在会聚中国语情与社会发展研究中心内外的重要学术力量，聚焦国计民生攸关的某一重大现实语言问题和前瞻性话题，开展专题探讨，提出相关对策。三套丛书各有侧重，互为补充，可从不同维度较全面地反映我国当时的语情状况及其演进动态和研究成果。

　　本丛书的出版，得到了中国社会科学出版社的支持，尤其是许琳博士为本丛书的出版付出了大量的辛劳，谨致谢忱！也一并感谢参与丛书撰写的各位作者！

赵世举

2022 年 12 月 16 日

目　　录

第一章　绪论

改革开放、特别是 21 世纪以来，受多重内外因素的影响，我国语文生活的面貌发生了较大变化，其中普通话与方言关系的不断升温，成为观察当代语言生活不可或缺的一条主线。这条主线连接的社会领域，首先是大众媒体。从 20 世纪八九十年代的"粤语北上"、东北方言小品走红，到 21 世纪之初火遍银屏的各类方言软新闻、方言情景剧和方言娱乐节目，再到时至今日热度不减的方言影视和方言写作，都是新闻媒体、文学艺术等领域持续关注的话题。

其次是公共服务领域。最早是在东南沿海地区，之后扩展到一些内陆城市，公交和地铁报站、商业机构客服乃至行政机构用语使用方言开始常态化，并不时见诸媒体。这在一些城市甚至成为周期性热议的话题，如上海地铁是否加入所谓"沪语"报站等问题。

最后是教育领域。方言文化进入教育领域的现象从无到有、从少到多、从沿海到内地，开始日渐发展。这里所说的方言文化进入教育领域并非主要以成年人为对象的社会性方言培训，而是由公办中小学、幼儿园组织，甚至由教育、文化等政府主管部门推动的，以少年儿童为对象的方言文化活动。这类活动内容极具地方特色，常被作为地方课程和校本课程的组成部分；组织形式多样，除学校之外，跟宣传、文化、社区、少工等部门都有紧密联系；名称不固定，有"方言进课堂""方言进校园""方言文化进课堂""方言文化进校园"等多种相互混用的说法。本书试图在这些纷繁复杂的现象中梳理出一定的逻辑，为主管部门、教育行业、其他关联行业乃至社会大众提供参考。

第一节   "方言文化进课堂" 的开展概况

从 2011 年开始，我们依托国家语委科研基地中国语情与社会发展研究中心及其前身单位对"方言文化进课堂"现象开展监测，至 2019 年末开始收尾并整理相关材料。9 年间，将散见于各类媒体的新闻汇集为《"方言文化进课堂"图文数据库》，并将相关研究报告或论文发表于《中国语情》等内部简报，以及《中国语言生活状况报告》《语言文字应用》等公开出版物。需要指出的是，由于各种条件的限制，我们所掌握的材料仍不充分，只求最大可能反映"方言文化进课堂"现象在全国的基本状况，以下概括为四个方面。

1. 地域差异显著

从全局来看，"方言文化进课堂"现象存在相当明显的地域差异。表 1-1 为"'方言文化进课堂'图文数据库"中新闻条目数量的分省统计。

表 1-1 "'方言文化进课堂'图文数据库"新闻条目数量分省统计

区域	东部地区										中部地区						西部地区												东北地区		
省份	北京	天津	河北	山东	江苏	上海	浙江	福建	广东	海南	山西	河南	安徽	江西	湖北	湖南	陕西	甘肃	宁夏	内蒙古	青海	西藏	重庆	四川	贵州	云南	广西	新疆	辽宁	吉林	黑龙江
新闻数量	15	0	0	11	553	506	159	603	32	7	0	0	7	3	19	11	0	0	0	0	0	0	0	4	7	1	2	2	0	0	0

　　按照原建设部《全国城镇体系规划纲要（2005—2020）》划分的经济地理大区，东部地区是开展"方言文化进课堂"活动的主要区域，其中又集中于福建、江苏、上海三省市，新闻量分别占全国总数的约31%、28%和26%，加上浙江、广东等省市，东部地区的全部新闻量已占到全国总数的97%。其余约3%的新闻量主要出现在华中和西南地区，西北和东北地区暂未发现相关报道。有鉴于此，在本书的章节安排上，我们重点考察福建、江苏和上海三省市的状况，将其他"方言文化进课堂"较为活跃的省市合为一章。

　　从我们开展的调研情况来看，"方言文化进课堂"推进最早、力度最大的区域是闽南、苏州等地，2010年前后即由当地教育主管部门组织推进，代表了该现象的早期状况。2014年以后该活动进入快速发展阶段，闽南地区开始全面铺开；苏南地区由苏州扩展到无锡、常州等吴方言区其他城市，继而向南京、扬州等江淮官话方言区城市扩展；上海市加入推进"方言文化进课堂"的行列；中西部地区开始零星开展。

　　换言之，尽管方言文化差异在全国普遍存在，但从目前来看，"方言文化进课堂"还只是一个区域性的现象，并未在全国范围内普遍开展。即使是开展较多的东部地区，其政策力度也相差甚大。这一基本结论对正确认识"方言文化进课堂"现象具有重要意义。它提示我们，"方言文化进课堂"的内在动因不仅来自语言文化本身，还有着深刻的社会根源。

2. 组织差异明显

　　全国开展"方言文化进课堂"活动的地区，在组织形态上也存在较大差异。北京、山东、湖南、浙江、广东等地主要由学校或教师自发组织，而福建、江苏、上海等地则呈现"民间呼吁、官方促成"的发展模式，即早期由民间自下而上发起呼吁，到一定阶段再由教育主管部门系统性地组织实施。后者在力度上也存在一定差异，闽南、苏南两地先由教育主管部门制定政策，再自上而下向区县学校推进；上海则先由区县幼儿园、学校自发开展，再由教育主管部门原则性地加以推进。

这种组织差异在师资和教材教研建设方面体现得尤为明显：政策力度越强，教育和语言文字主管部门发挥的作用就越大，对"方言文化进课堂"活动的具体指导也就越细致，从而在师资和教材教研建设方面就越成熟。苏州和厦门就是两个典型，现将其代表性做法列为表1-2。

表1-2   苏州、厦门两市师资和教材教研建设的代表性做法

城市	苏州市	厦门市
师资建设	2012年市教育局和语委成立了苏州方言培训中心和苏州市职业大学方言研究中心。截至2017年，已面向会讲苏州话的中小学校、幼儿园教师举办了五期培训①。 从2013年起积极挖掘民间力量，招募、培训"苏州话辅导师"，五年间共培养近500位②。	从2009年起，连续6年开办闽南方言与文化进校园暑期师资培训班，每期都有100多位教师参加学习。市语委办发布《闽南话水平测试大纲》，2018年和2019年举办两期闽南话水平测试及考前培训③。

① 《第五期"苏州话辅导师"培训班通知》，苏州市教育局、市语委办，2017年2月4日，http://jyj. suzhou. gov. cn/szjyj/xxjs/201702/ae195ab169ce47d3b1cb8fce881b41fa. shtml。

② 《苏州小孩会说方言比例全国垫底？调查结果和网传数据差距较大》，苏州发布，2017年11月29日，转引自https://www. thepaper. cn/newsDetail_forward_1883556。

③ 《厦门推广闽南方言与文化进校园 让本土文化薪火相传》，《厦门日报》，2016年6月27日，http://www. wenming. cn/syjj/dfcz/fj/201606/t20160627_3471766. shtml。

续表

城市	苏州市	厦门市
教材教研建设	市语委办聘请苏州大学汪平教授编写《学说苏州话》教材，支持国家评弹一级演员邢晏春教师编写《邢晏春苏州话语音词典》。委托苏州幼儿师范高等专科学校承办国家级课题，研究幼儿语言教学中方言的地位等①。正式出版的校本教材包括：苏州工业园区跨塘实验小学编写的《吴文化一百课》②，苏州工业职业技术学院编写的《实用苏州话》③，昆山开放大学编写的《学说昆山话》④ 等。	市教育局先后组织编写和出版了《幼儿园、小学、初中闽南话系列读本》和教学指导用书，组织编写了《高中和中职学校闽南文化选修课教学资源》供各校选用⑤。厦大人文学院中文系教授周长楫主持编写了适用于幼儿园、小学、中学的《闽南方言与文化》的系列乡土教材，共五册⑥。正式出版的校本教材包括：《厦门双十中学校本课程闽南文化系列》中的《闽南方言》分册⑦。举办"闽南方言与文化进校园"论坛等教研活动⑧。

厦门和苏州两市还在地方立法中加入了鼓励教育部门开展方言文化教育的条款，如：

---

① 《苏州积极保护吴方言传承苏州话》，苏州市教育局，2016 年 8 月 16 日，http：//www. suzhou. gov. cn/zwfw/whjy_ 13172/wtly/fwzwhyc_ 13194/201611/t20161110_ 799940. shtml。

② 《传统吴文化浸润百年老校 跨塘实小焕发生机》，新华网，2012 年 5 月 27 日，http：//www. js. xinhuanet. com/xin_ wen_ zhong_ xin/2012 – 05/27/content_ 25300447. htm。

③ 《苏工院：教师编写教材引发苏州话热潮》，苏州市教育局，2012 年 3 月 14 日，http：//www. szedu. com/jyxw/jydt/xxdt/201203/t20120314_ 114970. shtml。

④ 《让更多人感受昆山话魅力——记开放大学语文老师潘勇》，《昆山日报》，http：//epaper. jrkunshan. cn/html/2016 – 03/09/content_ 5_ 6. htm。

⑤ 《关于市人大十五届三次会议第0261 号建议的答复函》，厦门市教育局，2019 年 2 月 25 日，http：//edu. xm. gov. cn/xxgk/taya/201904/t20190419_ 2245218. htm。

⑥ 《厦门推广闽南方言与文化进校园 让本土文化薪火相传》，《厦门日报》，2016 年 6 月 27 日，http：//www. wenming. cn/syjj/dfcz/fj/201606/t20160627_ 3471766. shtml。

⑦ 《首套闽南文化教材问世》，《东南快报》，2006 年 2 月 21 日，http：//news. sina. com. cn/o/2006 – 02 – 21/01028257252s. shtml。

⑧ 《关于举办闽南方言与文化进校园论坛的通知》，厦门市教育局、厦门市文广新局，2015 年 3 月 25 日，http：//edu. xm. gov. cn/xxgk/yzdgkdqtzfxx/201611/t20161125_ 1384122. htm。

（1）教育主管部门应当开展"闽南方言与文化进校园"活动，幼儿园、小学、初中应当将闽南文化列入教学课程……支持市语言文字管理部门开展闽南话水平测试工作。（《厦门市闽南文化生态保护区建设办法》，厦门市人民政府 2015 年颁布）

（2）市教育主管部门应当组织编写闽南话和闽南文化相关读本，开展闽南方言与文化进校园活动。（《厦门经济特区闽南文化保护发展办法》，厦门市第十五届人大常委会 2020 年通过）

（3）市人民政府应当制定苏州方言普及推广的扶持政策。鼓励中小学校、幼儿园开展苏州方言教育，鼓励居民委员会、村民委员会等开展学习苏州方言的活动，鼓励新闻媒体开设苏州方言的栏目。（《苏州国家历史文化名城保护条例》，苏州市第十六届人大常委会 2017 年通过）

3. 校内校外联系紧密

从字面上看，"方言文化进课堂"活动开展的空间应该主要是学校、幼儿园，但从我们对全国、特别是热点地区的监测来看，校内开展的"方言文化进课堂"活动与校外开展的各类社会性方言文化活动具有密切联系，主要体现在教育主管部门和基层学校两个层次和以下六个方面。

（1）教育主管部门与社会人士的联系。如，各地教育局聘请高校、社会团体或民间的方言专家参与师资培训（如前述"苏州话辅导师"）及教材编写，苏州市语委办聘请苏州大学文学院教授汪平编写培训教材《学说苏州话》[1]，厦门市教育局聘请厦门大学中文系教授周长楫主持编纂《闽南方言与文化》系列乡土教材[2]。

---

[1] 《苏州积极保护吴方言传承苏州话》，苏州市教育局，2016 年 8 月 16 日，http：// www. suzhou. gov. cn/zwfw/whjy_ 13172/wtly/fwzwhyc_ 13194/201611/t20161110_ 799940. shtml。

[2] 《厦门推广闽南方言与文化进校园 让本土文化薪火相传》，《厦门日报》，2016 年 6 月 27 日，http：//www. wenming. cn/syjj/dfcz/fj/201606/t20160627_ 3471766. shtml。

（2）教育主管部门与其他部门（主要是语委成员单位）的联系。如苏州、厦门等地教育主管部门与文化部门联合制定涉及方言的地方法规或规章；厦门市教育局与厦门市文化广电新闻出版局、厦门广播电视集团联合行文，发布《关于开展厦门市闽南话水平测试工作的实施意见》；上海市教育委员会与中国福利会、共青团上海市委员会和上海市精神文明建设委员会办公室联合指导"上海小囡话上海"等社会性方言文化活动。

（3）基层学校与宣传部门的联系。如在海峡两岸乃至东南亚都有较大影响的"海峡两岸闽南语原创歌曲歌手大赛"，虽由厦门市文化和旅游局（2019 年前为厦门市文化广电新闻出版局）主办，但大赛明确要求"和'闽南方言与文化进学校'相结合，鼓励闽南中、小学学生合唱团的大量参与"，具体措施包括将组织征集歌曲的重点放在各区大、中、小学，面向厦、漳、泉、金的中小学音乐老师开设合唱指挥培训班、闽南话歌词创作培训班和歌曲创作培训班等。参加 2015 年"第九届海峡两岸闽南语原创歌曲歌手大赛"决赛的 29 组儿童代表队中，来自闽南地区中小学的共 25 支。①

（4）基层学校与群团组织的联系。共青团、少工委等群团组织也是开展社会性方言文化活动的重要力量。如绍兴市柯桥②、越城③、上虞④等区市的"我用方言话治水"宣讲展示活动均由所在地区团委牵头举办，分为校级海选、区级初赛、区级决赛三个阶段，辖区内小学积极组织参与；"上海小囡话上海"系列活动由中国福利会下属少

---

① "第九届海峡两岸闽南语原创歌曲歌手大赛"专题页，人民网福建频道，http://fj. people. com. cn/GB/339045/340948/373634/index. html。

② 《关于开展柯桥区"我用方言话治水"宣讲展示活动的通知》，共青团绍兴市柯桥区委员会等，2016 年 4 月 7 日，http://www. kq. gov. cn/zggczyqnt/gggs/201605/t20160505_398140. shtml。

③ 《越城区开展"我用方言话治水"宣讲展示活动》，绍兴市越城区教体局，2016 年 5 月 13 日，http://www. ycqedu. cn/xwcz/content_ 89609。

④ 《中小学生用方言话治水》，《上虞日报》，2016 年 5 月 10 日，http://www. shangyuribao. cn/html/2016 - 05/10/content_ 1569492. htm。

年宫牵头举办，各区（县）中小学积极参与具有区域特色的区级比赛，2014 年的首届赛事由 15 个区选拔出 26 支优秀中小学代表队参加了市级复赛。①

（5）基层学校与街道社区的联系。街道、社区参与社会性方言文化活动主要有两种方式，一是配合实施市、区等上级主管部门或群团组织开展的相关活动，二是自发组织相关活动。这两种方式主要由各社区直接面向少年儿童及所在家庭开展，也有一些通过辖区内的学校、幼儿园来组织，后者如上海市徐汇区华泾镇 2016 年举办的"第四届少儿沪语童谣传唱比赛"，就有来自该镇中小学和幼儿园的 10 支队伍参赛②；又如上海市虹口区广中社区于 2013 年在外来学生集中的广中路小学开展的"学说沪语 圆梦上海"主题暑期活动。③

（6）基层学校与社会人士的联系。这方面的联系最为广泛，相关报道也最多，主要涉及民间非遗传承人、戏曲曲艺界人士、高校方言专家、方言志愿者等。仅以闽南地区为例，泉州市鲤城区华岩小学 2015 年举行的"泉州歌诀进校园成果交流暨千名学童学歌诀活动"，邀请了市级非遗泉州歌诀传承人傅孙义为现场师生做闽南方言讲座④；《福建日报》2012 年报道了厦门公园小学定期聘请厦门歌仔戏研习中心青年演员、歌仔戏传承人曾宝珠来校讲授兴趣课程⑤；厦门双十中

---

① 《"上海小囡话上海"上海青少年沪语传承系列活动快乐收官》，中国福利会少年宫，2014 年 7 月 13 日，http：//www. cwikids. org/NewsContents. aspx？id =4786。

② 《盛华幼儿园参与第四届少儿沪语童谣传唱比赛喜获一等奖最佳舞台奖》，盛华幼儿园周岑，2016 年 6 月 5 日，http：//www. age06. com/Age06Web3/Home/ImgFontDetail？Id = 6604cf65 - 6e65 - 48cf - 8b6a - b1f512bd6a87。

③ 《外来学生学沪语 吴侬软语伴假期》，上海虹口门户网，2013 年 7 月 31 日，http：//www. shhk. gov. cn/shhk/xwzx/20130731/002003 _ 031eeffa - 016d - 4371 - a224 - be3cb51327a3. htm。

④ 《闽南文化进校园，校园上空歌诀响》，鲤城区教育局，2015 年 2 月 4 日，http：//www. qzedu. cn/content. aspx？uni =589581b8 - 7fa9 - 481a - 9b29 - cf38f7e85501。

⑤ 《厦门闽南文化生态保护渐入佳境》，《福建日报》2012 年 12 月 19 日。

学 2017 年邀请闽南方言研究专家、厦门大学中文系教授林宝卿为师生做题为"魅力闽南话"的专题讲座①，等等。

　　总之，在各地开展的"方言文化进课堂"活动场所中，发生于不同层级、或系统或零散的校内外联系是一个常态。除了配合相关单位开展各类活动外，基层学校的校外联系以邀请方言文化专家或志愿者来校讲座、辅导为主，这在一定程度上反映了校园方言文化活动师资的不足。

4. 不同层次各有侧重

　　从我们的考察情况来看，各地的"方言文化进课堂"活动场所主要以幼儿园、小学和初中为主，闽南、苏南和上海等热点地区延伸到了高中、职业院校乃至高等学校。根据少年儿童的身心发展特点，不同学段的开展特点有所不同，可将幼儿园和小学阶段归为一类，相关活动以童谣说唱和表演为主；中学和高校归为另一类，相关活动以校本课程和课外讲座为主，也有方言朗诵、演讲等活动。在这方面闽南地区拥有丰富的教研成果（详见第二章第三、四节）。以下暂引厦门市教育局组织编写的，面向幼儿园、小学和初中的 10 册《闽南方言与文化》系列读本的简介，以见一斑②。

　　　　幼儿园读本共 3 册，包括看图听故事、小课堂、念童谣、读俗语、说对话、手工制作、集体游戏等内容。学完后可用闽南话开展基本日常对话，掌握听、说闽南话基础 500 字；

　　　　小学读本共 6 册，设有童谣、词语、俗语、日常对话、边听边练、看图听故事等板块，还配有唐诗、古文诵读。学完后可在

---

　　① 《魅力闽南话 吸引你我他》，厦门双十中学，2017 年 12 月 18 日，http：//www. sszx. cn/xxxw/xxxw/201712/t20171218_ 8732. htm。

　　② 《〈闽南方言与文化〉系列读本征订》，厦门市语委办，2017 年 11 月 2 日，https：//www. xmyywz. com/list! newsDetail. do? newsId = 1733。

日常生活中流利使用闽南话，掌握听、说闽南话 3000 字；

　　初中读本共 1 册，以名家名篇为主，配有词语练习、资料袋、思考和讨论、经典选读等。学完后可对闽南文化有较为全面的理解和体验，掌握听、说闽南话 3500 字。

　　此外，厦门市教育局还组织编写了供高中和中职学生使用的"厦门市闽南文化教学资源包"，其中第二分册为《闽南话及其口传文学》，主要采用专题讲座的形式普及相关知识。现将目录摘录如下①：

　　闽南话的形成与发展、庞大而复杂的闽南话音系、闽南话的文白读音、闽南话的音变——变音变调、闽南话词语的组成、闽南话特有词的造词特点、闽南话词义的扩展、闽南话同义词、闽南话俗语的内容与分类、闽南话俗语的价值、闽南话常用俗语选、闽南话的语法与特殊句型举例、闽南话书写用字、汉字加注音是解决闽南话书写的最佳途径；

　　闽南话韵部、闽南话的顺口溜歌谣、闽南话顺口溜歌谣作品选、闽南话童谣、闽南话童谣作品选、闽南话讲古、闽南讲古作品选、闽南话答嘴鼓、闽南话答嘴鼓作品选。

　　以上内容已经涉及较为专业的方言学知识，有的甚至已经超出了一般中文系本科阶段的教学要求。

第二节　"方言文化进课堂"的研究框架

　　从以上简况不难发现，"方言文化进课堂"并不仅仅是一个教育领域的现象，其实施的动因、过程和影响都有着复杂的社会关联。在

---

① 《关于下发厦门市闽南文化教学资源包（供高中和中职使用）的通知》，厦门市语委办，2018 年 9 月 4 日，https：//www.xmyywz.com/list！newsDetail.do？newsId＝1768。

对各地实施的举措进行详细描写之前，我们首先提出一个概括性的研究框架或研究维度，一方面作为全书研究的经纬，另一方面也为读者，特别是后续研究者提供参考。

1. 地域视角

如前所述，"方言文化进课堂"现象有着显著的地域差异。从全国经济地理大区来看，东部多于中部、中部又多于西部及东北地区的态势十分明显。从东部地区内部来看，南多于北、较为发达的中心城市多于其他城市的态势十分突出。从省级行政区内部来看，上海市中心城区与郊县开展状况较为平衡，江苏和福建两个开展"方言文化进课堂"的热点省份在省域内呈现较大差异——苏南多于苏中、苏中多于苏北，闽南多于闽东、沿海多于山区。

如果将上述地域差异置于我国广阔的社会经济图景下，就会发现其与我国目前的经济地理格局呈现一定对应关系。从中可以生发一系列问题：

——全国普遍存在方言差异，各地都有以方言为载体的丰富文化现象，为何"方言文化进课堂"的外在或内在动因如此不同？

——"方言文化进课堂"的实施与当地经济基础、人口结构存在着何种联系？

——"方言文化进课堂"的实施与所在方言区的方言文艺形态和方言研究基础有着何种关联？

……

党的十九大报告深刻指出，新时代我国社会的主要矛盾已经转化为人民日益增长的美好生活需要和不平衡不充分的发展之间的矛盾。《中共中央关于制定国民经济和社会发展第十四个五年规划和二〇三五年远景目标的建议》也对推动区域协调发展提出了新的要求，指出要"健全区域战略统筹、市场一体化发展、区域合作互助、区际利益补偿等机制"，"逐步实现基本公共服务均等化"。有鉴于此，本书将地域差异作为最基本的观察视角和写作维度，将福建、江苏、上海三省市单列一章，将其他地区合为一章，以反映"方言文化进课堂"在全国的开展情况；在福建、江苏两省内部，重点研究闽南地区和苏州市的情况，以反映其在省内开展的差异，以期尽可能立体地展现"方言文化进课堂"在全国的实施状况。

2. 政府视角

在开展"方言文化进课堂"的热点地区，地方政府部门都发挥了推动乃至具体组织的作用，大致可分为以下三类：

（1）教育主管部门推动，基层校、园组织实施；

（2）宣传主管部门推动，教育主管部门参与联动，基层校、园组织实施或参与配合；

（3）区县、街道等基层政府组织推动，社区组织实施，基层校、园参与配合。

在对"方言文化进课堂"的种种争鸣中，政府应当扮演何种角色一直是一个核心问题（详见本书第六章）。一种观点认为，地方政府应在当地方言传承方面发挥主导作用，学校是方言传承的一个最为重要的场域。另一种观点则认为，方言传承的纽带在家庭，方言学习最适宜的环境是家庭。当前中国大城市人口来源多样，不同群体所使用的方言也较为复杂，择一而弃他可能造成外来儿童心理上的抵触，甚至产生逆反心理①。还有一种比较中立的观点认为，政府主管部门对方言文化传承的职责仅限于提供教育服务，是否参与方言文化类课程应由学生和家长按其个人情况和发展愿景自主选择，不应设置各类门槛或通过各种选拔机制强制推行②。

还有一些争鸣反映了更为深层次的问题，值得相关政府部门深入思考。如语言是一个不断发展变化的社会现象，在全球化和全国统一

① 司罗红：《方言传承的纽带在家庭》，《人民日报》2016 年 5 月 10 日。
② 李佳：《也论"方言文化进课堂"》，《语言文字应用》2017 年第 2 期。

市场形成的时代，变化速度尤其迅猛，应该对这些变化持何种态度；如果政府部门、学校以及老师对某种方言的态度与受教育者个人及其家庭的态度不一致，该如何处理，等等。

此外还有两类值得注意的情况书中也做了专题处理。一是一些地方政府乃至立法机构将"方言文化进课堂"列入地方规章乃至法规，对此该如何认识；二是一些地方的文化主管部门"越位"推进"方言文化进课堂"，出现了政策理解偏差，造成了网络舆情，对此该怎样应对。

3. 教育视角

"方言文化进课堂"归根结底是一个教育现象，谁教谁、教什么、怎么教、为什么教等教育要素都值得做深入研究。其中"教什么"是当前一个十分突出的问题，至今在全国范围内尚无共识，从对校园方言活动称说的差异中可见一斑。"方言进课堂""方言进校园""方言文化进课堂""方言文化进校园"等多种表述都见诸政府公文和新闻媒体，绝大多数地方呈现混用状态，厦门市则经历了从混用到固定的发展过程。

2009年6月，厦门市教育局下发的《关于推进闽南文化进课堂工作的通知》，通篇的提法都是"闽南文化进课堂"，未出现"方言"一词；但仅仅一个多月后，该局下发的《关于确定首批闽南方言与文化进课堂试点校的通知》，就将之前"闽南文化进课堂"的提法全部改为了"闽南方言与文化进课堂"。2011年3月发布的《厦门市中长期教育改革和发展规划纲要（2010—2020年）》明确提出"推进闽南方言与文化课程进入中小学"。之后，无论是2013年制定的《厦门市闽南方言与文化进校园第二阶段工作方案（2013—2015）》，还是2015年发布的《关于公布厦门市闽南方言与文化进校园特色校和试点校评选结果的通知》，抑或2016年发布的《关于推进闽南方言与文化进校园工作的意见》，采用的都是"闽南方言与文化进校园"

的提法。2015 年 12 月实施的《厦门市闽南文化生态保护区建设办法》，以及 2020 年 6 月实施的《厦门经济特区闽南文化保护发展办法》，都有教育主管部门应当开展 "闽南方言与文化进校园" 活动的表述。至此，这一提法以地方规章和法规的形式固定下来。

"闽南方言与文化进校园" 虽然明确了 "教什么" 的问题，但仔细推敲却又带来另一个问题。按照《国家通用语言文字法》的规定，"学校及其他教育机构以普通话和规范汉字为基本的教育教学用语用字"，但校园语言既有属于公域的教育教学用语，也有属于私域的非教育教学用语（如学生之间的课下交流等），后者采用普通话还是方言，法律并不干涉。换言之，校园里本来就有方言存在，又何谈 "进校园" 呢？从这个意义上讲，"进课堂" 似乎更能准确地传达校园教学活动这层含义。

此外，"进课堂" 的是 "方言" "方言文化" 还是 "方言与文化"，也值得做一辨析。方言既是一种交际工具，也是一种文化现象，同时还有以方言为载体的各类口头文艺形式，如戏曲、曲艺、童谣、民间文学等。另外，校本课程还包括许多与方言并无直接关系的地域文化现象（仅在名称上与方言有关），如地方建筑、地方饮食、地方礼仪、地方体育等。到底教什么，孰主孰次？凡此种种，本书第七章尝试性地做出了自己的思考。

4. 社会视角

"方言文化进课堂" 不是一个孤立的教育领域的现象，而是近年来整个社会普方关系发生微妙调整的一个缩影，因此有必要将其与近年来在其他公共领域出现的方言服务做一比较，以求更深入地把握其内在规律。我们选取了方言报站及方言政务服务、方言新闻（主要为软新闻）和方言影视三个领域，分实施主体、主要内容、属性、受众4 个对比点，简列如表 1 - 3。

表1-3　　"方言文化进课堂"与其他公共领域方言服务的比较

项目	方言文化进课堂	方言报站及方言政务服务	方言（软）新闻	方言影视
实施主体	教育部门为主，宣传部门、基层政府及社区组织参与	国有交通运输企业，政府窗口部门及基层办事部门	地方广播电视台	影视公司，地方广播电视台
主要内容	课内外教授方言文化知识或开展相关活动	为特定群体提供方言服务	用方言播报地方软新闻或社区新闻	影视对白部分或全部使用方言
属性	公益性	公益性	公益性为主	营利性为主
受众	青少年学生	多为本地人群体	多为本地人群体	全国观众

这类对比的关键点在"受众"。受众范围的大小从根本上取决于语言态度，其由多重因素决定，而并不简单地以本地或外地群体划分，甚至同一群体或个体在不同时间、不同场合也不尽相同。语言态度与"方言文化进课堂"的开展情况密切相关。本书通过对各地相关政策的实施动因（第二、三、四章），以及对校园方言活动各类争鸣（第六章）的梳理进行了展示。

社会视角方面，本书还着重对方言称"语"和方言使用入法两个问题进行了思考（第八章）。前者看似与"方言文化进课堂"的开展无直接关系，但实际上是关涉方言性质、地位的重大原则问题。如果不将这一问题厘清，就会造成语言意识形态的混乱，不利于包括"方言文化进课堂"在内的各类公共领域内的方言使用。后者跟"方言文化进课堂"直接相关，从我们目前的考察来看，似乎有扩大的趋势，如何在立法领域正确把握普通话与方言的关系，这恐怕比在行政领域更为重要，对此本书也做出了自己的思考。

第二章　福建省的"方言文化进课堂"

福建省是我国方言最复杂的省份之一,全国各大一级方言中,福建占有五种,最大的两种为闽方言和客家方言。其中闽方言区分为闽南、莆仙、闽东、闽中和闽北五个区,代表区域分别为厦门、莆田、福州、永安和建瓯。客家方言主要分布在闽西,以长汀话为代表。闽方言和客家方言相互交叉分布,闽南话在闽中、闽北、闽东有方言岛,客家话在闽北、闽东也有不少小方言岛[①]。

这一复杂状况在福建省的"方言文化进课堂"实践中有着鲜明的体现。具体而言,闽南方言区的厦门和泉州两市的"方言文化进课堂"活动非常活跃,活动次数不仅远多于同属闽南方言区的漳州,也远多于省会福州等其他地市(如表2-1)。以下我们先重点考察闽南方言区的情况,再来考察其他闽方言区和客家方言区的情况。

表2-1　　　福建省"方言文化进课堂"相关新闻搜集情况

方言区	闽南方言区			客家及闽客混合方言区		其他闽方言区			
地市	厦门	泉州	漳州	龙岩	三明	福州	宁德	南平	莆田
新闻条数	167	361	17	1	18	11	2	6	6

---

① 福建年鉴编纂委员会:《福建年鉴(2016)》,福建人民出版社2017年版。

第一节　文化政策驱动：省市共建
"闽南文化生态保护区"

闽南地区是我国较早推进"方言文化进课堂"的区域之一，强有力的文化政策是其最为重要的驱动力。从国家部委到省、市、区县都对"闽南文化生态保护区"建设提出了要求，既有宏观层面的引导，也有微观层面的指导，"方言文化进课堂"就是其中的一个重点领域。

1. 省级政策：闽南文化生态保护区建设

早在2007年6月，文化部就批复了福建省文化厅《关于申请设立国家级"闽南文化生态保护区"和报送〈闽南文化生态保护区规划纲要〉的报告》（办社图函〔2007〕250号）。批复对闽南文化保护的意义进行了概括，并对福建省的相关工作进行了肯定。

> 闽南文化是中华民族文化的重要组成部分。加强闽南文化生态保护，进一步传承和弘扬闽南文化，对促进闽南地区经济、政治、社会协调发展，全面建设社会主义小康社会，推动和谐文化建设、建设和谐社会具有重要现实意义。你省通过组织专家、学者调研考察，召开调研会、征求意见会，撰写《闽南文化生态保护规划纲要》等，已做了大量工作，为建设闽南文化生态保护区打下了很好的工作基础。

建设文化生态保护区是一项全新的工作，无现成经验可循，批复建议在厦门、漳州、泉州三地先行开展闽南文化生态保护实验区工作，待条件成熟再正式命名为"闽南文化生态保护区"。

在福建省向文化部报送的《闽南文化生态保护规划纲要》中，多处明确提及针对青少年群体的闽南方言保护与传承问题①：

【前言】闽南文化遗产从语言、服饰、饮食、建筑到民间习俗、民间艺术、民间工艺等与闽南人的生产生活息息相关，无不展现出浓厚的中原文化底蕴和鲜明的地方色彩。

【指导思想、方针、原则、保护目标】加强对广大青少年进行传统文化教育和爱国主义教育。鼓励公民、企事业单位、文化教育科研机构、其他社会组织积极参与文化遗产的保护工作……

【保护范围、对象】提倡青少年讲闽南话，开展闽南方言的民歌童谣等的吟诵、演讲比赛等，形成有利于闽南文化保护的语言环境。……设立闽南文化学科，乡土文化课程进大、中、小学校，形成传统文化传习、研究的教育环境。

【保护方法】(1) 进行普及性教育。继续完善乡土教材编写，在学校进行普及型教育。在幼儿园推行闽南童谣和游艺教学；小学开设方言、传统艺术、传统技艺课程；初高中开设闽南民俗、乡土文化等文化课。开办中等或高等的工艺、艺术、技术职业学校，采取相关措施鼓励就读。(2) 培养一批高层次人才。高校与地方联合培养研究人才，设立闽南文化学科，培养本科生、硕士生、博士生，培养一批保护遗产的管理人员。

【保障措施与政策】在保护区内实行较为灵活的措施：

——在大力推广普通话的情况下，提倡学习和使用闽南语；

——成立闽南文化生态保护区文化遗产保护协会；

——成立报社，发行《闽南生活报》（港澳台及海外）；设立出版社，出版闽南文化遗产丛书、音像制品等；各设区市设立闽南语电视频道；……

---

① 《闽南文化生态保护区规划纲要》，福建省文化厅，2010 年 3 月 14 日，http：//www.fjwh.gov.cn/html/9/247/13545_ 2009991020.html。

经过数年的实践和论证，福建省人民政府办公厅于 2014 年 4 月正式印发了《闽南文化生态保护区总体规划》。《规划》共分 10 个部分，有 76000 余字，不仅对闽南文化生态保护区的建设背景、指导思想、工作原则、建设目标等大政方针进行了阐述，还对闽南文化生态保护的范围、对象、内容进行了详举，制定了近期、中期、远期实施方案，并从工作机制、政策法规和经费等方面安排了具体的保障措施。《规划》中多处明确提及闽南方言以及非物质文化进入教育领域等相关问题，如在论述闽南文化的表现形式时指出：

　　闽南文化形态主要以非物质文化遗产和物质文化遗产表现出来。

　　闽南灯谜、闽南童谣等民间文学，锦歌、讲古、答嘴鼓、东山歌册等曲艺，至今仍为闽南人所喜爱；中原古汉语与闽越语融合而被称为"河洛语"的闽南方言，仍为世界数千万闽南人所使用。

在论述闽南文化的生态评估时指出：

　　社会各界积极参与文化遗产保护。各媒体积极宣传文化遗产保护，电视台开设闽南语频道、栏目，报道、介绍闽南文化遗产知识和活动。……教育部门重视非物质文化遗产的教育传承工作，各中小学继续扩大非物质文化遗产进校园、进教材、进课堂范围，大部分高校主动融入文化遗产保护工作，成立非物质文化遗产研究中心，出版文化遗产研究学术刊物。

《规划》提出要坚持活态传承原则，重视传承人的保护和培养，鼓励非物质文化遗产的社会传承和传播，使非物质文化遗产在人们的生产生活中得到传承发展。《规划》明确提出了涵盖基础教育和高等教育的总体建设目标：

继续开展学校教育传承活动，鼓励中小学校开设乡土教材课程，职业技术（艺术）院校对学生进行有关非物质文化遗产代表性项目教学传习，高校培养文化遗产保护、研究的专业人才，构建幼儿园、小学、中学、职业院校、高等院校阶梯式的非物质文化遗产教育传承体系。

发挥高校和社会有关团体的研究力量，开展非物质文化遗产保护、文化生态保护区建设、政策法规等研究，建立一套与实践紧密结合的文化生态保护理论体系。

《规划》还专设《支持学校开展非物质文化遗产教育传承》一节，对以上目标进行了详细的阐述：

教育部门要继续将优秀文化遗产内容和文化遗产保护知识纳入教学计划、编入教材，建立从幼儿园、小学、中学、职业学院（校）到大学的教育传承体系。

（一）县级以上人民政府、有关部门要按照国务院教育主管部门的有关规定，组织非物质文化遗产项目代表性传承人、教师、研究人员共同编写专业性和通俗性、知识性和趣味性、科学性和普及性有机结合的非物质文化遗产教材，包括幼儿园、小学、初中、高中教材以及教师参考书，在有条件的幼儿园、小学、中学里推广。

（二）县级以上人民政府、有关部门要对非物质文化遗产进学校、进课堂、进教材进行协调，科学安排教学内容，组织非物质文化遗产项目代表性传承人进各级学校授课辅导、传授技艺。

（三）鼓励支持福建艺术职业学院、福建农林大学安溪茶文化学院、厦门演艺职业学院、德化陶瓷职业技术学院，以及泉州艺术学校、漳州艺术学校、漳州市天福茶学院等各市的艺术职业学校、技术职业学校招收非物质文化遗产相关专业学生，采取相关措施鼓励就读。

（四）鼓励支持厦门大学、福建师范大学、闽南师范大学、泉州师范学院等开设闽南文化相关学科和专业，培养高层次的文化遗产保护、研究的本科生、硕士生和博士生。

值得注意的是，《规划》还为闽南文化生态保护区制定了周全的保障措施。如组织保障方面，成立由省政府牵头的闽南文化生态保护区工作领导小组，小组成员由文化厅、财政厅、住房和建设厅、教育厅、农业厅、民政厅、环境保护厅、民族与宗教事务厅、旅游局、文物局等部门以及厦门、漳州、泉州三市的主要领导组成；小组办公室设在文化厅，各设区市设在文化局，并依托省、市非物质文化遗产保护中心配备相应的管理、宣传、培训等专职人员的编制和专项经费。

经费保障方面，采取国家、省、市财政拨款和民间筹集方式解决经费问题，具体举措包括：

（一）国家、省、市财政投入比例为 1：1：1。

（二）省人民政府设立闽南文化生态保护区建设专项资金，列入年度财政预算。

（三）闽南文化生态保护区所涉及的市、区、县人民政府设立相应的专项资金，分别列入本级财政预算。

（四）通过政策引导等措施，鼓励个人、企业和社会组织对文化生态保护区建设予以资助，多渠道吸纳社会资金投入。

法律保障方面，以《中华人民共和国非物质文化遗产法》《国务院关于加强文化遗产保护的通知》等文件为依据，制定包括《闽南文化生态保护区保护工作管理暂行条例》在内的 7 项管理办法。

2. 市级政策：厦门、漳州、泉州三市的配套政策与立法

2007 年 6 月文化部设立批复"闽南文化生态保护实验区"仅一

年多以后，厦门市人民政府办公厅就于 2008 年 9 月 28 日转发了市文化局《关于厦门市闽南文化生态保护实验区建设规划的通知》（厦府办〔2008〕225 号）①，明确要求"注重闽南方言环境的修复"，并提出了针对教育、政务、媒体等不同领域的具体举措：

> 在普及普通话前提下，提倡青少年讲闽南话；推进闽南文化进学校工作，将闽南语教育列入学校选修课程；在市教师进修学院设立相关师资培训；在各类学校开展闽南民歌、童谣等的吟诵、演讲比赛；提倡公务员学习闽南话；在广播、电视中增加闽南方言节目，形成有利于闽南文化保护的语言环境。

2014 年 4 月福建省人民政府办公厅正式印发《闽南文化生态保护区总体规划》后，厦门市又将部门政策上升为国内首部针对文化生态保护区的行政规章②；与此同时，泉州市和漳州市也相继出台了配合《闽南文化生态保护区总体规划》的实施方案。现将三地出台的法规或政策情况对比列为表 2－2。

表 2－2　　厦泉漳三市落实《闽南文化生态保护区总体规划》的
配套法规或政策

城市	厦门市	泉州市	漳州市
法规或政策名	《厦门市闽南文化生态保护区建设办法》	《〈闽南文化生态保护区总体规划〉泉州市实施方案》	《〈闽南文化生态保护区总体规划〉漳州市实施方案》

---

① 《关于厦门市闽南文化生态保护实验区建设规划的通知》，厦门市人民政府，2008 年 9 月 28 日，http：//www. xm. gov. cn/zwgk/flfg/sfbwj/200810/t20081022_ 281246. htm。
② 《〈厦门市闽南文化生态保护区建设办法〉解读》，厦门市法制局，2015 年 10 月 10 日，http：//www. xm. gov. cn/zwgk/wjjd/jdbd/201510/t20151015_ 1210807. htm。

续表

城市	厦门市	泉州市	漳州市
文号	厦门市人民政府第159号令①	泉政办〔2015〕30号②	漳政办〔2016〕75号③
发布时间	2015年9月22日（当年12月1日起施行）	2015年7月31日（发布之日起施行）	2016年4月15日（发布之日起施行）
涉及教育领域方言使用的表述	教育主管部门应当开展"闽南方言与文化进校园"活动，幼儿园、小学、初中应当将闽南文化列入教学课程；鼓励高中、中等职业学校将闽南文化列入选修课程；鼓励市属高校在相关专业开设闽南文化和文化遗产保护课程。支持市语言文字管理部门开展闽南话水平测试工作。	在推广、普及普通话的前提下，鼓励青少年学习闽南语，培养青少年闽南语应用能力……各政府部门、社会要支持学校开展非物质文化遗产的教学传习工作。要继续开展非物质文化遗产进幼儿园、小学、中学活动；支持各种职业院校培养非物质文化遗产专门人才；鼓励各高校设立闽南文化学科，进行闽南文化教学、研究，形成闽南文化传习、研究的良好教育环境。教育部门要继续将优秀文化遗产内容和文化遗产保护知识纳入教学计划、编入教材，建立从幼儿园、小学、中学、职业院校到大学的学校传承体系。加强两岸青少年文化交流，举行泉州歌诀（童谣）、闽南语歌曲比赛、非物质文化遗产知识竞赛、旅游参观体验等活动……	开展学校教育传承活动，鼓励中小学校开设乡土教育课程，职业技术（艺术）院校对学生进行有关非物质文化遗产代表性项目教学传习，高校培养文化保护、传承、研究的专业人才，构建幼儿园、小学、中学、职业院校、高等院校阶梯式的非物质文化遗产教育传承体系。进行社会宣传教育，特别是对青少年进行教育，继续推进非物质文化遗产进校园、进课堂、进教材活动，提高青少年文化遗产保护意识；各高校继续招收、培养出一批非物质文化遗产研究、保护的紧缺人才。

---

① 《厦门市闽南文化生态保护区建设办法》，厦门市人民政府，2015年9月22日，http：//www. xm. gov. cn/zwgk/flfg/zfgz/201510/t20151026_ 1215878. htm。

② 《〈闽南文化生态保护区总体规划〉泉州市实施方案》，泉州市人民政府，2015年7月31日，http：//www. fjca. gov. cn/News/8481_ XM. html。

③ 《〈闽南文化生态保护区总体规划〉漳州市实施方案》，漳州市人民政府，2016年4月15日，http：//www. fujian. gov. cn/zc/zxwj/sqswj/zz/201605/t20160518_ 1334773. htm。

续表

城市	厦门市	泉州市	漳州市
涉及非教育领域方言使用的表述	市属电视台、电台等媒体应当开展闽南话新闻播报、制作闽南话专题节目。鼓励市民学习闽南话，公共场所、公共交通工具应当逐步推广普通话和闽南话双语广播。地名主管部门在地名的命名、更名、使用以及地名标志的设置中，应当注重对闽南文化的传承与保护。	进一步发挥地方广播电视台的作用，扩大闽南语的传播范围；鼓励公务员、服务业人员、外来务工人员学讲闽南语，形成有利于闽南文化保护的语言环境。成立或整合泉州市闽南文化研究机构。研究闽南语……	鼓励新闻出版、广播电视、互联网等媒体宣传文化遗产……增强文化自信心，营造有利于文化遗产保存、生存、传承、发展的良好社会环境。

第二节 教育政策跟进：厦泉漳三市的政策与成效

青少年的闽南方言文化教育是建设"闽南文化生态保护区"的一项重点任务，这一工作主要由厦门、泉州、漳州三市的教育主管部门承担。可以认为，三市的教育政策是文化政策的落实和延伸。

1. 厦门市的试点阶段（2009—2015 年）

厦门是闽南地区乃至全国推进"方言文化进课堂"力度最大的城市。早在 2009 年 6 月，即厦门市人民政府办公厅转发《关于厦门市闽南文化生态保护实验区建设规划的通知》9 个月后，厦门市教育局就下发了《关于推进闽南文化进课堂工作的通知》（厦教基〔2009〕48 号①），可看作是厦门市正式推进"方言文化进课堂"的开始。

① 《关于推进闽南文化进课堂工作的通知》，厦门市教育局，2009 年 6 月 3 日，http：//www. xmedu. gov. cn/sso/GovInfo. do? action = showGovInfo&newsID = 13895。

《通知》强调要"发挥学校传承和发扬闽南文化主要阵地的作用"，具体涉及三个方面，一是提高对闽南文化重要性的认识，即：

> 通过在中小学、幼儿园中开展闽南文化进课堂工作，开设有关闽南文化课程，让青少年学生学习闽南文化，了解闽南文化，热爱闽南文化，从而增强爱国爱乡的情感，为海西建设服务。

《通知》不仅要求各级教育行政和教研部门高度重视闽南文化进课堂工作，加强组织领导和管理，还要求各中小学、幼儿园充分挖掘自身资源优势，创设条件、积极开展闽南文化进课堂活动，鼓励教师进行专项课题研究。

二是加强闽南文化课程建设和课堂管理。在课程建设方面，要加强闽南文化地方课程与校本课程开发及研究，结合实施综合实践活动课程等方式，积极开展闽南文化进课程、进课堂活动。在课堂管理方面，《通知》做出了更为细致的要求：

> 要定期组织教学观摩与研讨活动，促进"闽南文化进课堂"教学质量不断提高。要及时总结"闽南文化进课堂"教学经验，编写优秀教学案例，及时推广教学经验。加强与周边地区的联系，举办"闽南文化进课堂"课程开发、学术研讨、教学观摩等活动，共同推进闽南文化教育。要主动与台湾教育界联系，交流闽南文化教育的经验，携手推动闽南文化的进一步繁荣。要加强对闽南文化任课教师的专业培训，不断提高任课教师的专业素养，力求做到集中培训与校本培训相结合，理论学习与教学实践相结合，确保培训的实效性。要建立闽南文化地方课程骨干教师队伍，发挥其带头研发闽南文化课程、教学示范、指导的作用。

三是建立"闽南文化进课堂试点校"，通过试点校建设推进"闽南文化进课堂"工作的深入开展。《通知》明确要求各区教育局推荐本区中学1所,小学、幼儿园各1所至2所参评。

　　一个多月后,厦门市教育局公布了首批试点校名单,共13所中学、10所小学和8所幼儿园,涵盖了岛内外各区。值得注意的是,此次发布的厦教基〔2009〕54号文(《关于确定首批闽南方言与文化进课堂试点校的通知》①)不仅将之前48号文中的"闽南文化进课堂"全部改为了"闽南方言与文化进课堂",且对开设闽南方言课程进行了明确:

> 　　发挥学校作为传承和发扬闽南方言与文化重要阵地的作用……
> 　　首批试点校要充分挖掘自身优势资源,创设有力条件,积极开展"闽南方言与文化进课堂"活动;制定活动方案,把闽南方言与文化课程内容纳入地方课程、校本课程和综合实践活动体系;开设闽南语教学课,开设闽南文化选修课,确保课时,定期开课;组织课堂内外的各种活动,努力使学生掌握闽南话,学会用闽南话进行基本的沟通交流;积极开展闽南方言与文化课题研究,传承与弘扬闽南地方文化,为推进课程改革服务,为海西建设服务。

　　试点校正式名称也确定为"闽南方言与文化进课堂试点校"。文件还明确了非试点校也可以开展相应活动,并要求各区教育局和各市直属校积极推动。

　　2011年3月,厦门市教育局发布的《厦门市中长期教育改革和发展规划纲要(2010—2020年)》②,将"方言文化进课堂"正式纳入课程体系。

---

① 《关于确定首批闽南方言与文化进课堂试点校的通知》,厦门市教育局,2009年7月27日,http://www.xmedu.gov.cn/sso/GovInfo.do? action=showGovInfo&newsID=15161。

② 《厦门市中长期教育改革和发展规划纲要(2010—2020年)》,厦门市教育局,2011年3月3日,http://www.xmedu.gov.cn/sso/NewsList.do? action=showNews&newsID=22689。

深化基础教育课程改革，有计划系统地开发地方课程、校本课程，推进闽南方言与文化课程进入中小学，形成国家课程、地方课程、校本课程有机统一的基础教育课程体系。

在"中长期教育发展规划纲要"中明确提及"方言文化进课堂"，这在全国尚不多见。

2013 年，厦门市教育局和厦门市语委联合制定了《厦门市闽南方言与文化进校园第二阶段工作方案（2013—2015）》（厦教语〔2013〕5 号），提出在原有第一批 31 所试点校的基础上，逐步将相关工作推广到全市各中小学校、幼儿园及中等职业学校、高等院校，力争实现"十二五"期间创建 100 所"闽南方言与文化进校园试点校"，并下达了具体的建设任务[1]：

每个区至少推荐 15 所试点校、市直属校力争全部参加试点校。

各校根据学生的年龄特点，开展各种形式的闽南方言与文化宣传教育、课堂教学、文艺表演等相关活动和比赛，积极开发闽南方言与文化校本课程。

多渠道传承和保护闽南方言与文化。倡导青少年既讲好普通话，又会讲闽南话，传承和弘扬闽南文化，使闽南方言与文化世世相传、代代不忘。

2015 年 2 月，厦门市语委办公室发布了《关于开展闽南方言与文化进校园试点校评估验收的通知》（厦语办〔2015〕2 号）[2]，并附

---

① 转引自《关于开展闽南方言与文化进校园试点校评估验收的通知》，厦门市语委办，2015 年 2 月，http：//www. tayz. cn/list! newsDetail. do? newsId = 2880。

② 《关于开展闽南方言与文化进校园试点校评估验收的通知》，厦门市语委办，2015 年 2 月，http：//www. tayz. cn/list! newsDetail. do? newsId = 2880。

《厦门市闽南方言与文化进校园教育特色校评估验收标准（试行）》，按组织领导、组织机构、制度建设、课程设置、教学研究、师资培训、组织活动、校园环境、特色成果、现场检查等制定了详细的量化评估细则（如表2-3）。通知还规定，评估得分在85分以上即达到特色校创建标准，授予"厦门市闽南方言与文化进校园教育特色校"荣誉称号；暂不能达到特色校标准的先授予"厦门市闽南方言与文化进校园试点校"称号，待条件达标可再申报特色校。

表2-3   **厦门市闽南方言与文化进校园特色校评估验收标准（试行）**

评估要素	评估标准、分值	分值	评估方式
一、组织领导（4分）	1. 有校级领导分管闽南方言与文化进校园工作（2分）；成立进校园工作领导小组（1分）。①	2分	查阅有关文件
	2. 把闽南方言与文化进校园工作列入学校议事日程，每学期召开专题研究会议不少于1次。	2分	查阅会议记录
二、组织机构（4分）	3. 有专（兼）职工作人员，明确职责（1分）。②	2分	查阅文档
	4. 专（兼）职工作人员有固定的办公场所及适应工作需要的软硬件条件（1分）；活动经费有保障（1分）。	2分	查看现场座谈
三、制度建设（10分）	5. 按照市教育局关于《厦门市闽南方言与文化进校园第二阶段工作方案》要求，建立闽南方言与文化进校园工作方案和教学制度。明确各年级的教学目标、计划和要求。	2分	查阅档案
	6. 各年级闽南方言教育教学纳入学校教育教学评估体系。	2分	查阅档案
	7. 形成合理的教学评价机制，有效促进闽南方言教育工作的开展。	2分	查阅档案抽查作业
	8. 将说闽南话的水平评价作为学生学习能力评价的组成部分，有一定的评价办法，并定期评测，有检查记录资料。	2分	查阅档案
	9. 将闽南语教学水平作为教师教学能力评价的组成部分，并定期检查、有记录。	2分	查阅档案

---

① 表中分值原文如此。
② 表中分值原文如此。

续表

评估要素	评估标准、分值	分值	评估方式
四、课程设置（20分）	10. 小学、幼儿园、初中校每周安排不少于1课时的闽南语课程，高中学校开设闽南文化选修课（8分）；学生课间、课后能使用闽南语交流，互帮、互学、互教（2分）；成立闽南语学习兴趣小组，并定时开展活动（2分）；毕业班学生大多数能用闽南话说出日常用语（3分）。（未开设闽南语课程的学校，不得参评）	15分	查阅课程表及活动材料现场抽测毕业班学生若干人
	11. 每年至少开展一次闽南文化活动或比赛。	2分	查阅资料
	12. 使用全市闽南语课程统编教材或学校自编校本教材。	3分	查看教材
五、教学研究（6分）	13. 成立教学研究小组，针对闽南语教学特点和存在问题开展教学研究和探索，推动闽南语教学改革创新。	3分	查阅档案座谈
	14. 积极开展闽南语和闽南文化有关课题研究。有科研课题和成果，每项加1分，满分3分。	3分	查阅有关材料
六、师资培训（15分）	15. 积极组织校内闽南语课程教师师资培训（3分）；积极选派教师参加市、区培训（2分）；聘请闽南语专家、学者讲课、讲座（2分）；师资数量和水平能满足教学需要（3分）。	10分	查阅培训、讲座记录、教师名单
	16. 组织校内外闽南语教师开展交流交往和教学观摩（2分）；聘请家长作为闽南语教师（1分）。	3分	查阅有关记录和聘书
	17. 学校有一名以上闽南语教师参加市级、区级闽南文化比赛获奖（每1人获奖得1分，最高得2分）。	2分	查看证书
七、组织活动（10分）	18. 每年邀请闽南文化专家或传承人或民间艺人举办专题讲座不少于1次（2分）。	2分	查阅记录
	19. 每年开展校内闽南文化艺术表演或比赛。	3分	查阅资料
	20. 积极组织学生参加区级、市级闽南文化艺术表演和比赛（2分），获区级比赛奖每项得1分，获市级比赛奖每项得2分，获省级、国家级得3分，获奖最多累计得3分。	5分	查阅资料

续表

评估要素	评估标准、分值	分值	评估方式
八、校园环境（10分）	21. 积极营造良好的校园闽南文化环境。有板报、宣传橱窗、校刊、教学软件、网络等校园闽南文化氛围布置和展示。	3分	现场察看
	22. 有专栏展示师生闽南文化活动成果，并能经常更换，师生参与度较高。	3分	现场察看
	23. 学校专门设置闽南文化展览室。	4分	现场察看
九、特色成果（6分）	24. 学校闽南语和闽南文化教育氛围浓厚，所在社区对闽南话教育教学成果反响良好。	2分	座谈了解
	25. 闽南方言与文化保护传承效果显著，形成学校特色，并能向周边辐射。有教学成果、课题研究成果、学校经验介绍供校外参观、学习，在本片区以上范围推广，有示范作用，得到广泛认可。	4分	查阅档案座谈
十、现场检查（15分）	26. 现场测试学生掌握闽南话的情况。抽测试卷平均及格得3分，每增加10分加1分，满分5分。	5分	现场测试
	27. 现场听课。准备一节闽南话观摩课程，根据教师上课情况给分，最多3分。	3分	现场测试
	28. 召开闽南话课程教师座谈会，了解师资情况和教学情况，反映好。	2分	座谈
	29. 现场汇报表演，效果好。	5分	现场观看
自评报告	30. 学校准备一份充分反映创建过程的自评报告。		
总分	以上各项合计100分 （注：得分85分以上方可评为特色校）	100分	评估得分

　　2015年12月，厦门市教育局和厦门市语委联合下发了《关于公布厦门市闽南方言与文化进校园特色校和试点校评选结果的通知》（厦教语〔2015〕11号）①，公布了通过评估验收的71所试点校和35

　　① 《关于公布厦门市闽南方言与文化进校园特色校和试点校评选结果的通知》，厦门市教育局，2015 年 12 月，http：//www. xmedu. gov. cn/xxgk/yywzgz/201601/t20160104_1256919. htm。

所特色校，共计 106 所，其中幼儿园 39 所、小学 45 所、中学 21 所（含 3 所中小学合办校）、中等职业学校 1 所。对照厦门市教育局办公室发布的《厦门市各级各类学校基本情况（2014—2015 学年初)》①，挂牌幼儿园、小学和中学分别占全市总数的 5.8%（共 674 所）、15.2%（共 296 所）和 23.3%（共 90 所）。

2. 厦门市的推广阶段（2016 年以后）

2015 年 12 月 1 日，《厦门市闽南文化生态保护区建设办法》正式实施，《办法》第 27 条明确规定：

> 教育主管部门应当开展"闽南方言与文化进校园"活动，幼儿园、小学、初中应当将闽南文化列入教学课程；鼓励高中、中等职业学校将闽南文化列入选修课程；鼓励市属高校在相关专业开设闽南文化和文化遗产保护课程。
>
> 支持各种职业院校培养闽南文化遗产保护专门人才，支持院校、研究机构及社会组织开展闽南文化研究。
>
> 鼓励非物质文化遗产代表性项目保护单位与学校开展闽南文化传承合作办学。

针对基础教育的两个"应当"，显示了厦门市推进"方言与文化进课堂"的力度。《办法》还专设"监督与责任"条款，如：

> 第三十八条　……文化主管部门和其他有关部门及其工作人员在闽南文化生态保护区建设工作中玩忽职守、滥用职权、徇私舞弊的，依法给予行政处分；构成犯罪的，依法追究其刑事责任。

---

① 《厦门市各级各类学校基本情况（2014—2015 学年初)》，厦门市教育局，2015 年 10 月 28 日，http://www.xmedu.gov.cn/xxgk/tjxx/xndgjglxxjbqk/201510/t20151029_1218897.htm。

　　第三十九条　闽南文化生态保护区建设工作纳入各级政府及其工作部门年度绩效考核。

　　市、区人民政府应当每年对闽南文化生态保护区相关建设情况进行监督检查；发现相关建设措施未能有效实施的，应当及时纠正、处理。

　　这些举措为厦门的方言文化进课堂提供了制度保障，标志着相关活动走向常态化、责任化。作为对《办法》的具体落实，厦门市教育局于 2016 年 12 月 21 日发布了《关于推进闽南方言与文化进校园工作的意见》（厦教语〔2016〕10 号）①，在组织领导、工作模式、师资建设、教学研究、监督考核等方面提出了全方位的要求。现摘录如下：

　　【加强组织领导】市教育局将重新调整和充实"厦门市闽南方言与文化进校园工作领导小组"……各区教育局、各直属校要相应成立领导小组，明确工作目标和责任分工、制定工作方案，并安排落实必要的人力、物力、经费支持。

　　【创新工作模式】

　　（一）开展多形式的闽南方言与文化教育活动

　　各区教育局、各校应组织开展多种形式传承闽南文化和传习闽南话教育活动。通过校园广播站安排一定时段的闽南语广播、开辟闽南方言与文化学习园地、组建闽南文化艺术学生社团等，努力营造教育氛围，多形式、多方位开展符合学生年龄特点，学生喜闻乐见的教育活动，倡导家校共育。从 2017 年起，确定每年 11 月份的第四周为厦门市中小学"校园闽南文化周"，每两年举办一届"学校闽南文化艺术展演"。

————————————

　　① 《关于推进闽南方言与文化进校园工作的意见》，厦门市教育局，2016 年 12 月 21 日，http://edu.xm.gov.cn/xxgk/yzdgkdqtzfxx/201612/t20161226_1457836.htm。

（二）推进闽南方言与文化课程建设

普通高中和中等职业学校应将闽南文化纳入学校的选修课程；初中、小学和幼儿园应在"地方课程"或"校本课程"中组织开展闽南方言与文化教学活动。

重视教学资源的开发与建设。市教育局将组织修订《闽南方言与文化》系列乡土教材，同时组织编写高中、中等职业学校选修课教学用书；各区、各校要在此基础上，建立和完善闽南文化校本微课资源建设，有条件的学校可自编校本教材或读本。

（三）加强闽南特色文化建设

市、区教育局积极扶持学校闽南特色文化建设，结合学校艺术教育工作的推进，将闽南民间艺术、传统工艺、戏曲戏剧等项目引入校园，作为学校的闽南文化艺术特色。每区应重点培植5—10所中小学闽南文化艺术特色校，市教育局每年重点扶持一批闽南文化艺术特色校……

【加强师资队伍建设，深化教学研究】

重视闽南话师资队伍的建设，市、区教育主管部门、教研部门要提供培训机会，提供教研平台。通过组织培训、开展专题教研、教学观摩、经验分享等形式，提高闽南文化与方言的师资水平和教学成效。同时，建立校内外师资聘用的机制，拓展师资资源。市教育局将继续聘请海峡两岸有关专家、学者，利用寒暑假分别在各区组织闽南方言与文化课程师资培训，为提升闽南方言与文化的教育教学水平和活动的质量提供师资保障。

【加强监督考核】

市教育局将依据厦门市人民政府令第159号的有关要求，把开展闽南方言与文化进校园工作情况，纳入对教育主管部门和学校的绩效考核内容。加强监督检查，建立激励机制，对工作表现突出的管理人员和教师在评优评先等给予适当的倾斜，从2017年起，每两年表彰一批闽南方言与文化进校园先进校和先进工作者。

　　各区教育局、各校要及时总结闽南方言与文化进校园工作的经验和做法，及时报送市语委办，市教育局将建立信息交流分享的平台，及时推广报道。

　　以上举措在厦门市教育局 2017 年以后的工作中均有落实，且已纳入日常工作，形成常态。如 2017 年 11 月 20—26 日举办的第一期"校园闽南文化周"①，要求全市中小学以"传承和弘扬闽南优秀文化"为主题，精心组织、加大宣传、及时总结，将活动总结（含照片）报市语委办；由市语委办组织对各区、直属校选送的表演节目视频进行评审，评选出的节目参加 11 月 25 日举行的"厦门市第三届学校闽南文化艺术展演活动"。文件将节目内容分为两类：

　　语言类（包括闽南童谣、答嘴鼓、相声、小品、讲古、闽南话古诗词吟诵等）；
　　戏剧表演类（包括南音、芗剧、歌仔戏、木偶戏、高甲戏、闽南舞狮、闽南童玩等）。

　　在最后评选出的 38 项获奖节目中，语言类节目获一等奖 1 项、二等奖 5 项、三等奖 8 项、优秀奖 7 项。
　　2017—2018 年先后评选、公布两批共 29 所"闽南文化艺术特色校"②③，其中以语言为特色项目的学校共 7 所，分别为：

---

① 《关于开展 2017 年厦门市中小学"校园闽南文化周"活动的通知》，厦门市教育局，2017 年 10 月 10 日，http://edu.xm.gov.cn/xxgk/yzdgkdqtzfxx/201710/t20171012_1807208.htm。
② 《关于公布厦门市首批闽南文化艺术特色校名单的通知》，厦门市教育局，2017 年 11 月 10 日，http://edu.xm.gov.cn/xxgk/yzdgkdqtzfxx/201711/t20171114_1823823.htm。
③ 《关于公布厦门市第二批闽南文化艺术特色校名单的通知》，厦门市教育局，2018 年 12 月 5 日，http://edu.xm.gov.cn/xxgk/yzdgkdqtzfxx/201812/t20181207_2182257.htm。

闽南童谣：厦门市金山小学、厦门市思明第二实验小学

答嘴鼓：厦门外国语学校海沧附属学校、厦门市滨东小学、厦门市集美区上塘中学

歌仔说唱：厦门市华昌小学

荷叶说唱：厦门市集美区康城小学

厦门市教育局还制定了《厦门市闽南文化艺术特色校评估细则（试行）》（如表2-4）①，确保了评选的全面性、客观性。

表2-4　　　**厦门市闽南文化艺术特色校评估细则（试行）**

评估项目	评估要素及分值	评分标准	评估方式
A1 组织 管理 （20分）	建立和完善闽南文化艺术教育管理的各项规章制度，形成有效的激励机制。（5分）	制度完善，机制运行顺畅，得5分；未达到要求的酌情扣分。	查阅资料、个别访谈
	闽南文化艺术教育纳入学校年度工作计划和工作总结，纳入学校目标管理考核内容。（5分）	达到要求得5分，无规划、无计划、无总结各扣2分。	查阅资料、个别访谈
	学校设立闽南文化艺术教育管理机构，配备必要的专职或兼职管理人员，分工明确，职责落实到位。（10分）	机构健全，职责明确的得10分。分管校长责任不落实扣3分，无分管校长扣5分；虚设机构，责任不落实扣4分；无机构，无人员的不得分。	查阅资料、个别访谈和现场查看
A2 传习 推广 （45分）	开设闽南文化艺术相关的校本课程，课程实施情况好。（5分）	有课程，实施情况好的得5分，实施情况一般得3分；无课程，不得分。	查阅资料、问卷调查和现场查看

---

① 《厦门市闽南文化艺术特色校评估细则（试行）》，厦门市教育局，2017年10月19日，http：//www.xmyywz.com/list! newsDetail.do? newsId=1736。

续表

评估项目	评估要素及分值	评分标准	评估方式
A2 传习 推广 （45分）	学校组建校级闽南文化艺术社团。有专人辅导，有活动计划和制度，有活动场所，定期开展活动，在当地有良好的声誉和影响。（10分）	有社团组织、活动好、质量高的得8—10分，其他的酌情得分，没有的不得分。	查阅资料、个别访谈或观看演出
	学校定期开展课外闽南文化艺术兴趣小组活动，发动有艺术专长教师参与辅导，学生参与面广。（5分）	每学期开展10次以上的活动，学生参与率50%以上的得5分，其他酌情得分.	查阅资料、个别访谈和现场查看
	学校长期坚持每年举办一次全体学生参与的、内容丰富的闽南文化艺术宣传展示活动，并形成制度。（10分）	达到要求的得10分；有制度但效果一般的酌情得分；未形成制度不得分。	查阅资料、个别访谈
	设有学生闽南文化艺术画廊或固定的艺术作品展览橱窗。（10分）	达到要求的得10分，一般的酌情扣分，未设置的不得分。	现场查看
	学校或学生积极参加各级教育或文化部门举办的闽南文化艺术活动，成绩突出，水平较高。（5分）	学校或学生在市级以上艺术活动中成绩显著的得5分；一般的得3—4分，不参加活动不得分。	查阅资料、个别访谈或观看演出
A3 师资 建设 （15分）	专（兼）职教师队伍相对稳定，事业心、责任心强。（15分）	师资配备满足项目指导要求，专业水平较高，队伍相对稳定，得13—15分。其他酌情扣分。	听取汇报、查阅资料和个别访谈
A4 经费 保障 （20分）	学校公用经费中有闽南艺术教育专项经费，保证闽南文化艺术教育正常开展。（10分）	每学年有专项经费的得5分，不能保证正常教学需要扣5分。	查阅资料、个别访谈

续表

评估项目	评估要素及分值	评分标准	评估方式
A4 经费 保障 (20分)	学生闽南文化艺术团(队)有固定的活动场地,服装及道具。其设备设施能满足活动需要。(5分)	能满足要求的得5分,较差的得1—4分,没有固定场地扣3分。	查阅资料、个别访谈
	器材、设备保管有序,使用率高。(5分)	做的好的得4—5分,一般1—3分。	查阅资料、个别访谈和现场查看

3. 泉州市

泉州市"方言文化进课堂"的推进工作实际上早于厦门。早在2008 年,泉州市教育局就下发了《泉州市教育局关于开展"闽南文化进校园"活动的实施意见》(泉教综〔2008〕8 号)①,最早在闽南地区开展相关活动。《实施意见》不仅强调了活动的重要意义,还给出了具体方案:

在幼儿园开设闽南童谣和闽南游艺教学;在小学开设传统艺术、传统技艺等课程;在初、高中扩大开设闽南民俗、乡土文化等课程。各地要根据当地闽南文化资源,从闽南民系与文化、闽南方言、闽南民俗……等方面,邀请相关人员编写地方教材和校本教材。市教科所可根据实际情况,统一编印《泉州闽南文化校本系列教材》……

各地学校要提倡课堂讲普通话,课外讲闽南话;组织学生开展闽南语互帮互学活动,帮助外来学生学习闽南语,让他们尽快

---

① 《泉州市教育局关于开展"闽南文化进校园"活动的实施意见》,泉州市教育局,2008 年4 月7 日,http://www.qzedu.cn/content.aspx? uni =842f6658 - 035b - 4029 - 8020 - 6ab9ff579229。

融入闽南，融入泉州。在学科教学中要有机渗透闽南文化的传承，结合语文课让学生适当了解、学习闽南方言……

各校要结合少先队活动或主题班会，举行闽南童谣说唱会、闽南文化知识竞赛、闽南语演讲比赛、闽南文化学习心得交流会等活动；

每学年或每两年举办一次"闽南文化进校园"教学成果展示活动，从中了解各校开展活动的情况……市教育局将于今年五月份举行泉州市首届"闽南文化进校园"成果展示活动，今后各县（市、区）可以积极申报承办这项活动。

据赖安娜的调查，泉州市在教材建设和校本课程开设方面成果颇丰。教材建设方面，泉州市组织编写了《泉州方言词典》《泉州闽南文化校本系列教材》和用于中小学课外学习的《泉州市中小学普及传承闽南文化系列丛书》《泉州地情系列丛书》等；漳州市教育局普教室编写的《闽南语童谣》教材也在泉州市部分幼儿园试用。校本课程开发方面，仅泉州所辖县级市晋江市，各校研发的校本课程就多达50多种，已经成体系的有晋江市实验小学等单位联合开发的《乡音》、养正中学的《闽南民间音乐》、毓英中学的《闽南语古诗词吟唱读本》、陈埭教委办的《阮学闽南话》等①。

2015年，泉州市发布了《〈闽南文化生态保护区总体规划〉泉州市实施方案》，对"方言文化进课堂"工作的常态化提出了要求（参见第一节）。当年泉州市教育局即在全市中学（中职）、小学开展"泉州市闽南文化传承基地学校"建设，部分申报条件为：

（一）学校领导重视闽南文化进校园工作，成立活动领导小组，把闽南文化进校园工作纳入学校教育改革与发展的重要内

---

① 赖安娜：《泉州市"方言文化进课堂"实施个案研究》，学士学位论文，武汉大学，2020年。

容，组织广大师生积极参加闽南文化的保护和传承活动，师生参与面达 90% 以上；

……

（四）积极开发闽南文化校本课程，在编写适合中小学教学的闽南文化校本教材等方面取得突出成绩；

（五）积极开展闽南文化进校园的课题研究，以教育科研指导和推动学校课程改革，并形成学校办学特色，在本地区具有良好的影响；

（六）开展闽南文化进校园活动成果显著，近 5 年来在县级或县级以上（市直学校在市级及其以上）教育行政部门组织的活动中得到展示、表彰。

2015[①] 和 2016[②] 年泉州市先后公布了两批"泉州市闽南文化传承基地学校"，其中涉及方言文化的有泉州市培元中学的南音、晋江青阳街道象山小学的高甲戏以及晋江市东石镇潘径小学的布袋戏。

4. 漳州市

漳州市的"方言文化进课堂"活动同样开展较早。2010 年漳州市教育局就下发了《关于开展漳州市首届闽南文化进校园活动的通知》（漳教初〔2010〕20 号）[③]，提出了十分具体的要求：

---

① 《关于公布首批"泉州市闽南文化传承基地学校"的通知》，泉州市教育局，2015 年 8 月 26 日，http：//www. qzedu. cn/content. aspx? uni = 442a514a – 55ed – 4d99 – 9313 – 7625d29e2c45。

② 《关于公布 2016 年"泉州市闽南文化传承基地学校"的通知》，泉州市教育局，2016 年 9 月 12 日，http：//www. qzedu. cn/content. aspx? uni = e6dcf3ca – 54c4 – 4142 – b6b8 – 23bd77af950d。

③ 《关于开展漳州市首届闽南文化进校园活动的通知》，漳州市教育局，2010 年 1 月 29 日，http：//59. 60. 156. 138：81/content. aspx? id = 695。

通过开展学讲闽南话、学唱闽南童谣、学说闽南语故事、收集闽南语民间故事、追寻闽南文化历史的足迹等活动，推动我市少年儿童对闽南语、闽南童谣、闽南文化的了解，传承、弘扬家乡优秀传统文化，让学生耳濡目染，在浓郁的闽南文化氛围中，感受闽南语的魅力，掌握说好闽南语的技能，……

（活动参加对象）全市各小学在校生、幼儿园在园幼儿。

（活动形式）

1. 闽南语歌舞：……闽南特色歌舞、童谣、锦歌等的表演。

2. 闽南语表演艺术：以小品、芗剧、课本剧、木偶剧等形式进行闽南语故事的表演。

3. 闽南语讲古：以相声、讲古的形式进行闽南语民间故事说讲。

4. 闽南语朗诵、演讲：……

各教育局和各小学、幼儿园要以比赛为抓手，广泛宣传发动，……积极开展闽南文化进校园的活动，确保活动生动、活泼、扎实、有效地开展。

……市教育局将根据各县、各校活动的开展及获奖等情况，评出优秀组织奖若干名，评出"首届闽南文化进校园活动示范校"。

2016 年漳州市发布《〈闽南文化生态保护区总体规划〉漳州市实施方案》后，"方言文化进课堂"工作进入了新的阶段（参见第一节）。2018 年，漳州市教育局联合漳州市文化广电新闻出版局，共同举办了"漳州市'非物质文化遗产进校园'暨'首届校园闽南语故事大赛'"，现将后者的活动方案加小标题摘录如下①：

---

① 《关于开展漳州市"非物质文化遗产进校园"暨"首届校园闽南语故事大赛"活动的通知》，漳州市教育局、漳州市文化广电新闻出版局，2018 年 1 月 18 日，http：// search. zhangzhou. gov. cn/cms/infopublic/publicInfo. shtml？id ＝ 60423271419660001&siteId ＝ 530418360902210000。

（活动主题）讲述漳州故事 演绎闽南风情

（活动目标）旨在通过小学生、幼儿园小朋友"讲古"，挖掘、整理、讲述动听的方言故事，增强广大师生的爱家乡语言、爱传统文化之情，营造浓厚的闽南文化气息，传递闽南好声音，从而更好地传承漳州传统文化。

（活动规则）参赛作品……具有较好的思想性、艺术性和观赏性，反映漳州的人文风情、传统美德，要求全程用闽南语方言表述，健康活泼，富有童趣，易于表演，短小精悍。

（参赛对象）全市小学生和幼儿园小朋友，分为幼儿组、小学低年级组（1—3 年级）、小学高年级组（4—6 年级）三个组别。

从广泛发动征集参赛对象，到各县（市、区）教育局进行初选，择优选送作品参加全市总决赛，活动历时 3 个月。6 月举行的总决赛上，专家评委从主题内容、语言表达、形象风度、现场感染、整体效果等五个方面进行综合评分，最终评出一等奖 36 名、二等奖 50 名、三等奖 36 名。为期一天半的总决赛中，有近 10 万人通过漳州电视台"直播漳州"微信公众号观看了现场直播①。

第三节　幼儿园和小学的实施探索：
以闽南童谣为核心

幼儿园和小学阶段的儿童均处于语言和身心发展的初始阶段，这两个阶段实施的闽南文化教育形式也较为相似。以葛晓英的概括

---

① 《讲述漳州故事 传播闽南声音——漳州市首届校园闽南语故事大赛总决赛火热开赛》，漳州市教育局，2018 年 6 月 3 日，http：//search. zhangzhou. gov. cn/cms/html/zzsjyj/2018－06－03/1327804257. html。

为例:①

　　　　语言类:闽南民间歌谣、童谣、民间传说、故事、讲古、答
嘴鼓、谚语、歇后语等;
　　　　工艺类:闽南民间面泥、剪纸、年画、石雕、影雕、漆线
雕、建筑;
　　　　表演艺术类:闽南民间音乐、歌谣、打击乐、舞蹈、歌仔
戏、高甲戏、闽南木偶戏等;
　　　　游艺类:闽南民间玩具、闽南民间游戏;
　　　　民俗类:闽南民间传统节庆、习俗、饮食、服饰。

　　其中,工艺类、游艺类、民俗类一般只在名物方面涉及方言;表
演艺术类中的南音、歌仔戏等戏曲只在唱词和念白中使用方言,因此
闽南方言的主要承载体还是语言类中的各项活动,特别是歌谣和童
谣。我们已将搜集到的闽南地区基层幼儿园和学校的具体实践列入图
文数据库,本节主要对发表于各类期刊的相关教研论文做一综述,以
了解掌握闽南地区幼儿阶段"方言文化进课堂"活动的规律。

1. 探索一:分阶段区别教学策略

　　按照幼儿年龄特点,分阶段、有针对性地采取不同的教学策略,
是闽南地区一线教师最为重要的经验总结。厦门市集美区侨英中心幼
儿园张迎红老师的论文对此进行了较为全面的论述②。现将其主要观
点列为表 2-5。

---

　　① 葛晓英:《开拓幼儿本土文化教育的新道路——"幼儿闽南本土文化教育课程的建
构与实施"介绍》,《福建教育》2018 年第 12 期。
　　② 张迎红:《谈闽南童谣的教学思路》,《儿童与健康》2016 年第 6 期。

表 2 - 5　　　　　闽南童谣教学的阶段特点（据张迎红 2016）

阶段	小班	中班	大班
发育特点	处于具体形象思维阶段	听说与口语表达能力逐步发展，正是学习词汇语句的活跃时期。	处于好表现的阶段。已不满足于平淡吟唱，愿意大胆表现自我风采。
教学原则	选择简短有趣、内容具体形象、有故事情境的童谣，并结合视频、歌曲、动画片、戏曲等形式进行。要以听为主、看为辅。	这时的幼儿喜欢与同伴交流，容易受同伴影响、互相模仿学习。在中班闽南童谣教学中可采用以说为主、玩为辅的方式进行。	可将创编自主权充分交给幼儿，让幼儿与家长一起商量如何编排对话、动作等，增加亲子间的互动。引导幼儿将各自创编的内容与同伴互相协商讨论，成熟时可在幼儿园、家庭、社区进行表演。
教学示例	童谣《天乌乌》虽然语句较长，但因其内容诙谐有趣、演绎成故事情境表演形象生动而深得幼儿的喜爱。此类童谣只需要幼儿喜欢听、懂得欣赏其趣味性即可。其他类似《一暝大一寸》《草蜢弄鸡公》《透大风》《月光光》《天公伯仔》等语句比较简短、内容有趣的童谣，比较适合小班幼儿传唱吟诵。而古诗词类的童谣因其个别词汇的发音与日常闽南话的发音不同，容易造成混乱，不适宜小中班学习。	可对《天黑黑》中"阿公""阿嬷""天黑黑""落雨"等常用词汇进行模仿、学说。可将闽南童谣结合游戏进行，如《放鸡鸭》结合"玩沙包"游戏。适宜中班的童谣还有《炒米芳》《补雨伞》《风紧来》《人插花》《丢丢铜》《点油点兵兵》等，都比较具有游戏趣味性，适合单人或多人游戏时吟唱。	如对童谣《蚂蚁抬蜈蚣》的改编，许多幼儿不仅将童谣中的原始语句应用于童话剧表演中，还创编出许多闽南话的日常对话用语。诸如此类适合大班幼儿以童话剧或歌舞表演的童谣还有《扒龙舟》《十二生肖》《中秋博饼》等。

2. 探索二：童谣的选材与改编

　　闽南童谣数量较多，内容也较为庞杂，因此针对不同阶段儿童的特点进行选取和改编是取得良好教学效果的重要前提，在这方面闽南地区一线教师进行了大量教学研究。如泉州市机关幼儿园的褚晓瑜老师在对闽南童谣进行筛选、改编和配曲的过程中提出了四条原则①，现引述如表 2 - 6。

表 2 - 6　　　　　　　闽南童谣的选材与改编（据褚晓瑜 2012）

原则	内涵	举例
科学性和教育性	健康向上、具有教育作用。	如《请外婆》中"外婆无嘴齿，猪肚炖莲子。莲子清又甜，豆腐煮豆生。豆生真幼嫩，外婆吃了笑纹纹……"短短几句惟妙惟肖的语言表现了孩子有趣的想法，培养了孩子尊敬长辈的情感；不但可以形成幼儿良好的思想品德，还能引发幼儿积极的情感，进而养成良好的行为习惯。
游戏性和趣味性	内容要生动，有角色、有情节，能更好地调动幼儿参与的积极性。	如闽南童谣《扭孤鸡》："搵孤鸡，觅伊密，白鸡子，去找贼，找若有，做新妇，找若无，做乞食婆"，配上《头发肩膀膝盖脚》的音乐，并设计了类同"熊和石头人"的游戏……采用了念、唱、逗的不同艺术形式，易学便记，朗朗上口，节奏明快，活泼韵律，具有浓厚的游戏性和趣味性。
歌唱性和表演性	艺术形象特点要鲜明，要富于歌唱和用动作来表现。	如《阿婆去买蚵》中幼儿边唱"阿婆阿婆去买蚵，寄人蚵，嫌臭蹉。掺蒜仔，好味素。吃依饱，去踢陀"，边自由结伴，两两相对愉快地进行表演，在情感交流的基础上形成了与同伴友好相处的良好情绪体验。
时代性和创新性	既有传统的又有现代的，要不断反映时代的变化。	既要不断增加和创编反映时代内容的新童谣，又要不断赋予传统童谣教材以新的内容和形式。如创编童谣《泉州小吃真正好》，一方面继承了传统童谣的特点，另一方面结合"闽台一家亲"的特殊关系，把盼望台湾早日回归的心愿编到童谣中，并运用角色扮演和打击乐的形式来表现，赋予了童谣很强的生命力。

此外，厦门市第十幼儿园的陈玉霜老师也提出了较为系统的童谣选材标准②，现引述如表 2 - 7。

① 褚晓瑜：《闽南童谣教材的选择和创编初探》，《学周刊》2012 年第 5 期。
② 陈玉霜：《幼儿闽南童谣学习指导策略之探索》，《幼儿教育研究》2015 年第 6 期。

表 2－7　　　　　　　闽南童谣的选材标准（据陈玉霜 2015）

原则	举例
有童趣、生活化	《扔沙包》：幼儿学习时边朗诵边抛接沙包，玩中有乐，乐中有学； 《老鼠仔》：集趣味性、游戏性为一体，幼儿依照韵律，边诵读边扮"小老鼠"和"墙洞"游戏； 童谣编选应注意时序与节令的安排，与当下的生活融合在一起。如《安博贼》展现了"夏天知了声声叫"这一厦门日常生活中常见的自然现象，《六月天，七月火》描绘了六七月间闽南地区常见的多变气候。
易学、易吟、易传	《一的炒米香》：带有序数性质且涉及幼儿日常生活中常见的食品，可以边数数、边游戏、边朗诵童谣，从中自然掌握数字"1—10"的闽南口语发音； 《十二生肖歌》：不但能认识十二生肖中各动物的排列顺序，还能了解其本领和生活习性； 《拍手歌》《田蛤仔》《天上一块铜》：表现了天真烂漫的儿童生活，既可让城市的幼儿感受到农村的不同情调，又富有喜闻乐见的生活情趣。
突出传统民间文化内涵	《月娘月光光》：反映了闽南地区的中秋博饼习俗； 《上元灯》：反映了闽南地区元宵节看花灯、踩街、吃汤圆等习俗。

　　晋江市海滨小学的林红纯老师带领课题组开发了校本童谣教材——《闽南四句》[①]。教材以《天黑黑》引入，精心设计了阿公、阿嬷以及他们的小孙子三个动画人物形象作为主人公，在演绎生活场景中学习闽南四句。教材共分 8 个单元，每个单元由"课题导入""阿公讲风俗"和"大家吹葫芦丝"等几部分组成；"阿公讲民俗"部分让学生了解了闽南地区的相关风俗，感受了闽南的优秀文化传统；和葫芦音乐的整合则增强了闽南四句及闽南话的节奏感和韵律感。

　　该校还探索利用学科渗透方式教授闽南四句，如在语文学科教学中将古诗诵读的教学与闽南语四句中的相关吟诵及时链接；又如对品德教材进行重组，丰富品德课的教育内容，提升品德课的思想高度，使闽南传统文化的教学与各学科相互呼应、相互拓展。

――――――――――

　　① 林红纯：《乡土文化视域下的校本课程开发探究——以晋江市海滨小学校本教材〈闽南四句〉为例》，《福建基础教育研究》2017 年第 3 期。

3. 探索三：童谣表演唱

说唱和表演是幼儿阶段童谣教学最为重要的手段，在这方面闽南地区一线教师总结尤多。幼儿比较好动，因此要更加注重童谣的表演，让幼儿不仅说起来、唱起来，更要动起来、演起来。如南安市梅山镇国专第二幼儿园的黄啊云老师指出[①]：

> （闽南童谣）不仅可以念一念、唱一唱、画一画、玩一玩，还可以表演……让幼儿们口里念童谣的同时，口、脑、手、脚、全身都协调地动起来，在自然、轻松、愉快中编演童谣中的故事情节，感受童谣中蕴涵的美。
>
> 例如童谣《蜜蜂仔》中让幼儿自由组合，说唱结合，将蜜蜂的外形特征和勤劳本色表现出来。又如《天黑黑》中"阿公仔欲煮咸，阿奶欲煮淡，俩人相打弄破鼎，依呀嘿都隆咚叱咚枪哇哈哈……"……制作了形象生动的图谱，制作了锄头、老太婆帽、老爷爷的白胡须、图片泥鳅等丰富的表演道具，通过表演活动，把阿公、阿妈为煮鱼争执"弄破鼎"的诙谐场面淋漓尽致地表现出来。

漳州市机关第二幼儿园的冯华萍老师也指出[②]，闽南童谣文句通俗易懂，节奏明快，音韵和谐，朗朗上口，非常适合演唱。教师选取闽南童谣，再赋予这些童谣更活泼的节奏，或者可以添加背景音乐等，使活动趣味性强，形式多样化，课堂气氛也很热烈……

> 如《十二生肖》"一鼠贼仔名，二牛驶犁兄，三虎跖山坪，

---

① 黄啊云：《探索闽南童谣教学》，《考试周刊》2013 年第 23 期。
② 冯华萍：《走进闽南童谣 感受闽南文化的魅力——关于在幼儿园开展闽南童谣教育的探索》，《闽台文化交流》2011 年第 2 期。

四兔游东京，五龙皇帝命，六蛇互人惊，七马走兵营，八羊吃草岭，九猴爬树头，十鸡啼三声，十一狗仔顾门庭，十二猪是菜刀命。"……不但认识了十二生肖中各动物的排列顺序，还了解了一些动物的本领和生活习性。

《天乌乌》"天乌乌，要下雨，阿公举锄头，要掘芋。掘阿掘，掘阿掘，掘着一尾旋留姑……"一群六七岁的孩子，打扮成阿公、阿嫂，诙谐、可爱，其余的孩子或跺脚，或拍掌，或扭腰，孩子们的表演，把阿公、阿嬷为煮鱼争执"弄破鼎"的诙谐场面更加淋漓尽致地表现出来，一颦一笑中充满童趣。

厦门市第十幼儿园的陈玉霜老师还探索了如何将直观形象的闽南民间艺术瑰宝——布袋戏（木偶戏）引入童谣教学中①：

《天乌乌》中涉及关于"旋溜姑""鼎""咸""淡"等难以理解的闽南词汇如何让幼儿领会掌握，歌谣的意境如何让幼儿理解等。为解决这些问题，教师抓住了《天乌乌》这首歌谣具有情节性、有角色冲突与高潮的特点，将歌谣内容改编成布袋戏（木偶戏），融入了与歌谣内容相映衬的场景、对话，使故事情节精彩地呈现在幼儿面前……不仅为幼儿学习理解童谣、掌握童谣里相关的字、词、句的含义提供了有力的支持，还引发他们一边观看木偶戏，一边情不自禁地模拟阿公阿嬷使劲"掘芋"和争抢"鼎"的动作……对这首歌谣意境的理解也更入木三分。

到了小学阶段，随着少儿心智的逐渐发育，可以音乐的学习与鉴赏为中心，以表演为辅助和配合。如早在 2003 年，厦门第二实验小学的魏幼琳老师就总结了两条将音乐教学融入闽南童谣的教

① 陈玉霜：《幼儿闽南童谣学习指导策略之探索》，《幼儿教育研究》2015 年第 6 期。

学法①：

　　图形节奏谱教学法：在音乐课堂教学中，让每个学生都有一件打击乐器，学生用乐器节奏和着闽南童谣的旋律演奏……如采用图形节奏谱感受闽南童谣《一只鸟仔》：

$$ \top\ \top\ |\ \top\ \dashv\ |\ \triangle - |\ 7\ 7\ |\ \triangle - |\ 0\ 0\ |\ \triangle - |\ 0\ 0\ | $$

　　这些图形表示不同的打击乐器。学生依据图形打击节奏，感受旋律独特的风格特点，领悟闽南童谣中那充满生活情趣，以及诙谐幽默的文化内涵，在多种感官参与中感受学习童谣的快乐。

　　声势律动教学法：采用声势律动导入课堂教学，调动学生肢体的律动，视觉的律动，思维的律动，可以增强学生对歌谣的理解与感受，引发他们的学习兴趣……如学习闽南童谣《大头仔》……我设计了拍手、拍腿、双手绕圈、跺脚、耸肩的律动游戏，如律动图所示：

$$ \uparrow\uparrow\ \ \uparrow\uparrow,\ \ \circlearrowright\ \ \circlearrowright,\ \lrcorner\ \llcorner\lrcorner\ \llcorner,\ \uparrow\downarrow\ \uparrow\ \downarrow\uparrow\ \downarrow\uparrow\ \downarrow $$

　　学生看着图做律动，和着音乐做律动，唱着歌谣做律动……调动了学生的语言反应、肢体反应和内心反应，贯彻了审美教育的实践性原则。

　　又如厦门实验小学集美分校的吴艳丽老师借鉴"奥尔夫教学法"，运用节奏练习、音律配合、角色扮演、游戏等教育手段，突显童谣的艺术特征，并使用肢体动作促进情感表达，取得了良好效果。② 在教授童谣《跳格子》时，通过图示引导学生主动发现和创编童谣中的节奏（如图2-1）。

---

① 魏幼琳：《闽南童谣与音乐教学》，《厦门教育学院学报》2003年第1期。
② 吴艳丽：《开创音乐学习新天地——闽南童谣融入音乐课堂的尝试》，《中小学音乐教育》2012年第2期。

划格 啊 | 将厝 起 | 一层一层 起顶 | 起 一 |
国际饭店 | 二十四 层 | 赚瓜 工钱 | 真困 难 |
跳跳 跳 | 起起 起 | 跳得 汗水 | 草草 滴 |
国际 饭店 | 二十四 层 | 赚瓜 工钱 | 真困 难 |
起起 起 | 起 起 | 跳跳 跳 | 跳 跳 |
起起 起起 | 起 一 | 跳跳 跳跳 | 跳 一 |
一阵 笑 | 一阵 哭 | 两朵眼睛 开大 | 炮 一 |
轰 轰 | 轰轰 轰 | ……

图2－1 《跳格子》节奏

在教授童谣《阿猴》时，老师使用自制小快板，引导学生掌握正确的节奏形，挖掘出了节奏意识在音乐情绪表现中的重要作用。

4. 探索四：童谣游戏

游戏与童谣的有机结合是闽南地区基层教学实践中的又一重要特色。一方面游戏是幼儿阶段智力开发的必要和有效形式，另一方面特色游戏在闽南地区的非物质文化遗产中也占有重要地位，因此从幼儿园到小学均可施用，已有不少教研论文对此进行了探讨。现将文中所举实例汇总如表2－8。

表2－8 童谣游戏的教研实例

单位、教师	案例
厦门市第十幼儿园陈玉霜①	《占椅子》与幼儿日常游戏密切相关。活动开始前，教师先引导幼儿观看平时玩“抢椅子”游戏的录像，引发了学习童谣的热情；接着在结合课件学习吟诵童谣的过程中，形象有趣的游戏情景仿佛出现在幼儿眼前，真正地理解了童谣的意境；最后教师把童谣内容再现在游戏体验中，幼儿在兴趣的驱使下边诵读《占椅子》童谣边玩起“抢椅子”游戏。

① 陈玉霜：《幼儿闽南童谣学习指导策略之探索》，《幼儿教育研究》2015年第6期。

续表

单位、教师	案例
泉州市机关幼儿园刘小梅①	开展大班童谣游戏时，在游戏玩法的设计上要注意合作性、互动性，可以遵循二人游戏—交换同伴游戏—三人或多人游戏的顺序，让他们体验到合作、互动游戏的乐趣。如童谣游戏《元宵圆》，游戏的目的是让幼儿用动作随童谣节奏表现做元宵、煮元宵的过程……在与同伴的互动游戏中幼儿思维不断拓展，合作能力、反映的敏锐性和音乐的表现力也得到了提高。
泉州市丰泽区宝秀幼儿园黄晓云②	通过闽南童谣和丰富有趣的游戏进行有机结合，不仅可以使幼儿的活动积极性得到提高，也可以充分培养他们的思维能力。比如在《玩骰歌》中，幼儿就可以在"一放鸡，二放鸭，三拨开，四合拢"的念词中一边游戏一边歌唱，既能对自己的身体形成认识，也学习了数字的相关知识。
泉州市安溪县实验幼儿园陈凤春③	《放鸡鸭》《老鼠仔》《厚虾厚蛟蚤》等。针对幼儿的年龄特点，巧妙地将童谣的内容融入游戏中。音韵和谐的童谣，不仅强化了游戏的节奏感，更增强了游戏的情境体验、生活气息和娱乐氛围。
漳州市机关第二幼儿园的冯华萍④	幼儿在自由愉快的游戏中能提高交往、合作和自控能力。如《厚虾厚蛟蚤》，配上《小鸭小鸡》的音乐，一开始让幼儿一个跟着一个，有节奏地、顺时针走单圈，到衬词部分"抓来柯、放伊走"的时候，让幼儿面向圆心合拢，做放开的动作。 再如《老鼠仔》，幼儿自由结对，有的当墙洞，有的当老鼠，"小老鼠"穿过"墙洞"进行游戏，当念到"人人看到拢爱掠"才能放下"墙洞"抓住"小老鼠"……

① 刘小梅：《闽南童谣融入大班音乐教学的实践与思考》，《学周刊》2011年第34期。

② 黄晓云：《东亚文化背景下中班闽南童谣的研究》，《新课程（小学）》2016年第10期。

③ 陈凤春：《闽南童谣融入小班听说游戏活动的实践与思考》，《新课程（小学）》2014年第11期。

④ 冯华萍：《走进闽南童谣 感受闽南文化的魅力——关于在幼儿园开展闽南童谣教育的探索》，《闽台文化交流》2011年第2期。

续表

单位、教师	案例
漳州市东山县实验小学附属幼儿园黄莉琛①	《一的炒米香》："一的炒米香，二的炒韭菜，三的呛呛滚，四的炒米粉，五的五将军，六的六团孙，七的蚵仔煮面线，八的公家分一半，九的九姆婆，十的扛大锣。"这是一首教幼儿数数的儿歌，可以边念童谣边进行拍手游戏。 《食子仔歌》："一放鸡，二放鸭，三分开，四相打，五搭胸，六拍手，七零零，八摸鼻，九清耳，十称斤。"这首玩"丢沙包"的儿歌，集数字、韵律、游戏于一体，让幼儿在游戏的融合中把握节奏，增强活动趣味性和幼儿的学习热情。 《挨啊挨》："挨呀挨，载米载谷来喂鸡，喂鸡会叫更，喂狗会叫眠，喂查埔养人生，喂查某换人骂。"念童谣时，边做推磨游戏，每个节拍完成一个来回推拉动作。 《摇啊摇》："摇啊摇，摇啊摇，摇到外婆桥。桥下流水笑，桥顶榕树摇。阮团卡紧睏，睏饱吃饱嗵俟佗。"教师设计了双臂屈肘，左右轻摇动作，做花状微笑动作、轻拍娃娃动作，双手合拢做睡觉动作。
厦门实小集美分校吴艳丽②	闽南童谣充满趣味，可吟诵、可唱、可玩，比如《一放鸡》《捉迷藏》《炒汝葱》《决米糕》等。如玩丢沙包的游戏，让孩子准备6—12个小沙包和一个乒乓球，"一放鸡，二放鸭，三分开，四草贴，五贴胸，六贴手，七踢球，八摸鼻，九贴胸，十贴脚，十一贴地板，十二拢共收。"
厦门市思明小学谢婕妤③	让学生在"玩"的过程中主动学习，无拘无束的享受音乐，激发学生参与学习的欲望，培养学生活泼开朗的性格和合作精神及增强自信心，从而让学生身心健康得到发展。如童谣《扒龙船》唱出了端午节龙舟比赛时的欢腾场景，在教学中教师可设计边吟唱童谣边玩"龙舟竞渡"游戏，将班级学生分成四个小组并排成四列，后面的学生依次抱住前面学生的腰或者拉住衣服，边吟唱童谣边蹲着模仿"扒龙船"的动作有节奏地向前走，哪一组先划过终点就是冠军。

---

① 黄莉琛：《闽南童谣在幼儿教学活动中的实践与探索》，《考试周刊》2013年第A2期。

② 吴艳丽：《开创音乐学习新天地——闽南童谣融入音乐课堂的尝试》，《中小学音乐教育》2012年第2期。

③ 谢婕妤：《唱响乡音 唤起乡情——浅谈闽南童谣融入小学音乐教学的实践与思考》，《北方音乐》2017年第19期。

5. 探索五：童谣绘画与童谣视觉展示

由于幼儿阶段抽象思维尚未成熟，因此绘画、实物等视觉手段被大量运用于幼儿园和小学低年级的童谣教学中。厦门市思明小学的谢婕好老师对其理论背景进行了充分论述①。

> 苏霍姆林斯基指出："直观是一种发展观察力和发展思维能力的力量，它给认识带来了一定的情景色彩"。在课堂教学活动中，根据皮亚杰儿童认知发展理论，7—12 岁的儿童思维已具有可逆性和守恒性，但这种思维运演还离不开具体事物的支持。教师可适时创设直观的课堂情景，为学生提供栩栩如生的动态图画，收集各种实物，在辅以生动优美的语言，促使学生积极进行思维活动，激发学生的学习兴趣。

现将相关教研论文中的具体做法汇总如表 2－9。

表 2－9　　　　　**童谣绘画与童谣视觉展示的教研实例**

单位、教师	案例
厦门市第十幼儿园陈玉霜②	《掠土溜》描绘了老爷爷到鱼池抓"土溜"（泥鳅）的生动情节，极富生活情趣。童谣中出现了诸多表述"土溜"习性、动态以及捉"土溜"的动词，如"蛇、滑、伸、掠"等，是幼儿学习童谣的难点。教师先在自然角中饲养活生生的"土溜"，让幼儿自主观察、发现"土溜"是爬来爬去的，闽南话称之为"蛇"；伸手摸一摸、捉一捉"土溜"，感受"土溜"身上滑溜溜，闽南语又如何称"滑"；再议一议闽南语又是如何表示"伸、掠"等词语的等。幼儿在喂养、观察"土溜"动态的过程中获得了感性经验，自然习得了这些动态语汇的闽南话发音，为突破《掠土溜》童谣中的学习难点起了非常有效的铺垫作用。

---

① 谢婕好：《唱响乡音 唤起乡情——浅谈闽南童谣融入小学音乐教学的实践与思考》，《北方音乐》2017 年第 19 期。

② 陈玉霜：《幼儿闽南童谣学习指导策略之探索》，《幼儿教育研究》2015 年第 6 期。

续表

单位、教师	案例
泉州市丰泽区宝秀幼儿园黄晓云①	如教授《飞飞飞》时，孩子可以通过想象画出蜻蜓的飞舞、或壁虎的灵巧、或鸡翁的憨厚。不仅能提升他们的绘画和联想能力，也有助于加强他们对闽南童谣的感情认同和热爱。
南安市梅山镇国专第二幼儿园黄啊云②	《骑马》："胖娃胖嘟嘟，骑马上成都。成都又好耍，胖娃骑白马。白马骑得高，胖娃耍关刀。关刀耍的圆，胖娃吃汤圆。汤圆掉了，把胖娃气吹了。"在画的过程中，既激发了幼儿学习童谣的兴趣，又让幼儿对童谣有了更深刻的理解，发掘了幼儿的想象和创造潜能，加深了幼儿的记忆。 《老鼠仔》："老鼠仔，褪赤脚，一冥嗨睏蛲蛲动。起来想偷食，人人看见都爱掠。"引导幼儿按节奏边念边想象，鼓励幼儿大胆地用自己喜欢的色彩图画表现蠢蠢欲动的小老鼠形象，想象老鼠被捉的动作，并将幼儿的美术作品贴在美术墙上展览，让幼儿们在快乐的学习中明白人不可好逸恶劳的道理。
安溪县实验幼儿园陈凤春③	认真制作与童谣内容相关的图片或者利用收集到的一些影像资料，通过视频上鲜艳的色彩、丰富的动态帮助幼儿更好地理解童谣的内容。如《羊仔囝》《安溪风味小吃》等，分别通过生动的视频和形象的图片，让幼儿在积极的欣赏过程中掌握童谣的内容。
东山县实验小学附属幼儿园黄莉琛④	如教授《东山特产展不完》时，依顺序出示澳角、后宅、山后、亭仔口、前岐、马銮、后林、铜砵、铜山、下湖、西埔、岱南、钱岗的图片。由于图片直观，颜色鲜艳，画面清楚，立即引起幼儿学习的兴趣，使幼儿直接理解和掌握词语的意义，又帮助幼儿按顺序记忆、理解那些地名。
厦门市思明小学谢婕好⑤	如在学习《水蛙仔子》时，教师准备了一只青蛙玩偶，让学生观察青蛙外形有什么特点，从而引导学生学习闽南话"肚大大""嘴阔阔"。然后再运用直观的简笔画，让学生看着简笔画逐句对应，学习童谣歌词。

---

① 黄晓云：《东亚文化背景下中班闽南童谣的研究》，《新课程（小学）》2016 年第 10 期。

② 黄啊云：《探索闽南童谣教学》，《考试周刊》2013 年第 23 期。

③ 陈凤春：《闽南童谣融入小班听说游戏活动的实践与思考》，《新课程（小学）》2014 年第 11 期

④ 黄莉琛：《闽南童谣在幼儿教学活动中的实践与探索》，《考试周刊》2013 年第 A2 期。

⑤ 谢婕好：《唱响乡音 唤起乡情——浅谈闽南童谣融入小学音乐教学的实践与思考》，《北方音乐》2017 年第 19 期。

6. 探索六：童谣与民俗体验

闽南童谣内容包罗万象，不仅有自然风貌，也有大量社会民俗，对非物质文化遗产的传承具有重要意义。通过创设场景进行民俗体验，也是闽南地区基层教研的一大创新。现仍将相关教研论文中的具体做法汇总如表2－10。

表2－10   **童谣与民俗体验相结合的教研实例**

单位、教师	案例
厦门市第十幼儿园陈玉霜①	《作伙来呷茶》呈现了日常生活中关于泡茶、品茶点的生活情境。教师有意创设了茶点屋和户外泡茶场地的情景，带着幼儿围坐在事先创设的泡茶场景中，真实地泡茶、品茶点，从中自然地引出了童谣里的短句。如让幼儿感受到茶的热，引出"茶烧烧，配米糕"；闻一闻茶的香，引出"茶香香，配米香"；最后自然地归纳出完整的童谣《作伙来呷茶》。
漳州市机关第二幼儿园冯华萍②	《食粿》："一包，二圆，三甜，四麻糍，五龟，六粽，七嗦，八米糕，九重炊，十芋粿，十一筛，十二黍，十三咸粿。"简短的几句童谣，几乎把闽南各色糕点说了个遍。 《新年歌》："初一早，初二巧，初三睏到饱，初四顿顿饱，初五隔开，初六挹肥，初七七元，初八原全，初九天公生，初十有食食，十一请团婿，十二查某囝转来拜，十三食饮糜仔配芥菜，十四结登棚，十五上元暝，十六拆灯棚。"概括了闽南地区过新年时的饮食和风俗习惯。
东山县实验小学附属幼儿园黄莉琛③	在进行主题活动"过新年"时，可选择童谣《新正歌》："初一早，初二早，初三睏到饱，初四剩饭炒，初五戒归，初六捎囝仔尻川。"利用视频课件介绍"初一（拜正日），初二（女婿日），初三（赤狗日），初四（接恁），初五（假开）"等基本含义，激励幼儿对过年的向往，丰富过年体验。 端午节前可选择《扒龙船》："五月节，扒龙船，大人团仔哗哗滚，海面一排四只船，岸上人马一大群，比赛开始啡仔盆，浆起浆落水花喷，拍锣拍鼓做后盾，满头面汗争冠军。"使幼儿在游戏朗读中犹如观看一场精彩的龙舟比赛，丰富端午节主题谈话内容。

---

① 陈玉霜：《幼儿闽南童谣学习指导策略之探索》，《幼儿教育研究》2015年第6期。

② 冯华萍：《走进闽南童谣 感受闽南文化的魅力——关于在幼儿园开展闽南童谣教育的探索》，《闽台文化交流》2011年第2期。

③ 黄莉琛：《闽南童谣在幼儿教学活动中的实践与探索》，《考试周刊》2013年第A2期。

续表

单位、教师	案例
厦门市思明小学 谢婕好[1]	如在童谣《中秋博月饼》时，教师拿出了月饼、大碗、骰子，导入中秋"博饼"游戏。在热闹的"博饼"现场中让学生自己说说博到了什么，引入闽南话"一秀、对堂、状元"等词语；再运用直观的多媒体图片，让学生看图片说名词"孙仔、阿姐、大兄、安妈、安公"，并让学生聆听童谣歌词，找出图片对应的词语，最后通过借助图片记忆歌词"孙仔细汉他中一秀，阿姐博无她让大兄，博着对堂安妈赢，安公博着状元饼"。在课堂中闽南文化润物细无声地渗透进了学生的心灵，升华了学生心中的乡情。

第四节　中学和高校的实施探索：从校本课程到方言专业方向

中学阶段的"方言文化进课堂"主要通过校本课程和课外活动加以体现，厦门双十中学在这方面积累了较多经验。此外，厦门市还结合当地的实际情况，在市属高校开设了隶属于播音主持专业的闽南方言播音方向，引起了媒体的广泛关注。

1. 多维校本课程中的闽南方言与文化

厦门双十中学较早（2004 年）在高中阶段开设"闽南文化"选修课程，以下我们将双十中学校长陈文强、教研室主任许序修[2]以及李志东、吴秀菊老师[3]的教研论文中介绍的经验总结为三点。

（1）双十中学的校本课程并未单独针对闽南方言，而是将其作为

---

① 谢婕好：《唱响乡音 唤起乡情——浅谈闽南童谣融入小学音乐教学的实践与思考》，《北方音乐》2017 年第 19 期。

② 陈文强、许序修：《立基地域文化的校本课程建设探索——以福建省厦门双十中学〈闽南文化〉课程为例》，《中国教育学刊》2010 年第 7 期。

③ 李志东、吴秀菊：《十载深耕闽南文化 开拓课程改革新路——地方课程"闽南方言与文化"的十年探索》，《课外语文》2014 年第 14 期。

闽南文化课程体系中的一个专题。整个"闽南文化"课程由"闽南民系与文化""闽南方言""闽南习俗""闽南名胜""闽南建筑""闽南先贤""闽南民间戏曲""闽南民间信仰"八大专题组成，每个专题分 20 个单元，每个单元内容既相对独立，又与本专题的其他单元内容共同组成一个完整的整体。

（2）在课程实施过程中注重发挥社会力量，将专业学术团体与学校课程组织相结合。如在 2004 年课程酝酿阶段，语文特级教师李金城联系了闽南文化研究会，得到其大力支持。许多老专家积极出谋划策，自告奋勇承担课题，从联系到正式开课仅用了一个月时间。陈耕、彭一万、周长楫、龚洁、方友义、杨浩存、范寿春等 8 位厦门文化学术界的知名专家讲授了"闽南历史与内涵""闽南名胜古迹""闽南历史人物""闽南方言""闽南民俗""闽南建筑与美食"等课程，其后的教材编写也由校内老师和校外专家合作完成。

（3）注重教材建设和教学研究。第一轮授课仅一年后，双十中学就开始筹划整理教案、出版闽南方言与文化教材。学校领导、语文教研组与厦门市闽南文化研究会的专家就教材体系的规划、课时的设定、体例的安排进行了具体研究，于 2005 年底完成了双十中学《闽南方言与文化系列丛书》共 8 册、40 多万字的编写任务。其中《闽南方言》由厦门大学教授周长楫编写。2006 年 3 月教材首发式在双十中学举行，厦漳泉三地几乎所有地方报纸都作了重点报道，在社会上产生了轰动效应。2013 年吴秀菊老师主持的课题《地方课程"闽南方言与文化"开发与实施研究》顺利通过学校、厦门市和福建省三级评审并分别立项。

吴秀菊老师还另文对该教研项目的主要研究内容、创新点和关键问题进行了介绍，现摘录如下①。

---

① 吴秀菊：《地方课程"闽南方言与文化"的开发与实施研究》，《心事·教育策划与管理》2014 年第 8 期。

　　主要研究内容：一是开发课程的内容，二是开发规范的用字、注音体系，三是如何更好地运用于学校教学中。如何更好地运用于学校教学方面，要特别考虑到不同年龄层学生的特点，考虑到学生的母语学习习惯和接受闽南话的情况等。

　　创新点：将闽南话中的俗语和唐诗的吟诵有机结合，使闽南话课程既有作为方言的生活化、通俗的一面，又有作为古语的诗意、传统的一面。不仅能让学生更好地掌握闽南话中的文读与白读，同时还与语文教学产生了紧密联系，起到了辅助教学的作用。规范用字、注音体系，使这套教材中的注音能涵盖闽南语的各种韵母声调，用字能有一定的标准，同时又适合学生理解记忆。

　　关键问题：如今学校中很大一部分学生来自外地，身边没有说闽南话的环境，不习惯闽南语的声调、鼻化韵等。要怎样从零开始，进行没有基础的教学，值得研究与思考；闽南话中存在文读与白读的区别，尤其在唐诗的吟诵上，许多字与平时的读音是不相同的，如何使学生熟练地区分并运用文读与白读，也是课程中必须考虑的内容；闽南话课程的检验标准是什么，如何保证学生们在学习之后能够运用闽南话，怎么将学到的内容落实到现实生活中，这也需要思考；闽南话课程离不开教师，如何培训闽南话课程教师是后续需要做的工作。

李志东老师也另文对上述三项主要研究内容进行了补充介绍，现摘录如下①。

　　1. 开发课程的内容方面，所选的材料应该符合闽南话的特色。作为流传久远的方言，闽南话中有很多俗语、典故，里面包

---

① 李志东：《地方课程"闽南方言与文化"的开发与实施研究》，《课外语文》2015年第2期。

含了闽南人民的风趣幽默和闽南文化的特色；作为上古音韵的传承，用闽南话吟诵唐诗能更好地还原当时的音韵美。这两个方面，都应该出现在闽南话课程中，二者相结合，使闽南话课程既有作为方言的生活化、通俗的一面，又有作为古语的诗意、传统的一面。同时使用闽南话吟诵唐诗还与语文教学产生了紧密联系，起到了辅助教学的作用。

2. 规范用字、注音体系的方面，闽南话的注音方式极多，既可以使用我国台湾地区广泛运用的新罗拼音，也可以使用国际通行的国际音标。哪一种注音方式更适合中小学生，更容易掌握；哪一种注音方式能够涵盖闽南话的所有韵母、音调等，这些都应该是课程开发时要考量的因素。用字的规范也是必须注意的，是以意为主，还是以音为主，这些都是闽南话课程编写中要注意的问题。因为闽南话中的一些本字已经无从考据，一些读音来源于外语，用哪些字来表示才能使人一目了然，才不会产生歧义，是非常重要的。

3. 如何更好地运用于学校教学方面，要特别考虑到不同年龄层学生的特点，考虑到学生的母语学习习惯和接受闽南话的情况等。"课程即生活""课程即活动""课程即成长"。地方课程"闽南方言与文化"意义在于帮助每个学生重建地域生活谱系地图，为每个学生营造一种与原有基础教育课程体系相比具有不同旨趣的校园生活。地方课程"闽南方言与文化"不仅关注知识的系统性、科学性、实用性以及选材的生活化和趣味化，而且重视关注学生情感、态度、价值观和一般能力的培养，关注学生的全面、和谐发展，使学生获得作为一个社会公民所必需的基础知识和基本技能，真正为终身可持续发展奠定良好基础。

2. 语文教学中的闽南方言与文化

厦门双十中学的吴秀菊老师还探索将闽南方言与文化融入语文教

学之中，主要包括以下四个方面，现摘录并略作整理如下①。

（1）将闽南文化作品作为语文课程教学资源。如中学语文教材所收舒婷的《致橡树》一诗就与闽南文化相关。作者舒婷从小在厦门读书，诗中描写的木棉也是闽南地区处处可见的树种，包含坚强、英勇、独立等文化价值观，这些都能让学生对《致橡树》一诗感到格外亲切，引起学生对"鼓浪屿上的女诗人"的共鸣。

（2）将贴近闽南本土文化并符合学习标准的名家作品收入语文校本教材，作为中学语文的有效补充。具体包括龚洁的《到鼓浪屿看老别墅》、许地山的《落花生》、林语堂的《京华烟云》、曾蕗的《泥土》等闽籍作家名作，《鼓浪》《海峡旅游》《厦门日报》等本地杂志和报刊等。文化名人林语堂出生在漳州平和，后来又在鼓浪屿生活过，因此作品中充满了闽南文化的气息。如在《京华烟云》中，红玉说"鸭子死了嘴还硬"、木兰说"坏竹子也能生出好笋"、经亚说"家就是个枷"等语言，不仅朴实生动，并且闽南味十足，可作为精选着重介绍，加入点评，帮助学生领会闽南文化的语言风格。

（3）选取闽南文化资源作为"小作文"素材。将闽南文化作为作文的一个写作点，可以有效地将生活色彩融入写作中，既提高了学生的写作兴趣，又降低了学生对语文"阳春白雪"的畏惧。如闽南地区的一些本土文化建筑保留得很好，可尝试将"对联写作"融入"闽南红砖古厝楹联——赏联、拟联、评联、贴联"综合实践课程，分为闽南红砖古厝楹联资料展示、红砖古厝楹联中的生活艺术、红砖古厝楹联内容分类、红砖古厝楹联保护与传承四个小组开展学习，再以 PPT 形式进行班内交流；教师根据学生的学习情况，引导学生对楹联写作技巧进行分析和归纳，对比喻、押韵、借代、对仗等典型写作手法加以评析，在此基础上鼓励学生尝试对联创作，还可结合书法课进行展示。

---

① 吴秀菊：《闽南方言与文化在语文教学中的渗透策略》，《语文天地》2016 年第 25 期。

（4）开展"闽南文化进课堂"活动。如对《陈三五娘的传说》《豆仔鸟》《蜈蚣搁》等经典民间故事进行搜集、复述和改编；开展"沏茶去——走近闽南茶文化"活动，以闽南茶文化与书法、闽南茶文化与谚语、闽南茶文化与诗歌等为教学任务，让学生自行分组收集整理资料，再进行 PPT 展示；开展"状元插金花——闽南民俗超级体验"活动，通过组织学生体验猜灯谜等民俗活动，让学生实现"玩中学"；开展"爱拼才会赢——闽南歌曲童谣大赛"活动，通过举办诵唱、比赛等方法让学生投入到《爱拼才会赢》等闽南经典歌曲童谣的学习中，不仅能欣赏歌曲童谣的音乐韵律，还能感受到歌曲童谣中朴实、乐观、向上的闽南精神。

3. 方言诵读、方言知识讲座等活动

用方言诵读古诗也是近年来闽南地区广泛开展的方言活动，由于该活动并不属于语文教学大纲要求的内容，所以一般安排为校本课程或课外活动。在这方面，双十中学的吴秀菊老师也进行了一些探索①：

（1）编写教材。从"省纲"要求的小学、初中阶段必背的诗歌中精选了 100 首，编写了《精选唐宋诗 100 首（闽南语注音本）学生用书》和《精选唐宋诗 100 首（闽南语注音本）教师用书》两本配套教材。这些诗歌"情感丰富，意境深邃"，通过其掌握的闽南话吟诵技巧，也可以吟诵书本中的现代诗。

（2）开设课程并举办课外活动。在初一、初二两个年级开设校本课，每周一节；在 3 月 21 日"世界诗歌日"举办专题活动。

（3）总结闽南话吟诵的难点。由于日常口语使用的闽南话属于"白读音"，而吟诵诗歌则需要使用"文读音"，因此用闽南话吟诵古诗词不光要会说闽南话，还要能区分两种读音。在教材编写过程中也

---

① 《双十中学特色诗歌校本课程：闽南话"邂逅"唐宋诗歌配乐吟唱演绎"何其浪漫"》，《厦门晚报》，2015 年 3 月 24 日，转引自双十中学网站，http://www.sszx.cn/xxxw/xxxw/201503/t20150324_ 4031. htm。

要借助《闽南语常用字字典》等工具书查证。

（4）总结不同吟诵方式的特点。第一种是最平常的"诵"，即用闽南话的"文读音"把诗歌念出来，有点像电视节目中的美文赏析；第二种是"吟"，用古诗的"五言调""七言调"，有点像歌仔戏或南音；第三种是"唱"，由音乐老师专门谱曲，再用闽南话把诗歌唱出来。

此外，方言知识讲座也时常在中学中开展。仍以双十中学为例，2017年12月6日，由学校德育处和图书馆联办，邀请闽南方言研究专家、"鹭江讲坛"报告人——厦门大学林宝卿教授做了题为"魅力闽南话"的讲座，内容涉及①：

（1）闽南方言的历史和现代分布情况。闽南话缘起于黄河、洛水流域，在西晋、唐朝北宋迁移至福建南部，现主要分布在闽南、台湾、海南及东南亚部分国家，国内外使用人口将近六千万，是一个超地区、超省界、超国界的方言，"学好闽南话，通行闽台东南亚"。

（2）闽南方言的存古特色。闽南话是历史的瑰宝，古汉语的活化石，"存古音，留古韵""存古词，留古义"，很多用普通话读起来不押韵的唐诗，用闽南话诵出时却朗朗上口，比如李白的《赠汪伦》。

（3）闽南童谣韵味十足，很多与闽南生活息息相关。如天黑黑，卜落雨，海龙王王，卜娶某；龟吹箫，鳖打鼓王，卜娶某，龟吹箫，鳖打鼓……生动活泼，幽默风趣，亦庄亦谐，耐人寻味。

（4）学习闽南方言的意义。闽南话是我们的家乡话，学习闽南话可以更好地与家人交流；闽南话还可以加深我们对现代汉语基础理论的理解，拓宽专业知识面，提高运用语言的水平，使我们的文化修养更上一层楼，从而丰富祖国的语言文化。

---

① 《魅力闽南话 吸引你我他》，双十中学，2017年12月18日，http://www.sszx.cn/xxxw/xxxw/201712/t20171218_8732.htm。

4. 厦门理工学院开办的闽南方言播音专业

闽南地区的省属高校——厦门理工学院于 2015 年起在播音与主持艺术专业中增加了闽南方言方向，成为厦门地区首家，得到了新华网①、《福建日报》② 《东南早报》③ 等中央和地方媒体的广泛关注，现将基本情况整理如下：

（1）招生专业、方向及规模。数字创意学院开办的播音与主持艺术专业共招收 60—80 名学生，其中新开设播音与主持艺术（闽南方言）方向，首批招收 6 名学生。

（2）报考要求。填报播音与主持艺术（闽南方言）方向的考生不仅要具备一定的闽南话基础，还要通过福建师范大学的闽南话加试。加试主要包括用闽南话朗读词句段落、即兴自我介绍、话题评述等内容，由专家组进行考评打分。闽南话加试合格，并且高考分数线达到厦门理工学院招收线被录取的学生就能进入该专业学习。

（3）师资力量。以数创学院教师黄婉彬为代表，她是土生土长的厦门人，拥有 18 年电台闽南话主播经验，2018 年曾为空军闽南方言宣传片配音，在海内外产生了广泛影响。

（4）培养模式。在课程设置上，闽南方言方向的学生们不仅要和播音专业的同学一起学习大部分课程，还要接受一套系统的闽南话教学，包括闽南话的结构、发音等，以及闽南文化知识。学校采用情境教学法，把闽南方言知识的传授和闽南当地的节日、习俗等结合在一起；还邀请当地的闽南文化研究专家进行授课。此外，通过与台湾铭

---

① 《厦门理工新增闽南方言播音专业 考生须加试》，新华网福建频道，2015 年 6 月 3 日，http://www.fj.xinhuanet.com/jiaoyu/2015-06/03/c_1115503831.htm。

② 《厦门理工学院首招闽南话专业学生 闽南文化传承再辟新载体》，《福建日报》，2015 年 7 月 14 日，http://fjrb.fjnet.cn/fjrb/html/2015-07/14/content_847217.htm。

③ 《推广闽南话 已有高校开设专业》，《东南早报》，2015 年 7 月 27 日，http://szb.qzwb.com/dnzb/html/2015-07/27/content_144323.htm。

传大学、世新大学等高校合作，学校还将让"闽南话专业"的学生在大三期间到台湾学习交流一年，以加强应用。

（5）就业前景。据数字创意学院院长郭肖华介绍，2015年首次开设播音与主持艺术（闽南方言）专业招收的6个名额已经招满，学生已经被厦门广电集团预订。

5. 高校的闽南方言通识课、学生组织及相关活动

除了开办闽南方言方向外，高校涉及闽南方言的活动还主要包括官方渠道开设的通识课和讲座以及民间渠道成立的学生组织及其相关活动两大类。

在官方渠道方面，据我们调查，厦门大学和华侨大学两所部属高校，以及集美大学、厦门理工学院等省属高校都开设有专门的"闽南方言"或"闽南方言与文化"通识课。如厦门大学的"闽南方言与文化"被列为核心通识课，由闽南方言专家周长楫教授讲授。课程已开设多年，其特色是将课堂教学和实践教学相结合，后者偏重于讲解厦门非物质文化遗产和闽南传统文化知识，如考察同安朱子书院、孔庙和翔安澳头特色小镇等地[1]。

此外，高校教务处和相关学院也举办了一些传播闽南方言知识的讲座，如：

（1）集美大学教务处于2019年3月14日和9月25日先后两次邀请厦门大学教授、闽南方言研究专家林宝卿为学校"科学人文素养大讲堂"做讲座，讲座主题分别为"闽南方言与国学素养文化"[2] 和"魅力闽南话"。在后一讲中，林宝卿教授以闽南话阅读古诗、歌唱和推荐相关书籍的方式，从源流、定义、形成三个方面深入讲解了魅

---

① 《〈闽南方言与文化〉全体师生前往同翔两地实践考察》，厦门大学通识教育中心，https://liberal.xmu.edu.cn/info/1033/1291.htm。

② 《科学人文素养大讲堂第94讲：闽南方言与国学素养文化》，集美大学教务处，2019年3月8日，http://jwc.jmu.edu.cn/info/1112/3964.htm。

力闽南话。全校 500 多名师生聆听了讲座①。

（2）厦门大学马克思主义学院于 2018 年 11 月 15 日邀请中国通俗文艺家协会会员、本土作家陈育斌为学院"马克思主义论坛"做了题为"非物质文化遗产的保护与传承——闽南语与闽南文艺（以答嘴鼓为例）"的讲座。讲座对闽南方言形成与发展历史，以及歌仔戏、高甲戏、梨园戏、答嘴鼓等以闽南方言为基调的闽南文艺作了一一介绍，并对"答嘴鼓"等非物质文化遗产的现状提出了忧虑和思考②。

更广泛的还是民间渠道的学生组织及各类活动。闽南地区至少有厦门大学、集美大学和厦门理工学院三所高校建有闽南方言学生组织：

（1）厦门大学闽南语协会：创建于 2005 年，宗旨是宣传闽南文化，教授闽南方言。协会的主要活动有搏饼、闽景游览，闽吃品味等③。

（2）集美大学闽南语协会：创建于 2009 年，以"闽南语歌手大赛"为品牌活动。2012 年 12 月举办了第五届"闽南语歌手大赛"，邀请了厦门闽南音乐艺术交流协会会长郑志勇、台湾知名歌手王少峰等担任评委④。协会还于 2014 年 12 月举办了闽南方言文化专题讲座，邀请到《百家讲坛》主讲人林忠阳、国家级非物质遗产继承人陈清平、厦门"答嘴鼓"艺术家蔡绍奇和林志萍等学者参加⑤。

（3）厦门理工学院闽南语协会：创建时间不详，于 2012 年 9 月开设了新浪微博，并记录了"闽南语歌手赛"等多个学生活动。

---

① 《厦门大学林宝卿教授　魅力闽南话》，集美大学学生科创服务中心，2019 年 9 月 27 日，http：//kcfwzx. jmu. edu. cn/info/1042/2631. htm。

② 《马克思主义论坛第 189 讲：非物质文化遗产的保护与传承——闽南语与闽南文艺（以答嘴鼓为例）》，厦门大学马克思主义学院，2018 年 11 月 26 日，https：//marx. xmu. edu. cn/2018/1126/c1882a357907/page. htm。

③ 《厦门大学闽南语协会》，百度百科，https：//baike. baidu. com/item/% E5% 8E% A6% E9% 97% A8% E5% A4% A7% E5% AD% A6% E9% 97% BD% E5% 8D% 97% E8% AF% AD% E5% 8D% 8F% E4% BC% 9A/3790611。

④ 《闽南语协会》，集美大学诚毅青年网，2014 年 3 月 19 日，http：//cyqnw. jmu. edu. cn/info/1007/1429. htm。

⑤ 《感受闽南文化，感受集美文化——记闽南文化专题沙龙》，集美大学诚毅学院，2014 年 12 月 9 日，http：//cynews. jmu. edu. cn/info/1005/1652. htm。

第五节　福建省其他地市的"方言文化进课堂"活动

除厦门、泉州和漳州外，福建省的其他地市也开展了一些"方言文化进课堂"活动，虽然力度不及闽南三市，但都围绕以方言为载体的非物质文化遗产开展，形成了各地的特色。

1. 福州市

福州市文化新闻出版局对福州市民《保护福州话刻不容缓》诉求件的答复（榕文新督〔2011〕73 号）① 显示，该市早在 2011 年就已在加强福州方言保护的 9 条措施中提出福州方言进课堂的内容：

（1）将福州方言列为福州市第一批市级非物质文化遗产名录第一项公布；

（2）由福州方言演绎的闽剧、福州评话、福州伬唱等传统曲艺项目已成功申报国家级、省级非物质文化遗产保护项目；

（3）每年举办群众文化活动和专业剧团进社区、进乡村表演，宣传并传播由福州方言演绎的传统民间艺术；

（4）成立了全国首家地方曲艺研习传承事业机构福州评话、伬艺传习所，完成了福州市艺校新校区建设，培养更多的福州传统艺术的专业人才；

（5）通过成立闽都文化研究院、开展福州话进课堂、举办福州话培训班等形式，多渠道地开展传承、推广福州话活动；

（6）举办福州语原创歌曲大赛；

（7）福州电视台 3 套生活频道每晚播出福州话节目，福州人民广播电台《左海之声》节目，24 小时以福州话展示福州风采；

---

① 《对福州市民〈保护福州话刻不容缓〉诉求件的答复》，福州市文化新闻出版局，http：//www.fuzhou.gov.cn/zfxxgk/bmxsq/bmxx/bmxx24/gkxx/201105/t20110505_ 428711.htm。

（8）推广福州语歌曲，鼓励福州语歌曲教学，邀请专业歌手演绎福州语歌曲；

（9）在文庙组织举办了"非遗进校园"展演暨非物质文化遗产进校园启动仪式活动，现场有82所中小学被授予"非物质文化遗产保护传承示范校"牌匾。闽剧、伬艺、评话等用福州话演绎的非物质文化遗产，已经列入这82所中小学校的课程中。

近年来影响较大的案例有：

（1）2009年，福州市林则徐小学作为传承闽都文化、推广福州方言的试点学校，在小学生中正式开始教授福州话。该校负责人介绍，为做好福州话教学工作，学校专门成立了8人的教研小组，模仿英语教学模式，由情境入手，传授单词；该校还将土生土长的福州学生和外来务工人员子女分班教授，以便进行效果比较、摸索前进[1]。此外，该校还采用了自编的福州话拼音教材——《福州话拼音读本》。《读本》根据福州话拼音方案编写，方案以汉语拼音为基础，根据福州话发音对声母和韵母部分都作了一些必要的增删和改动[2]。

（2）2013年3月，福州民俗专家方炳桂和福州市鼓楼区国税局局长黄兆琼向林则徐小学赠送福州市鼓楼区国税局施文铃编纂的《福州八音字典》。林则徐小学聘请施文铃到学校教福州话。人民网对此做了报道，并总结了林则徐小学近年来开设福州话课程的情况。该校地处闽都文化的聚集地——三坊七巷，开办了"福州话方言试点班"，还开发了校本教材《三坊七巷》。该校校长表示，"现在提倡学好普通话，更要说好福州话。希望从林则徐小学走出去的学生，至少能把

---

① 《"虎纠话"正式走进福州小学课堂》，《东南快报》，2009年11月26日，http：//digi. dnkb. com. cn/dnkb/html/2009 – 11/26/content_ 88806. htm。

② 《福州首推福州话拼音教材》，中国日报网，2009年11月26日，http：//www. chinadaily. com. cn/zgzx/2009 – 11/26/content_ 9057853. htm。

'很好'说成福州话'丫好'"①。

（3）福州八中在 2012 年春季学期正式面向高二学生开设"福州俗语与中学生修养"校选课。课程共 18—25 课时，采用该校 2011 年新开发的自编教材②。课程很受学生欢迎，一共 30 个名额，10 分钟之内即被选满。

2. 宁德市

宁德市教育局于 2018 年 5 月发布了《关于开展闽东方言与文化进校园试点工作的通知》③，指出"闽东方言是闽东文化的重要载体，是珍贵的非物质文化遗产"，"传承和保护闽东方言与文化是教育部门义不容辞的责任和义务"。《通知》要求提高思想认识，增强闽东文化保护意识；加强组织领导，明确责任分工；创新工作模式，有效推进"进校园"工作；加强师资队伍建设，深化教学研究；加强监督考核，确保工作落实。《通知》对相关工作提出了十分具体的要求：

（一）开展多形式的闽东方言与文化教育活动

……通过校园广播站安排一定时段的方言广播、开辟闽东方言与文化学习园地、组建闽东文化艺术学生社团等，努力营造教育氛围。多形式、多方位开展符合学生年龄特点喜闻乐见的教育活动，倡导家校共育。从 2018 年起，确定每年 11 月份第四周为宁德市中小学"校园闽东文化周"。每两年举办一届学校闽东文化艺术成果展示活动。

---

① 《说福州话从娃娃抓起税务官将把"福州八音"带进小学课堂》，人民网，2013 年 3 月 14 日，转引自 http：//www. foods1. com/news/2039753。

② 《福州话走进福八中课堂》，《东南快报》，2012 年 2 月 23 日，http：// digi. dnkb. com. cn/dnkb/html/2012 –02/23/content_ 203221. htm。

③ 《关于开展闽东方言与文化进校园试点工作的通知》，宁德市教育局，2018 年 5 月 11 日，http：//jyj. ningde. gov. cn/fgwj/zywj/201805/t20180522_ 837545. htm。

（二）推进闽东方言与文化课程建设

普通高中和中等职业学校应将闽东文化纳入学校的选修课程；初中、小学和幼儿园应在"地方课程"或"校本课程"中组织开展闽东方言与文化教学活动。同时，各地各校要重视教学资源的开发与建设，鼓励各地根据实际情况，建立和完善闽东文化校本微课资源建设，有条件的学校可自编校本教材或读本。

（三）加强闽东特色文化建设

……要积极扶持学校闽东特色文化建设，结合学校艺术教育工作的推进，将方言结合闽东民间艺术、传统工艺、戏曲戏剧、灯谜艺术等项目引入校园，作为学校的闽东文化艺术特色。……要重点培植 1—3 所中小学闽东文化艺术特色校。2018 年……确认首批 5—10 所市级闽东文化艺术特色校。此项工作逐年推开，将闽东特色文化有机融入学校文化建设中。

3. 三明市

三明市是闽方言与客家方言兼有的地区，两片方言区都开展了"方言文化进课堂"活动。

属闽方言区的永安市主要采取兴趣小组的形式。如永安十中附小创办了"传承永安方言"兴趣小组，并编写了《校本试验教材》，相关经验得到了永安市关工委主任郑纪成等的肯定①；永安市小陶中心小学也开设了永安方言兴趣小组活动班，开展了"方言故事大比拼"、童谣游戏、方言儿歌等活动，吸引了同学们的踊跃报名②。

属客家方言区的宁化县主要采用客家山歌传唱的形式。如 2014 年 11 月宁化城东中学举办了第十届体育文化艺术节山歌赛，师生们

---

① 《永安开展"传承永安话方言"兴趣小组活动》，永安市教育局，2016 年 4 月 19 日，http://smjy.sm.gov.cn/jyzx/xsdt/201604/t20160419_1499526.htm。

② 《方言进课堂 传承乡音——小陶中心小学开设永安方言兴趣小组活动班》，永安市教育局，2016 年 4 月 21 日，http://smjy.sm.gov.cn/jyzx/xydt/201604/t20160421_1499461.htm。

用歌舞、歌伴舞、客家小戏、独唱、对唱等艺术形式表演了《山歌不唱愁闷多》《天下客家一家亲》《韭菜开花》《同年歌》《客家侬情》等 18 个精彩节目。据城东中学负责人介绍,在中小学进行寓教于乐的山歌专场比赛在全县目前尚属首次,推广普通话并不等于全盘否定方言,学生哼唱山歌,不仅可以开发他们的大脑和智力,让他们的思维变得更加活跃,也可传承客家民族音乐文化,让民族音乐得到更大的传承与发扬[1]。

4. 莆田市

根据莆田市教育局 2017 年对市政协七届一次会议《关于加强保护、传承莆田话方言的建议》的答复[2],近年来该市在传承和弘扬莆仙方言方面的主要措施为:

一是开展莆仙戏进校园试点工作。2012 年起启动"莆仙戏曲进校园"试点工作,将莆仙戏曲纳入小学三、四、五年级音乐课教学计划,确定每两周在音乐课或地方课程中调整一节作为莆仙戏曲课程,用于学习莆仙戏曲的基本唱腔和经典表演艺术……截至目前,全市共有 40 所小学列入"莆仙戏曲进校园"试点学校。

二是编印莆仙方言教材,方便教学。市教育局邀请莆仙戏曲艺术家开展研讨,收集整理具有代表性且简单易懂易学的曲目和剧本片段,编写《莆仙戏剧本、曲谱选编》和《莆仙戏曲进校园乡土教材》作为校本教材,每年印制 15000 多册,免费发放给试点校学生。

---

① 《宁化城东中学师生唱响客家山歌》,宁化县教育局,2014 年 12 月 2 日,http://smjy. sm. gov. cn/jyzx/xydt/201412/t20141202_ 1491358. htm。

② 《关于市政协七届一次会议第 2017064 号提案办理情况的答复》,莆田市教育局,2017 年 7 月 13 日,http://jyj. putian. gov. cn/zfxxgkzl/zfxxgkml/jygz/201708/t20170804_ 634640. htm。

　　三是组织莆田方言节目参加艺术比赛，营造良好氛围。2015年，《梅娘教子》《春草罢宴》《上学路上》《养与教》《有志者事竟成》等5个莆仙戏曲节目参加全省第五届中小学校艺术展演分别获得全省一等奖1个、二等奖2个、三等奖2个；2016年11月，我市在进修学院附属小学举行了40所试点学校唱腔比赛，近1200名学生参加演出；2017年6月我们还举行了为期3天120名教师参加的莆仙戏唱腔培训，进一步营造了"人人爱学莆仙戏、人人会唱莆仙戏"的良好氛围。

　　可见，莆田市是将"戏曲进校园"作为方言文化保护的一个主要抓手。按照教育局的答复，下一步莆田市还将进一步抓好试点工作，把试点校的范围扩大到幼儿园，同时将试点校的教学成果推广到全市小学和幼儿园；做好宣传引导，在中小学教育阶段，在推广莆田话的同时，不再单纯要求学生在学校必须用普通话交流，而是鼓励学生在课余时间学说莆田话，学唱莆仙戏，鼓励学校成立莆仙戏兴趣爱好社团；抓好莆仙戏曲类艺术展演，在艺术比赛中，适当增加莆仙戏曲节目比重，在全市小学、幼儿园营造学唱莆仙戏的浓厚氛围。

第三章 江苏省的"方言文化进课堂"

江苏是我国方言差异较大的省份，据《江苏年鉴2018》介绍①，江苏全省分属江淮方言区、吴方言区和北方方言区，南京、扬州、镇江、淮阴、盐城、南通（部分）等地属江淮方言区，内部又分为扬淮、南京、通泰三片；苏州、无锡、常州等地属吴方言区，跟上海及浙北方言可以互通；徐州、连云港、淮安、宿迁等地则多属北方方言区，与山东、河南方言较为接近。

这一差异在各地"方言文化进课堂"的实践中也有明显体现，从我们分地市搜集整理的相关新闻条目数可见一斑（如表3-1）。以下我们先重点考察"方言文化进课堂"活动开展最为丰富的苏州市，然后再考察省会南京和其他地市的情况。

表3-1　　江苏省"方言文化进课堂"相关新闻搜集情况

方言区	江淮方言区						吴方言区			北方方言区			
地市	南京	扬州	镇江	南通	泰州	盐城	苏州	无锡	常州	徐州	连云港	淮安	宿迁
新闻条数	81	20	1	19	8	3	336	33	38	0	0	0	1

① 《江苏年鉴2018》，江苏地情网，2017年12月29日，http://jssdfz.jiangsu.gov.cn/col/col59260/index.html。

第一节　各界诉求

两会代表委员提案议案以及群众信访是推动江苏省部分地区开展校园方言活动的重要动因。值得注意的是，这类诉求在江苏省内的分布同样不平衡，省一级多由苏南地区和省会南京的人士提出，市一级也以苏南地区为多。

1. 苏州市两会代表委员呼吁

早在 2009 年苏州市第十四届人大第二次会议上，就有两则涉及校园方言活动的建议，一则是邵丽珍代表的《关于重视保护和传承苏州方言的建议》①，指出"苏州本地的许多在校学生无论是幼儿园、小学、中学的年轻人，都不会熟练地说苏州话。而苏州话的不熟练听说，导致了青年人对本地艺术形式——评弹和昆曲的疏远"，建议除要求广播电视等新闻媒体继续做好"苏州话新闻"等栏目、公交播报采用普通话和苏州话各播报一次外，还明确提出：

> 学校，特别是幼儿园和中小学，要努力营造倡导能听会说苏州话的良好语言氛围。

另一则是王孝忠代表的《关于加强苏州方言保护的建议》②，强调应着力抢救苏州方言独特的吐字方法，并指出了针对幼儿进行教学的途径：

> 保存苏州话技巧必须从幼童开始，否则长大成人后，即使成

---

① 邵丽珍：《关于重视保护和传承苏州方言的建议》，http：//www. eng. suzhou. gov. cn/asp/lhddddd/page – rd. asp？bh = 0017。

② 《关于苏州市第十四届人大第二次会议第 0092 号建议的答复》，苏州市教育局，2009 年 5 月 30 日，http：//www. eng. suzhou. gov. cn/asp/lhddddd/page – rd. asp？bh = 0092。

了语言大师侯宝林这样的人物，再来学习也会感到吃力。保存的方式也不难，最好由我们的专家学者将苏州话的典型词语编写成几首儿歌，顺口溜之类，由家长对牙牙学语的幼童或交幼儿园的教师教学，必将起到事半功倍的效果。

此外，苏州市政协委员朱雪珍也提出了《关于保护苏州方言的建议》①，提出：

> 在校园内推广苏州话，特别是在幼儿园和小学优先录取能讲纯正苏州话的教师，开设苏州话兴趣课；同时在大专院校开设涵盖苏州话内容的选修课，在特殊时间阶段适当增加以苏州话讲课的时间。

其中对优先招录能讲纯正苏州话教师的建议，苏州市教育局明确回复无法实施，理由是：

> 根据市委办公室市政府办公室《关于印发〈苏州市事业单位公开招聘工作人员暂行办法〉的通知》（苏办发〔2011〕27号）文件，第十二条应聘事业单位人员必须具备下列基本条件"事业单位公开招聘人员，不得设置歧视性条件、不得设置与岗位要求无关的资格条件"的要求，幼儿园、小学录取教师时不得设置"讲纯正苏州话的教师"这样的条件。

2. 苏州市机构团体发声

值得注意的是，苏州市两会上提出方言保护诉求的不仅有个人，

---

① 《"关于保护苏州方言的建议"提案（第108号）的答复》，苏州市教育局，2017年5月15日，http://jyj.suzhou.gov.cn/szjyj/rdwdyzcjd/201705/SPSXNLVWUNEDAZBEVX8HPTUQIARG5WOD.shtml。

还有政协专门委员会、民主党派和人民团体。如在 2011 年举行的苏州市政协十二届四次会议上，苏州市政协文教卫体委与苏州市文联共同提出《关于苏州话传承和发展的建议》①，认为校园语言教育与苏州话式微存在因果关系：

> 语言教育要求的单一，客观上造成苏州话的式微之兆。苏州人家庭的孩子往往幼时能讲苏州话，当进入幼儿园后被要求学讲普通话，中小学校园也要求讲普通话。当他们逐渐长大，回过来再讲苏州话时，绝大多数都咬字不准，发音拗口，甚至找不到苏州话表达意思的用词。

提案要求为苏州话的传承和发展创造良好的社会环境和家庭氛围，提出五条建议。现转录如下：

> 一是健全相关职能机构的设置。江苏省语言文字工作委员会作为职能机构已正式挂牌，南京、南通、泰州等市级语委办均有正式建制，苏州语委则无独立建制，而是与教育局办公室合并办公，人员与资金明显不足。建议强化市语委的机构建设，加大经费投入，并把推进苏州话的传承和发展作为其一项工作职责。
> 二是要组织相关专家编写高质量的苏州话教材。应在苏州市幼儿师范院校开设苏州话培训课程，加强对师资的培训工作。让中小学、幼儿园教师在讲好普通话的同时，能说比较地道的苏州话，使他们成为苏州话传承的中坚力量。
> 三是幼儿园在教孩子普通话的同时，也应开设苏州话课程，编写一些现代苏州话童谣、儿歌，鼓励学生多听多说多唱，苏州话的传承和发展，要从学龄前抓起，从娃娃抓起。

---

① 《对市政协十二届四次会议第 66 号提案的答复》，苏州市教育局，2011 年 5 月 18 日，http：//www.suzhou.gov.cn/asite/lh2011/zx－onepage1.asp? bh＝066。

　　四是在中小学校和社区要通过多种形式开展普及、推广苏州话的活动，如苏州话的节目表演、地方戏曲进入、苏州话比赛等，鼓励用苏州话进行日常交流，让更多新苏州人更好地融入苏州，了解苏州文化，促进和谐发展。

　　五是市级新闻媒体的方言节目，要加强方言栏目播演人员的培训，不断提高质量，成为普及传播苏州话的重要窗口，发挥好标杆作用。

　　五条建议中前四条均直接与校园方言活动相关，更明确地提出了普及、推广苏州话在促使新苏州人融入苏州方面的意义。

　　在 2012 年举行的苏州市政协十二届五次会议上，民进苏州市委会提出《关于进一步加强对苏州方言保护和传承的建议》①，提案近两千字。现将与校园和青少年相关的内容加小标题摘录如下：

　　（青少年的苏州话使用情况）有一半家庭在日常交流中使用普通话，有些父母自己会说苏州话却主动放弃苏州话，培养孩子从小就说普通话。近四分之三的学生在与同学的交流过程中使用普通话，校园里很少有人使用苏州话。……不仅现实生活中使用苏州话的青少年少了，而且现代苏州话与传统的苏州话相比已经有了不小的变化，一些富有地方色彩的词语已消亡了不少，纯正的读音已渐趋"走调"，苏州话受到了普通话的强势冲击。

　　（"三话"比赛等已有苏州话保护工作的问题）这些举动有的注重培养"精英"，忽视了普及；有的停留在娱乐、欣赏的层面，保护传承的目的尚不够明确；有的"养在深闺"，无人问津，远不能实现保护、传承苏州话的目的。

　　（建议给予必要的政策扶持）在地方法规中制定有关保护苏

---

　　① 《对市政协十二届五次会议第 043 号提案的答复》，苏州市教育局，2012 年 4 月 19 日，http：//www.suzhou.gov.cn/asite/lh2012/zx－onepage1.asp？bh＝043。

州方言的条例。在苏州市语委办下设"苏州方言及地方口头文化保护研究中心",研究、保护、传承苏州方言及地方口头文化科学保护苏州方言,在人、财、物等方面给予足够的支持。做到启动有保障,实施能形成长效机制。

（建议充分利用学校的教学资源）建议允许非语言课程的教学过程中适当地使用苏州话,增加有关苏州话的课程内容,组织人员开发编写普及苏州话的教材,让学生有更多的接触苏州话的机会;

（建议实施千名教师工程）建立苏州话教师库,每年培训200名兼职苏州方言教师,5年内完成千名教师培养工程;提倡工作语言之外的生活语言尽量使用苏州话,扩大其使用范围,让保护工作落在实处。

正如苏州市教育局对提案的回复所指出的那样,"允许非语言课程的教学过程中适当地使用苏州话"的建议显然违背了《中华人民共和国国家通用语言文字法》中"学校及其他教育机构以普通话和规范汉字为基本的教育教学用语用字"的规定,以及《江苏省贯彻实施〈中华人民共和国国家通用语言文字法〉办法》中"学校以及其他教育机构在教育、教学、会议、宣传及其他公共活动中,应当以普通话为基本用语"的规定。

3. 苏州市群众信访

方言保护的相关诉求也时常见诸各类群众信访材料,以苏州市12345阳光便民网站为例,2017年8月署名"直面社会"的网友发布了题为"致（按:原文为'至'）教育局:关于吴语苏州话的保护刻不容缓"的帖子①,对教育主管部门提出7点诉求。现转录如下:

---

① 《致教育局:关于吴语苏州话的保护刻不容缓》,"直面社会"（网名）,2017年8月14日,http://www.12345.suzhou.gov.cn/bbs/forum.php?mod=viewthread&tid=1194914。

1. 幼儿园起学苏州话。

2. 小学增加苏州话课程，将苏州话听力和对话考试加入每学期考试。

3. 初中也要增加苏州话课程，将苏州话听力和对话考试加入中考。

4. 各行各业提倡用苏州话交流，积极开展苏州话教育，完善学苏州话奖励机制。

5. 各社区积极开展苏州话教育，别总是跳什么广场舞扰民了，学学苏州话吧。

6. 教育局完善苏州话课本，视频教程等，让更多人参与学习。

7. 电视台增加苏州话节目比例，新闻可以考虑用苏州话播放，配文字。我在广东出差，粤语节目不要太多哦，可以向人家学习啊！

网友回帖除了赞成之声外，也有一些不同意见，如署名"1903313357"的网友就指出：

很欣赏楼主对苏州话的重视。我也是老苏州，但我觉得把苏州话纳入中小学课程还要考试，还要算中考成绩，那是不妥的。学生的课程本来就很重，不能再加负担了，平心而论对外地人也不公平。只能在学校里开兴趣班，比如：评弹，苏剧为孩子们演出。中学生可以结合语文，开讲昆曲基本知识讲座，还可以举办"江南丝竹"音乐会，陶冶学生的情操。让学生自愿参加。

同年 12 月，署名"knightsf8"的网友发布了题为"拯救苏州方言，刻不容缓！"的帖子[①]，将很多青少年不会说苏州话的原因归为

---

① 《拯救苏州方言，刻不容缓！》，"knightsf8"（网名），2017 年 12 月 7 日，https://www.12345.suzhou.com.cn/bbs/forum.php? mod = viewthread&tid = 1233413。

两点：

一是教育问题：从幼儿园到小学、中学都是普通话，学校中禁止说苏州话！但孩子白天绝大部分时间在学校，让孩子没有说苏州话的时间；

二是生活中普通话太强势：只要打开电视、广播，孩子们喜欢看，喜欢听的节目都是普通话。尽管有《施斌聊斋》《阿万茶楼》《老虎灶》《苏阿姨》等地方语节目，但这些节目都是针对成年人的，孩子们根本不感兴趣。

为此该网友向苏州市文体局和苏州市电视台建议：

1. 幼儿园、小学、中学中允许学生说苏州话，开设苏州话课程，教孩子学说苏州话（不要笑，真的很有必要！）；

2. 强烈要求政府牵头、苏州电视台等媒体出资出力给一些热门动画片进行苏州话配音，在电视上播放，学习苏州话一定要从孩子抓起。根据上面那个调查，方言保护较好是四川和重庆。本人曾经在四川、重庆生活多年，早年当地电视上就开始不停播放四川方言版的动画片（比如有四川话版的《猫和老鼠》），而且配音十分搞笑，深得孩子们喜欢。

4. 南京市人大研讨

除苏州外，南京市人大也在方言保护方面发挥着重要作用。2019年4月17日，为向全国人大提出加强方言保护工作的议案做准备，南京市人大教科文卫委员会在市文联召开了方言保护文化意义研讨会，来自南京市文联、南京市教育局、南京大学、南京晓庄学院、南京市地方志学会等单位的多位专家与会。会议由教科文卫委员会主任、市文联党组书记、常务副主席陈炜主持，市教育局相关同志介绍了近年来南京方言文化保护工作的情况。

与会专家一致认为，南京方言文化是南京历史文化的重要组成部分，大力开展方言文化的保护传承，有利于让更多的人了解南京、融入南京，激发市民热爱南京、共同建设"美丽古都、创新名城"的热情。会议还对如何进一步加强南京方言保护进行了充分研讨①。

5. 江苏省和全国两会代表委员提案

在江苏省乃至全国两会上提出相关诉求的主要是苏州和南京两市的代表委员。

在 2017 年召开的江苏省政协十一届五次会议上，省政协委员、苏州市曲艺家协会主席、著名评弹表演艺术家袁小良提交了题为"弘扬吴地文化，保护地方语言"的提案②，明确要求以上海为榜样：

> 一省之隔的上海市则率先将沪语课程列入了学前教育，将地方语言的传承写进了教育大纲，这一点值得我省学习和借鉴。

除坚持使用方言报站外，将方言和地方戏曲全面引入中小学课堂：

> 第二，在中小学学校设立地方语言普及课程：可结合本土传统文化教育、本地戏曲、本地语言等，如扬州可结合扬州评话等地方曲艺开展扬州方言普及课程，苏州可以结合苏剧、评弹等戏曲曲艺开展苏州方言普及课程，徐州则可以结合汉文化教育开展中原官话的普及课程。各地结合自身文化传统和地方特色，形成

---

① 《教科文卫委召开方言保护文化意义研讨会》，南京市人大教科文卫委办，2019 年 4 月 18 日，http：//www. njrd. gov. cn/25805/25817/25818/201904/t20190418_ 5910270. html。

② 袁小良：《弘扬吴地文化，保护地方语言》，2017 年 2 月 7 日，http：//www. jszx. gov. cn/zxta/2017ta/201702/t20170207_ 15554. html。

内容丰富、形式多样的课程，让孩子们在游戏和实践中掌握地方语言，熟悉传统文化。

在 2014 年召开的全国人大十二届二次会议上，江苏省音协副主席、盐城高等师范学校副校长、国家一级作曲家蒋婉求提出了一份关于方言保护的建议①，认为当前方言的保护和研究工作尚未得到应有的重视，甚至存在一定认识误区，同时也受到经费等因素的制约。建议提出：

1. 全国教育和语言文字工作部门在大力推广和规范使用国家通用语言文字的同时，牵头制定方言文化保护和研究工作规划，编写方言地方教材，在中小学进行教学试点；组织编辑出版地方方言大全；尽快建立全国各大语言区域地方方言资源有声数据库；组织开展方言的研究和成果的推广应用，防止地方方言失传。

2. 文化广电新闻出版部门以及各省市的主流媒体宣传保护方言的重要意义，按国家规定制作播出一定比例方言节目，打造方言文化精品栏目。文化部、全国文联可开展地方戏曲的创作、会演大赛。多出弘扬主旋律的精品。

3. 国家财政部按照国家语言文字事业改革发展中长期规划要求，加大对语言文字事业发展的经费投入力度，设立语言文字事业发展基金，安排一定专项经费用于各地方言文化的保护和研究，为方言文化的传承提供经费保障。

此外，在 2020 年召开的全国人大十三届三次会议上，全国人大代表、南京市人大常委会主任龙翔提交了一份《关于深入推进汉语方言传承工作的建议》，其中也涉及少年儿童的方言教育问题：

---

① 《国家一级作曲家蒋婉求代表建议：开展方言文化保护工作》，人民网，2014 年 3 月 10 日，http://history.people.com.cn/n/2014/0310/c376770-24592272.html。

　　首先，国家层面要确立汉语方言保护与传承并重的理念。推进汉语方言传承工作，首先必须确立保护与传承并重的工作理念。对于活力不足的汉语方言，既要保护，倡导应用，使其逐渐增强活力，又要促使其有效传承，给后人留下完整而充分的资料，并在传承中尽量增添其活力。

　　……

　　第四，在具体传承方面，注重实际应用。一要做好家庭语言规划，强化儿童对母语方言与普通话的同步习得。二要做好方言领域的语言规划，除国家规定必须主要使用普通话的领域外，其他领域均可使用当地方言；尤其要提倡在家庭生活、日常工作中多次讲方言。三是地方政府可以通过举办系列宣传推广、志愿公益活动，如方言故事或方言小说创作大赛、方言微电影大赛等，加强对地域方言历史文化价值的宣传。四是地方新闻宣传部门可以在地方传媒包括电视台、广播电台和网络媒体开设地方话频道、方言作品连播或方言类专栏，包括方言小说、方言广播剧等，以丰富多彩的节目内容吸引民众收听观看。

第二节　苏州市教育主管部门的相关政策和举措

　　江苏省是我国较早开展语言资源保护工作的省份，从 2008 年起就开始在全国独家承担中国语言资源有声数据库建设试点，到 2016 年已率先建成江苏语言资源有声数据库①。但江苏并无推进"方言文化进课堂"的省一级政策，相关政策与工作主要在市一级进行。其中苏州市的校园方言活动，特别是"普通话、苏州话、英语口语"比赛（以下简称"三话"比赛）在整个江苏省独树一帜，在全国范围内也颇

----

　　① 《江苏语言资源保护工作成果发布会》，江苏省教育厅，2016 年 1 月 25 日，http：//jyt. jiangsu. gov. cn/art/2016/1/25/art_ 64084_ 16. html。

具特色，这与该市教育、文化等主管部门的大力推进不无关系。

1. 相关政策和举措概况

由于近年来两会上关于方言保护的诉求不断增多，作为苏州市语言文字主管部门的苏州市教育局形成了一个相对统一的回复，对相关政策和已开展的工作进行了较为全面地总结。现将较近一次回复（2017 年 5 月）中的相关内容摘录如下（略去传媒、公交报站、非遗申报等教育局管辖范围之外的事务）：

一、建立科学保护苏州方言的数据库。国家语委、教育部于 2008 年起实施了"中国语言资源有声数据库建设"工作，10 月 18 日，数据库建设的启动仪式在我市举行，苏州市区、昆山市、常熟市成为全国首批试点城市。根据语言学的规律，选用最具代表性的苏州人采录字、词、句和文章的发音，随后，又对苏州地方口头文化语料进行了采录，目前采录了昆曲、评弹、苏剧、张家港的河阳山歌、常熟相城的阳澄湖渔歌、吴江的芦墟山歌、古城区的白洋湾山歌、昆山宣卷，苏州童谣、苏州景点讲述、叫卖、歌曲演唱等。所有这些内容，已陈列在 2016 年我市建成的"世界语言大会展示馆·语言文化研习体验馆"内，市民可以前往收听收看视频，学说苏州话。

二、启动并实施"苏州话保护工程"。2012 年苏州市语委启动了"苏州话保护工程"，工程内容包括：（一）成立苏州方言培训中心和苏州市职业大学方言研究中心，支撑苏州话保护工程。（二）举办中小学（幼儿园）苏州话教学师资培训班，目前，我市已举办五期"苏州话辅导师"培训班，认定 400 多名苏州话地道、具有一定教学能力的"苏州话辅导师"，为学校、社会开展苏州话教学提供优质师资队伍。（三）加强苏州方言教材建设。市语委办聘请苏州大学汪平教授编写的《学说苏州话》、昆山市语委组织专家编写的《学说昆山话》等教材均已正式出版发行。市文化广电新闻出版局于 2014 年设立非遗保护专项资金，扶持项目《邢晏春苏州话语音词典》正式出版发行；2015 年，文化研究资助项目《苏州童谣》（附配套录音）完成。（四）开展方言教学课题研究。委托苏州幼儿师范高等专科学校承办国家级课题，研究幼儿语言教学中方言的地位等。（五）吴文化进校园。目前，我市各级各类学校也重视苏州话的保护和传承工作，开展"昆曲进校园"、"评弹进校园"等活动，有条件中小学（含幼儿园）主动开设"传承吴文化，说好苏州话"的兴趣课、社会综合实践课等，编写相关的校本教材。大专院校如苏州工业职业技术学院、苏州经贸职业技术学院、苏州农业职业技术学院、苏州职业大学等高校也对学生开设学说苏州话、研习吴文化的选修课。

　　三、共同营造说好苏州话的良好社会氛围。市语委自 2009 年起已连续举办八届"普通话、苏州话、英语口语比赛"，培养学生"说一口标准的普通话面向全国、一口地道的苏州话热爱家乡、一口流利的英语走向世界"，提高学生语言应用能力。今年 3 月，名城苏州网和"苏州发布"联手市文明办、市教育局、市语委办等联合推出苏州话保护系列活动——"寻找吴语小传人暨苏州少儿吴语故事童谣大赛"活动；市教育局、市语委办、市广电总台已举办两届"苏州童谣比赛"等。通过活动环节，营造学讲苏州方言的环境和氛围，通过比赛，培养和激励小朋友学讲苏州话的兴趣。

苏州市语委历年发布的工作总结、意见或要点等工作文件更加清晰地展现了苏州市校园方言活动的发展历程[1]。现将 2009 年（首届

---

① 资料来源为苏州市教育局网站和苏州语言文字网。

"三话"比赛举办的年份）至2020年的相关内容摘录如表3-2。

表3-2　　　　　苏州市语委工作文件中出现的校园方言活动

年度	形式	内容
2009年	工作总结	（一）大力推进群众性的中华经典诵读活动 举办了首届"苏州市普通话、苏州话、英语口语"比赛。根据年初市教育局工作目标和要求，为进一步全面实施素质教育，市语委办提出了在全市开展"面向全国——说好普通话，面向世界——说好外语，面向苏州——说好苏州话"的"普通话、苏州话、英语口语比赛"，全市共有300多所学校，近5万名学生参与比赛。……
2010年	工作意见	（三）深入开展"中华诵·经典诵、写、讲"活动，举办系列活动 在全大市范围内继续开展第二届苏州市"普通话、苏州话、英语口语"比赛，进一步扩大参与面，成为实施素质教育的又一个新载体。 （四）进一步加强学校语言文字工作，提升我市语言文字工作的新水平 加强幼儿园教师普通话培训和测试工作，要求50岁以下的教师逐步达到二级甲等水平。同时，对幼儿园教师进行苏州方言轮训工作，使年轻教师能说比较地道的苏州话，以利于保护苏州方言和苏州地方文化，构建和谐语言生活环境。 有条件的幼儿园可以试行对幼儿教说苏州方言。
2011年	工作要点	（二）积极实施"中华诵·经典诵读行动" 继续办好第三届苏州市"普通话、苏州话、英语口语"比赛，扩大参赛面，加大宣传力度，使这项比赛成为推广普通话、提高英语口语水平、保护和传承苏州话的新载体，成为我市实施素质教育的新载体，成为丰富广大中小学生的"七彩暑期生活"的新载体。
2012年	工作要点	五、继续推进"中华诵·经典诵读行动"系列活动 开展第四届"诵读中华经典，传承吴地文化"为主题的"普通话、苏州话、英语口语"比赛……
2013年	工作要点	二、推进"中华诵·经典诵、写、讲行动"。……分赛区举办以"诵读中华经典，传承吴地文化"为主题的苏州第五届"普通话、苏州话、英语口语"比赛。 五、科学保护苏州方言。编写苏州话儿歌、童谣，并制作教学光盘供幼儿园、小学参考使用；开办第二期苏州话小学（幼儿园）教师培训班。加强语言服务。……积极创造条件，义务为市民包括外来务工人员学习苏州话提供培训服务。（注：含外来务工人员子女。）

年度	形式	内容
2014 年	工作要点	（三）科学保护苏州方言，精心打造"吴侬软语 圆梦苏州"品牌活动 9. 继续举办以"诵读中华经典，传承吴地文明"为主题的苏州市第六届"普通话、苏州话、英语口语"比赛。比赛分张家港、常熟、太仓、昆山、吴江、吴中、相城和市区八个赛区。 10. 编写苏州话儿歌、童谣，制作教学光盘供幼儿园、小学参考。开展《学说苏州话》优秀微课堂教学视频征集活动。 11. 开办第二期苏州话辅导师培训班，并举办幼儿园、小学教师苏州话培训班。 12. 举办"家在苏州"苏州话讲故事大赛。
2015 年	工作要点	（四）继续实施保护苏州方言工程 1. 进一步充实 APP 在线"学讲苏州话"内容，方便市民学习苏州话。 2. 推动学校、培训机构开设学说苏州话培训班。 3. 举办第七届"普通话、苏州方言、英语口语"比赛。 4. 举办第二届苏州童谣比赛。 5. 举办第三期苏州话辅导师培训班。
2016 年	工作要点	（三）继续开展"中华诵·经典诵写讲"活动 10. 举办"家在苏州·诵读经典传承美德"——2016 年苏州市中华经典诵读系列活动。继续推进……第八届"普通话、苏州方言、英语口语"比赛。 （四）继续实施保护苏州方言工程 14. 继续推进苏州方言保护工程。举办第三届苏州童谣（苏州话）比赛；开办第四期苏州话辅导师培训班，认定一批"苏州话辅导师"；收集、整理苏州话童谣。
2017 年	工作要点	6. 继续推进中华经典诵写讲行动。……举办第九届"普通话、苏州话、英语口语"比赛；承办第八届两岸（苏州·台北）中小学生中华经典诗文诵读交流活动。 7. 继续实施苏州方言保护工程。开办第五期苏州话辅导师培训班，培训并认定一批"苏州话辅导师"；整理并录制太仓地方文化语料，丰富语言文化研习体验馆语料。 8. 完善世界语言大会展示馆建设，发挥其教育功能。录制苏州地方口头文化语料，苏州话词汇、俗语等语料，充实苏州方言馆。开展主题日活动、学生体验活动。

年度	形式	内容
2018 年	工作要点	二、坚定文化自信，传承和弘扬中华优秀传统文化 （三）搭建活动平台，提升诵读水平。举办第十届苏州市"普通话、苏州方言、英语口语"比赛…… 四、促进和谐发展，继续实施苏州方言保护工程 （一）加强苏州方言教育师资培训工作，为新老苏州人学习苏州方言提供师资支撑。 （二）组织编写和出版苏州方言、吴文化知识的系列读本、视频资料。 （三）开展《学说苏州话》教学微课视频征集活动。 五、做好其他工作 （一）完善世界语言大会展示馆建设，发挥其教育功能。录制苏州地方口头文化语料，苏州话词汇、俗语等语料，充实苏州方言馆。 （二）做好世界语言大会展示馆·语言文化研习体验馆的开放工作，充分发挥语言文化研习体验馆的教育功能。
2019 年	工作要点	（八）举办第十一届苏州市"普通话、苏州方言、英语口语"比赛，打造我市语言文字品牌活动。 （九）继续实施"苏州方言保护"工程，指导学校、社会机构弘扬发展吴地文明，让更多的苏州娃会说地产的苏州话，构建我市和谐语言环境。
2020 年	工作要点	（八）精心打造我市语言文字工作的品牌。"普通话、苏州方言、英语口语"比赛和"苏州·台北"中小学生中华经典诗文诵读交流活动已分别举办了十一届和十届，成为我市语言文字工作的品牌，各地各学校要进一步解放思想，制定更高的活动目标，扩大比赛的参与面，提升比赛水平，让学生在活动中感受语言美，让学生都能"说一口标准的普通话、说一口地道的苏州话，说一口流利的英语"。 （十五）继续推进"苏州方言保护"工程。充分发挥"苏州话辅导师"的作用，培养一批热心苏州话保护的志愿者和教师。通过各种形式支持学校开设"昆曲进校园"、"苏州评弹进校园"等吴文化传承兴趣班。在社区教育中心中开设"苏作"学习班等，为弘扬吴文化做出贡献。挖掘并充实苏州地方口头文化语料供市民、学生学习。

从表中可见，从 2009 年到 2013 年，"三话"比赛都在"中华经典诵读"系列活动的框架内，2014、2015 年两年被纳入"苏州方言工程"的范围，2016 年及以后又回到"中华经典诵读"的框架内。除"三话"比赛外，苏州市语委和教育局还于 2014 年至 2016 年举办

了仅使用苏州话的童谣或讲故事比赛。

　　苏州市教育领域的方言文化活动还在地方立法方面得到了体现。2017 年 10 月 23 日，苏州市第十六届人民代表大会常务委员会第七次会议制定了《苏州国家历史文化名城保护条例》，其中有三条提及方言问题①：

　　　　第十九条（具有地方特色的传统戏曲、传统工艺、传统产业、民风民俗等口述或者其它非物质文化遗产）……（三）（民风民俗）保护人文脉络，推进历史文化的保护、利用、复兴。鼓励居民参与传统习俗传承，保护苏式传统生活方式、苏州方言，保持传统文化氛围。

　　　　第三十五条　市人民政府应当制定非物质文化遗产保护传承扶持政策。……市人民政府应当制定苏州方言普及推广的扶持政策。鼓励中小学校、幼儿园开展苏州方言教育，鼓励居民委员会、村民委员会等开展学习苏州方言的活动，鼓励新闻媒体开设苏州方言的栏目。

　　　　第四十二条（古城人口和教育）……教育部门应当结合课程设置和教学计划，开展苏州方言、苏州传统文化艺术和历史文化名城保护的相关教育。

　　不难看出，推进校园方言活动的开展是《条例》涉及方言内容的重中之重。《条例》已于 2017 年 12 月 2 日由江苏省第十二届人民代表大会常务委员会第三十三次会议批准，成为具有法律效力的地方法规。跟《厦门市闽南文化生态保护区建设办法》这一行政规章相比，苏州市采用地方立法的形式，显然更具权威性。

-----

　　① 《苏州国家历史文化名城保护条例》，江苏省人民代表大会常务委员会，2017 年 12 月 2 日，http://www.jsrd.gov.cn/zyfb/dffgl/201712/t20171211_481131.shtml。

2. 市区两级全程推动"三话"比赛

"三话"比赛是苏州市校园方言活动的一大抓手和亮点，经过十余年的有序推进，形成了一种既坚持"推普"又传承方言，同时还面向世界的独特发展模式。

"三话"比赛得以推进，首要原因是市、区两级政府的全程推动。从 2009 年至 2019 年的连续十一届比赛均由苏州市语委和苏州市教育局向各市辖区和县级市教育局、语委办，以及苏州市教育局各直属学校正式发文，并对赛事进行全流程指导。以 2018 年举办的第十届"三话"比赛为例，苏州市语委和苏州市教育局共联合发文三次，分别为：

（1）《关于举办"家在苏州·美丽姑苏"第十届苏州市"普通话、苏州方言、英语口语"比赛的通知》（苏语委〔2018〕5 号），2018 年 8 月 27 日下发，发布对象为各市辖区（含县级市）教育局（文化教育委员会）、语委办、各直属（代管）学校以及市技工教育教研室。文件明确列出了包括比赛主题和宗旨、参赛资格、条件和组别、比赛流程、比赛要求以及奖项设置等各方面事项。文件的下发不仅拉开了比赛的序幕，也为比赛提供了根本遵循。现将这些比赛要素加小标题摘录如下①：

（比赛主题）诵读中华经典 传承吴地文明；

（活动宗旨）培养学生"说一口标准的普通话面向全国，说一口流利的英语走向世界，说一口地道的方言热爱家乡"；

（参赛对象）全市全日制普通中小学、中职中技校在籍在校学生，并具有良好的普通话、苏州方言、英语口语会话能力；

---

① 《关于举办"家在苏州·美丽姑苏"第十届苏州市"普通话、苏州方言、英语口语"比赛的通知》，苏州市语言文字工作委员会、苏州市教育局，2018 年 8 月 27 日，http：//www.zfxxgk.suzhou.gov.cn/sjjg/szsjyj/201809/t20180906_ 1003179.html。

（比赛组别）分小学组、初中组、高中组、中职中技组等四个组别；

（比赛分区）根据方言特点，分为市区（包括吴中区、相城区、姑苏区、工业园区、高新区）、张家港、常熟、太仓、昆山、吴江等六个赛区，各赛区独立完成比赛，由市语委、市教育局统一发文表彰、颁发证书；

（比赛阶段）分初赛、复赛和决赛三个阶段。推普周期间各学校启动比赛，10月20日前完成；各区语委办、市技工教育教研室负责各自所属学校的复赛，于11月5日前上报参赛学校报名表和参加决赛报名表；决赛11月15日前完成。市语委办将派员巡视各赛区决赛和各区复赛情况；

（参赛报名要求）以学校为单位报名参赛，人数不超过10人。师生可以同台表演，但教师不得超过2人；

（比赛形式）各参赛学校的比赛内容应以"一台戏"形式来完成，普通话、苏州方言和英语口语三种会话有机结合，融会贯通，具有较强的观赏性；

（比赛内容）每支参赛队必须完成"普通话、苏州方言和英语口语"三个比赛环节。普通话环节要求：诵读中华经典诗文，内容以《义务教育语文课程标准》推荐背诵的136首古诗词或《义务教育语文课程标准》中其他经典名篇为主。苏州方言和英语口语两个环节通过讲述、表演、说唱等形式反映苏州地方文化、百姓生活习俗、民间风俗习惯、园林景点介绍等内容，充分挖掘吴文化的内涵，让学生了解苏州，讲好苏州改革开放四十年的巨大变化的故事；

（比赛时间）全程比赛时间控制在5至7分钟，每个比赛环节比赛时间要控制在1至3分钟，超时、时间不足适当扣分；

（奖项设置）分别设团体奖（学校）、个人奖（学生）和优秀指导教师奖。个人奖（学生）授予参赛学校的主要选手，优秀指导教师奖授予指导学校获得团体一等奖的教师, 每所学校获得优秀指导教师的人数不超过 3 人 (普通话、英语、苏州话各 1 人)。

(2) 《关于公布第十届苏州市"普通话、苏州方言、英语口语"比赛直属 (代管) 学校复赛成绩的通知》 (苏语委办 〔2018〕 17 号), 2018 年 11 月 5 日下发①, 发布对象为苏州市教育局直属或代管的中小学、民办学校以及职业院校。

(3) 《关于公布第十届苏州市"普通话、苏州方言、英语口语"比赛成绩的通知》 (苏语委 〔2018〕 6 号), 2018 年 11 月 23 日下发②, 发布对象同上。文件公布了小学、初中、高中三个组别的团体奖和个人奖, 每个奖项又各分特等奖、一等奖和二等奖三个等次, 另设优秀指导教师奖。文件的发布为各赛区比赛画上了圆满的句号。

各区及县级市也配套出台了相应文件, 以推动比赛在本区各校开展。以中心城区吴中区为例, 2018 年第十届"三话"比赛期间, 该区语委和区教育局共联合发文两次, 分别为:

(1) 《关于举办"家在苏州·美丽姑苏"——第十届苏州市吴中区"普通话、苏州方言、英语口语"比赛复赛的通知》 (吴语委办 〔2018〕 9 号), 2018 年 10 月 23 日下发③。文件对该区"三话"比赛复赛的参赛组别、比赛要求、比赛时间和地点、奖项设置以及安全事

---

① 《关于公布第十届苏州市"普通话、苏州方言、英语口语"比赛直属 (代管) 学校复赛成绩的通知》, 苏州市教育局、苏州市语言文字工作委员会办公室, 2018 年 11 月 5 日, http: //www. yywz. suzhou. gov. cn/szlanguage/showinfo/showinfo. aspx? infoid = 582d83be – 0772 – 4045 – a438 – a685e70fbab7。

② 《关于公布第十届苏州市"普通话、苏州方言、英语口语"比赛成绩的通知》, 苏州市语言文字工作委员会、苏州市教育局, 2018 年 11 月 23 日, http: //www. yywz. suzhou. gov. cn/szlanguage/readRealImages. aspx? id = 9bfdc6dc – 0161 – 4309 – 8de4 – 964dc72ff05d。

③ 《关于举办"家在苏州·美丽姑苏"——第十届苏州市吴中区"普通话、苏州方言、英语口语"比赛复赛的通知》, 苏州市吴中区语言文字工作委员会、苏州市吴中区教育局, 2018 年 10 月 23 日, http: //www. szwz. gov. cn/frontPage/szwzq/xxgk/xxgkdetail. jspx? infoid = b2b0779e – 80c2 – 4f8d – bb7b – 6caab1f0cbc4。

项进行了详细布置；

（2）《关于公布"家在苏州·美丽姑苏"第十届苏州市吴中区"普通话、苏州方言、英语口语"比赛成绩的通知》（吴语委办〔2018〕11号），2018年12月11日下发①。文件公布了比赛获奖成绩、优秀组织奖和优秀指导教师奖。

据吴中区教育局在决赛后发布的总结新闻②，苏州市语委、市教育局比赛通知下发后，该区所有公办学校都进行了认真准备。在区教育局统一组织下，33所学校、近300名选手，在各校近40名辅导老师的指导下，参加了吴中区复赛。经过市教育局领导和6名专家的现场评比，最终优选出了14所学校、106名选手进入苏州市决赛。决赛中甪直实验小学、宝带实验小学和迎春中学获团体特等奖，5所学校获团体一等奖，6所学校获团体二等奖，3名选手获个人特等奖，6名选手获个人一等奖。

3. 基层学校用心参与"三话"比赛

基层中小学对"三话"比赛十分重视，很多学校专门配备了老师进行精心辅导和备赛。仍以前述2018年举办的第十届比赛为例，从小学和中学中各选一例作为代表进行分析。

苏州高新区的敬恩实验小学于当年9月30日召开"三话"比赛准备会议，为剧本撰写建言献策，并安排老师写出了以家风传承为主线的剧本《印象浒墅关》。通过第一轮比赛筛选进入决赛后，教导处各主任、三话社团老师又一起召开了剧本表演落实会议，商讨道具服

---

① 《关于公布"家在苏州·美丽姑苏"第十届苏州市吴中区"普通话、苏州方言、英语口语"比赛成绩的通知》，苏州市吴中区语言文字工作委员会、苏州市吴中区教育局，2018年12月11日，http://www.szwz.gov.cn/frontPage/szwzq/xxgk/DownPicture.jspx？AttachId＝7c6b19ed-b6c8-44f4-8a93-7132e5b6945e。

② 《我区选手在苏州市"三语"比赛中获得优异成绩》，苏州市吴中区教育局，2018年11月21日，http://www.szwz.gov.cn/frontPage/szwzq/xxgk/xxgkdetail.jspx？infoid＝bdbdddf1-20a2-4895-a72f-1e77fb83354a。

装情况，并从各年级选拔、确定小演员。在一周的排练时间里，师生一道每天放学排练一小时，不断地打磨、训练，场景、音乐、服装、普通话、苏州话和英语台词都有专业老师分工负责。节目最终获得了高新区团体二等奖①。

苏州市的老牌学校苏州中学也非常重视历年的"三话"比赛。以2018年为例，准备工作由语文组负责，多位语文老师参与策划组织，在服装选择、剧本写作、比赛排练上积极准备，精心安排。准备过程还得到了艺体中心、后勤处以及多位英语教研组老师的支持。退休教师朱九如专门为参赛学生进行了苏州话辅导②。该校参赛的四幕剧《道山寻根》最终获得了全市决赛特等奖的好成绩，整个剧本堪称"三话"比赛的样本。现将新闻稿中的简介摘录如下：

《道山寻根》承接去年三话比赛的主题《道山问道》而来，旨在在苏州大背景下，依托于苏高中千年府学的传承发展，挖掘苏州中学的深厚文化底蕴，发扬历代教师与学子的求学问道精神，展现苏州中学新一代青年学子的精神风貌。

第一幕选择以老校友与志愿者的对话展现苏州话环节。

第二幕选择苏州中学初建府学的历史，用范仲淹与风水先生的对话展现范仲淹先天下之忧而忧，后天下之乐而乐的精神。

第三幕选择用顾炎武夫子的对话，探讨顾炎武天下兴亡匹夫有责的思想。

第四幕选择了民国时代背景，以苏州中学第一任校长汪懋祖先生与即将远赴西洋留学的学子的对话，展现了在风雨飘摇的时期，苏州中学的老师与学生为救亡图存不断拼搏进取的精神。

---

① 《赛"三话"传家风》，苏州高新区敬恩实验小学，2018年11月5日，https：//jin-gen. jssnd. edu. cn/jxzh/jxcg/xscz/content_ 82986。

② 《我校荣获苏州市"三话比赛"团体特等奖》，苏州中学语文教研组，2018年1月1日，https：//www. szzx1000. cn/dtlview. asp？ c = 39&id = 8015&page = 0。

除了反映校园文化外，参赛节目的内容还包括地域文化、儿童生活、近现代历史等。现将近年来代表性参赛节目的基本情况收集整理如表3-3。

表3-3　　　　　　近年来"三话"比赛代表性参赛节目

类别	简要描述	获奖情况
地域文化	珍珠湖小学《珍珠情》：从营造热闹非凡的珍珠市场入手，展现出渭塘人依托珍珠发家致富，以及孩子们天真活泼、快乐成长的生活场景①。	第六届相城区一等奖
	宝带实验小学《红菱趣话》：以苏州特产水红菱为主线，托物言志，展现了吴侬软语的清新风雅，更彰显了吴文化的深厚底蕴②。	第八届全市一等奖
	香雪海小学《金桂飘香》：以光福窑上首届桂花节为主题，融合了光福地方文化和窑上人民的日常生活，彰显了香小学子扎实的三话基础以及优异的舞台表现能力③。	第九届全市一等奖
	星澜学校初中部《遇见苏州》：将苏州的自然景观和人文风情巧妙融合，吴侬软语的苏州话，配上小桥流水人家的背景，轻柔而诗意；字正腔圆的普通话，诵读苏州那山那水的诗歌，大气而沉稳；流利地道的英语对话，演绎了角色间流转的剧情，妙趣而灵动④。	第十届工业园区一等奖
	越溪实验小学《糖粥·心传》：讲述了在食品添加剂肆意横行的当代餐饮市场中，苏州老字号"潘记糖粥"传承人坚守初心，始终以真材实料传承百年糖粥文化的故事⑤。	第十届全市二等奖

① 《"珍珠娃"剧团参加区"三话"比赛获一等奖》，相城区委宣传部，2014年10月21日，http：//www. szxc. gov. cn/szxc/InfoDetail/？InfoID = 3b1401fd - 0ed3 - 4a41 - 9494 - 81eb0c5b84c1。

② 《〈红菱趣话〉荣获第八届苏州市小学生"三话"比赛一等奖》，宝带实验小学，2016年11月14日，http：//www. wxedu. net/Item/10439. aspx。

③ 《苏州香雪海小学喜获第九届苏州市"三话比赛"一等奖》，香雪海小学，2017年11月21日，http：//www. wxedu. net/Item/11848. aspx。

④ 《星澜学子初绽"三话"夺桂冠——记苏州工业园区星澜学校获"苏州市'三话'比赛"园区复赛一等奖》，2018年10月31日，http：//sipedu. sipac. gov. cn/website/Item/103059. aspx。

⑤ 《一碗糖粥，百年心传——越溪实验小学获第十届苏州市"普通话、苏州方言、英语口语"比赛二等奖》，越溪实验小学，2018年11月19日，http：//wmdw. jswmw. com/home/content/？6763 - 4800236. html。

续表

类别	简要描述	获奖情况
校园文化	苏州中学《道山问道》：超越了传统的苏州风土人情展示，另辟蹊径地挖掘苏州中学深厚的历史文化底蕴、展现苏中学子求学问道的风采，将三话比赛的形式与苏州中学的文化底蕴与人文精神完美地融合①。	第八届全市一等奖
	苏州市第五中学《母校情缘》：为五中学子自编自演，表现了对五中文化底蕴的颂扬和对中华优秀文化传统的感悟②。	参加第十届全市比赛
儿童生活	星洲小学《难忘的生日》：凭借扎实的语言功底和精彩的舞台表现脱颖而出，字正腔圆的普通话、软糯动听的苏州话、熟练流利的英语和他们惟妙惟肖的演绎完美融合，将剧本人物特点发挥得淋漓尽致③。	第十届全市特等奖
近现代历史	宝带实验小学《抗战印记》：巧妙契合纪念抗战胜利暨世界反法西斯战争胜利70周年主题，反映了当代少年儿童对家乡、对祖国的热爱④。	第七届全市一等奖

4. 各方积极评价"三话"比赛

普方英兼顾的"三话"比赛在开赛伊始就得到了各方的积极评价。2011 年 8 月，《苏州日报》在对第三届比赛进行报道时⑤，介绍了国家语委和江苏省教育厅主管领导对比赛的观感。

---

① 《我校喜获苏州市第八届"普通话、苏州方言、英语口语"决赛一等奖》，苏州中学，2016 年 11 月 15 日，https：//www. szzx1000. cn/tsdtlview. asp？c = 167&id = 7443&page = 0。

② 《高一学生"三话"比赛》，苏州市第五中学，2018 年 11 月 5 日，http：//www. sz5z. com/xueke_ r. asp？id = 1060。

③ 《荟萃东西文化 流淌古韵今风——记苏州工业园区星洲小学喜获苏州市"三话比赛"特等奖》，苏州工业园区教育网，2018 年 11 月 20 日，http：//sipedu. sipac. gov. cn/website/Item/103951. aspx。

④ 《〈抗战印记〉荣获第七届苏州市小学生"三话"比赛一等奖》，宝带实验小学，2015 年 11 月 23 日，http：//www. wxedu. net/Item/9493. aspx。

⑤ 《"三话"赛晒出学生语言真本领》，《苏州日报》，2011 年 8 月 11 日，http：//www. subaonet. com/html/livelihood/2011811/FF34G6BKK847K7K. html。

　　国家语委副主任王登峰、省教育厅语工处处长赵晓群在苏州市政府陆俊秀副秘书长、市教育局局长鲍寅初、副局长李杰陪同下观看了高中组的决赛，充满苏州特色的"三话"比赛令他们耳目一新，苏州中学生的出色表演让他们印象深刻。他们感到，苏州将推广普通话与保护方言充分结合，注重英语的活学活用，并且全部一律从小学生抓起，这样的做法很值得借鉴。

　　光明网于2012年7月28日以"苏州'三话比赛'：为传承苏州文化搭建平台"为题，对苏州市第四届"普通话、苏州话、英语口语比赛"进行了报道①。报道中引述两位"三话比赛"的一线组织者的话，阐述了比赛的意义：

　　（苏州市吴中区苏苑实验小学德育处主任蔡育强）这样的比赛对学生来说，是语言能力的比拼，也是热爱家乡情感的教育，通过初赛、复赛和决赛的锻炼，学生的应变能力明显提升，对本地风俗、习惯也有了更深入的了解，学生的参与更带动了老师与家长的紧密关注，这将有利于吴地文化的保护与弘扬。

　　（苏州市语委员会办公室马培元）"说一口标准普通话，面向全国；说一口地道苏州话，面向家乡；说一口流利英语，走向全世界"，"三话"比赛融入了很多苏州元素，希望通过这样的比赛让更多的苏州本地人和新苏州人了解苏州，热爱苏州，更好地传承吴地文化。

第三节　苏州市少儿方言文化活动的多部门联动

　　除了教育局、语委直接推动的"三话"比赛外，苏州市少儿方言

---

　　① 《苏州"三话比赛"：为传承苏州文化搭建平台》，光明网，2012年7月28日，http：//topics. gmw. cn/2012－07/28/content_ 4660249. htm。

文化活动的另一大特色是幼儿园、学校与宣传文化部门、基层社区、相关行业等多方联动，共同开展。这些活动有的由职能部门直接向学校发文开展，有的是社区和行业人士自发与学校协同开展。尽管形式多样，但都有少年儿童乃至学校老师的直接参与，因此可以看作是校园方言文化活动的补充和延续。

1. 宣传文化部门主办的苏州方言童谣比赛或展示活动

宣传文化部门是推动少儿方言文化活动的重要力量。从 2014 年开始，苏州市广播电视总台联合苏州市教育局和苏州语委，共同推出了"'家在苏州——吴侬软语圆梦苏州'苏州童谣比赛"，比赛通知以政府文件的形式下发各区教育局和直属学校。现将 2015 年的第二届比赛通知（苏广办〔2015〕第 44 号）加小标题摘录如下[①]：

（比赛主题）"家在苏州——吴侬软语圆梦苏州"苏州童谣比赛；

（活动宗旨）丰富幼儿园、小学学生课余文化生活，大力推广吴方言，培养和锻炼孩子们的语言组织和表达能力；

（举办单位）苏州市教育局、苏州市语言文字工作委员会办公室、苏州市广播电视总台；

（承办单位）苏州广播电视总台广播新闻综合频率；

（参赛对象）4—12 周岁少年儿童。各学校推荐个人选手不超过 5 名、团体选手 1 组（2 人及以上）；

（比赛规则）以当地纯正吴地方言为主，分个人赛和团体赛，聘请吴方言专家、高级教师、广电吴方言节目主持人等担当评委，并根据选手现场发挥、舞台表现、语言水平等多方面综合打分；

---

① 苏州工业园区教育局网站，http://sipedu.sipac.gov.cn/website/Item/66807.aspx。

（比赛内容）说唱童谣，单篇童谣时长不超过 3 分钟，内容必须健康、积极向上；

（奖励形式）共设个人一等奖 1 名、二等奖 2 名、三等奖 3 名和入围奖 10 名，团体一等奖 1 名、二等奖 2 名、三等奖 3 名。获奖者将成为苏州广播电视总台广播新闻综合频率签约小主持人，获得主办方颁发的证书和物质奖励。设置"优秀指导老师"奖 12 名，个人一、二、三等奖和团体一二、三等奖获得者的指导老师将获得证书和物质奖励。大赛承办方将为获奖选手录制 CD 光盘，并由苏州市语言文字工作委员会办公室适时推出向全市推广。

跟"三话"比赛有所不同的是，童谣比赛全部使用吴方言。共 300 多名少年儿童、40 支队伍参与了 2016 年 1 月举行的团体赛①。2017 年赛事的主办单位除市教育局、市语委办和苏州广播电视总台外，还由市文明办领衔，赛名变为"寻找吴语小传人暨苏州少儿吴语故事童谣大赛"②。2018 年赛事的主办单位为市文明办、市教育局和市妇联，由市妇女儿童活动中心承办，赛名为"成长苏州·吴语童谣汇"，参赛人数增加到近 400 位③。参赛童谣既有传统作品，也有改编或新创的作品。现将入围 2018 年决赛的童谣作品罗列如下：

《苏州小吃赞得来》《苏州童谣串烧》《苏州好》《苏州、伲来哉》《甜甜苏州话 浓浓乡土情》《姑苏四季歌》《吴语童谣》《戏游苏州》《课间游戏》《苏州闲话乐淘淘》《唱唱伲个希文学堂》《春江花月夜》《三姑娘与蚕宝宝》《别人家的小囡》等。

---

① 《唱起吴侬软语　传承苏州方言》，苏州市相城区政府网站，http：//www.szxc. gov.cn/szxc/InfoDetail/？InfoID＝efe390dd－73fd－42b5－85c0－0fe3d865509a.

② 《我是吴语小传人》，苏州工业园区教育局网站，2017 年 5 月 3 日，http：//sipedu. sipac.gov.cn/website/Item/84073.aspx.

③ 《2018 苏州市"成长苏州吴语童谣汇"童谣比赛落幕》，苏州市妇联网站，2018 年 5 月 25 日，http：//www.szwomen.suzhou.gov.cn/xxkd/201805/t20180525_982892.shtml.

在区一级也开展了类似活动，如相城区委宣传部、区文明办、区教育局、区文体局、区文联于 2017 年 6 月联合主办了"相城风气吴音传唱"苏州话弘扬核心价值观文艺汇演。节目除童谣外，还包括评弹、歌曲、小品等多种形式①：

> 评弹《唱支山歌给党听》（北桥中心幼儿园）、《片片童心乐逍遥》（北桥中心小学）；歌曲《娘的孩子听党话》（陆慕实验小学）；渔歌《歌唱我们的新生活》（阳澄湖小学）；歌舞《卖蟹谣》（湘城小学）；童谣《御窑囡囡说金砖》（御窑幼儿园）；情景表演：《苏州小食客》（元和小学）。

2. 图书馆、博物馆主办的少儿方言文化活动

苏州市的图书馆、博物馆也是组织少儿方言文化活动的重要社会力量。其中既有小规模的讲座，如作为"2015 年图书馆之夏暑期少儿活动"的一部分，苏州图书馆的何冰沁老师开展了"学讲苏州话"的辅导讲座，内容涉及苏州话的起源、历史发展、发音、基本的人称代词、礼貌用语和日常会话等②；也有系列讲座活动，如苏州博物馆于 2017 年 9 月分三日举办了"知行@苏州：吴侬软语话姑苏"系列活动，包括吴侬软语趣谈讲座、苏州话及童谣教唱、苏州话方言全程导览和吴语歌曲分享会四个部分。其中 16 日的活动邀请了苏白学堂的苏州话辅导师唐滔及胡舒宁进行苏州话和童谣教学，共 10 组家庭参加③。

---

① 《"相城风气 吴音传唱"文艺汇演活动成功举办——邂逅魅力苏州话，弘扬核心价值观》，苏州市相城区委宣传部，2017 年 6 月 30 日，http://www.szxc.gov.cn/szxc/InfoDetail/? InfoID = f97d37ef - f6d2 - 4751 - a960 - 0de2c560b332。

② 《2015 年图书馆之夏暑期少儿活动——学讲苏州话（一）》，苏州图书馆，2015 年 9 月 11 日，http://www.zfxxgk.suzhou.gov.cn/sjjg/szswhgbxwcbj/sztsg/jcyw _ 8975/dzfwgz/201509/t20150911_ 619663.html。

③ 《苏州博物馆举办"知行@苏州：吴侬软语话姑苏"系列活动》，苏州博物馆，2017 年 9 月 26 日，http://www.zfxxgk.suzhou.gov.cn/sjjg/szswhgbxwcbj/szbwg/jcyw_ 8897/shjy_ 8900/201709/t20170926_ 910358.html。

独具特色的苏州评弹博物馆也开展了以少年儿童为对象的评弹培训和表演活动,其中也涉及苏州方言的学习。如中国苏州评弹博物馆坚持每年 7、8 月间推出"小良叔叔与你同行——青少年评弹夏令营"活动。2015 年 8 月 7 日,评弹表演艺术家、中国苏州评弹博物馆副馆长袁小良为 100 名小朋友和他们的家长做了题为"中国最美的声音"的艺术讲座,拉开了第四届"小良叔叔与你同行——青少年评弹夏令营"活动的序幕。两天时间里,小朋友们参加了评弹艺术欣赏、学说标准苏州话、学习苏州评弹基本表演等精彩课程,最终以汇报演出和才艺展示的方式结业,并获得了评弹夏令营结业证书①。

又如,位于苏州评弹博物馆的公益性艺术宣教机构——"小良"评弹工作室于 2016 年 9 月开办"小良"少儿评弹团,首次招收了 26 名小学员,让他们学说苏州话、学唱传统民谣、学习欣赏苏州评弹的文化韵味。这些学员们已在各类少儿艺术展示活动中崭露头角②。

3. 评弹界人士积极参与少儿方言文化活动

由于评弹是苏州地域文化最为重要的代表之一,因此评弹界是除语言学外对苏州方言保护最为积极的行业,在少儿方言文化活动中发挥着独特而重要的作用。除了以上谈到的苏州评弹博物馆举办的公益性讲座或辅导外,评弹界人士还以多种形式参与少儿方言文化活动,如:

(1) 指导校园方言文化活动。如以学说苏州话为特色的北桥中心幼儿园聘请了苏州评弹艺术团老师李红进行小班化指导,从学说传统

---

① 《第四届"小良叔叔与你同行——青少年评弹夏令营"活动正式启动》,苏州戏曲博物馆,2015 年 8 月 10 日,http://www.zfxxgk.suzhou.gov.cn/sjjg/szswhgbxwcbj/szxqbwg/gzdt_9040/xydt_9042/201603/t20160325_695507.html。

② 《苏州评弹博物馆开展少儿培训》,《中国文化报》,2017 年 1 月 16 日,http://www.zjwh.gov.cn/dtxx/2017－01－16/207768.htm。

的日常用语、礼貌用语入手,延伸到学说苏州小吃、名胜以及苏州童谣等,形成氛围后又将评弹引入教学。此外,幼儿园还引入了评弹表演艺术家袁小良工作室,定期请袁老师对孩子们进行评弹指导,形成了远近闻名的评弹教育特色①。

又如,苏州工业园园区七中在苏州评弹学校的支持和帮助下,探索出一条评弹特色学校建设之路。学校不仅开发了评弹校本课程和校本教材,还专门聘请了评弹老艺人陆雁梅和评弹学校青年教师钱鸿佳担任课外辅导老师,一周两次教授学生说苏州话、演唱苏州评弹②。

(2)指导社区方言文化活动。影响较大的如评弹演员周舟琛坚持在姑苏区胥江街道三香社区免费教小朋友苏州话,在三香公园为纳凉的老人讲评话,被亲切地称作"三香阿爹"。三香社区将其打造为公益志愿服务品牌,成立了"三香阿爹"苏州文化服务站。服务站确定了"教说苏州话,传播苏州文化从孩子抓起"的理念,坚持走到幼儿、小学生等未成年人群中去,主动向孩子们教授苏州话,用苏州方言讲故事、演小品、教唱苏州童谣。"三香阿爹"还成功入选苏州市2014年度社会志愿服务引导扶持项目。周舟琛还邀请国家一级演员、中国曲艺家协会理事、中国说唱文艺学会副会长、原苏州评弹团团长金丽生先生携弟子加入志愿服务队伍,为小朋友授课,得到了《苏州日报》《姑苏晚报》等媒体的广泛报道③。

---

① 《评弹韵六一 快乐润成长——北桥中心幼儿园举办幼儿评弹专场汇报演出》,相城区教育局,2015年6月3日,http://www.szxc.gov.cn/szxc/infodetail/? infoid = 560595f1 - 7995 - 4223 - b723 - 5b076ab0de0b。

② 《飘香的歌 最美的声音——园区七中评弹特色学校建设的探索与实践》,2011年11月3日,http://news.sipac.gov.cn/sipnews/jwhg/2011yqdt/11/201111/t20111103_120300.htm。

③ 《弹名家携弟子进社区教苏州话》,姑苏区委宣传部,2014年8月6日,http://www.gusu.gov.cn/gusu/InfoDetail/? InfoID = dc60f1ac - 8df2 - 4fdf - 970d - 2a8318bfb968。

此外还有苏州评弹学校裕馨志愿者服务队的学生志愿者为黄埭镇春申社区外来青少年讲授苏州话课程①，上海评弹团的昌顺明在春嘉社区黄桥文体中心举办的"学说苏州话"活动中给社区小朋友授课②，专业评弹老师费奕在东港家怡社区为小朋友授课等③。授课的具体内容可以以下摘录为代表：

> 活动中，费奕首先介绍了评弹的历史、流派和演出方式，用风趣幽默的语言，从"泰伯奔吴"到"伍子胥建阖闾城"，从吴语特点到苏州的民俗民风，为小朋友详细讲解了苏州评弹的历史与现状。由于本次参与活动的小朋友年龄较小，费奕对评弹中最重要的部分苏州话进行了教学，从动物名称、形容颜色到一些苏州话童谣、唐诗等。"猪猡猡""羊咩咩""鸡咯咯""旭旭红""蜡蜡黄""碧碧绿"，小朋友们现学现卖引起了哄堂大笑。苏州话版的《枫桥夜泊》更是激起了小朋友们对苏州话的学习兴趣，同时也让家长们感受到了评弹艺术特有的、来自苏州历史的美。

4. 社区积极为少年儿童举办方言讲座和辅导

在苏州，社区也是开展少儿方言活动的中坚力量，为少年儿童举办各类方言讲座和辅导是其中的一个工作重点。由于相关新闻较多，现从每个区选取典型案例，将相关情况摘编如表3-4。

---

① 《传承地方语言瑰宝 春嘉社区举办"学说苏州话"活动》，相城区委宣传部，2016年8月12日，http：//www. szxc. gov. cn/szxc/infodetail/? infoid = 406ac76f - a6df - 4b0d - 9ab0 - 1bd609e9fb52。

② 《娄葑：缤纷假日 与文化活动精彩相约》，苏州市工业园区网站，2018年7月12日，http：//www. sipac. gov. cn/dept/lfjd/gzdt/lfzh/201807/t20180712_ 749603. htm。

③ 《娄葑：缤纷假日 与文化活动精彩相约》，苏州市工业园区网站，2018年7月12日，http：//www. sipac. gov. cn/dept/lfjd/gzdt/lfzh/201807/t20180712_ 749603. htm。

表 3 - 4　　　　苏州市部分社区举办的少儿方言讲座和辅导情况

区	社区	活动概况
姑苏区	虎丘街道曹杨社区	近40个"小虎丘"齐聚在多功能活动室,在社区"老苏州"的一字一句耐心传教下,学说"蚊子叮""姑苏小吃名堂多""编花篮"等苏州童谣。从2012年起,虎丘街道就利用寒暑假在社区开设"吴侬软语"大学堂,聘请"老山塘"、资深退休老教师、社区工作人员和热心志愿者等,组成街道"吴侬软语"大学堂讲师团,用苏州话和孩子们一起讲山塘、说虎丘,并组织孩子们开展老苏州传统民间益智游戏、游玩山塘老街探宝以及苏州话听写比赛等活动,让孩子们通过学讲苏州话、听老苏州典故传说,加深对苏州传统文化的关注和热爱。①
	平江街道	主办平江街道苏州方言推广大赛,来自各社区的20名青少年代表同台竞技。②
	沧浪街道养一社区	举行"苏州话四六级考试",养一、养二、玉兰、桂花四个社区团支部组织了33名中小学生PK纯正的苏州话听写说能力,比赛分为"苏译汉"和"汉译苏"两个环节。③(按:原文如此)
	平江新城苏锦二社区	苏锦二村不会说苏州方言的"老苏州"孩子占了半数,此外许多"新苏州"也表示想要让孩子学苏州话。为此社区于2016年8月利用暑期时间开办了方言班,邀请社区"老苏州"黄丽华来教小朋友们苏州话。第一阶段教授礼貌用语、第二阶段教授基本的形容词、第三阶段教授苏州童谣。课堂不时还会出现几个外地家长一起参与学习。④
	金阊街道彩虹社区	举办"吴语绘金阊,传承吴文化"苏州话PK赛,参赛选手围绕"自我介绍""古今金阊风采""园林古迹话金阊"等三部分展示"吴侬软语",由社区的5名"老苏州"担任评委。⑤

---

①　《传统文化伴孩子过暑假》,《苏州日报》,2016 年 7 月 9 日,转引自 http:// www. suzhou. gov. cn/news/szxw/201607/t20160709_ 742967. shtml。

②　《拙政园片区首届苏州方言推广大赛开赛》,http://www. gusu. gov. cn/gusu/xxgk/ showinfo. aspx? infoid = f77f5ab0 - 72f0 - 4e7a - b42f - 000b19833ed3。

③　《社区中小学生 PK 苏州话有"笑果"》,《城市商报》,2014 年 2 月 13 日,转引自 http://www. gusu. gov. cn/gusu/InfoDetail/? InfoID = 0df257e1 - e528 - 4900 - a126 - 03d80d068250。

④　《让孩子们学说苏州话》,《城市商报》,2016 年 8 月 6 日,转引自 http:// www. gusu. gov. cn/gusu/InfoDetail/? InfoID = 44a8117b - 2086 - 49f1 - a6a5 - 6a60e26b8a8e。

⑤　《比比谁的苏州话讲得最"灵"》,《姑苏晚报》,2013 年 6 月 3 日,转引自 http:// www. gusu. gov. cn/gusu/InfoDetail/? InfoID = 629981cc - dcd6 - 48ae - b36a - 743bf1b883a0。

续表

区	社区	活动概况
相城区	太平街道金澄社区	与相城区蝴蝶妈妈社工事务所携手开展了纳百川、"苏"真情——金澄"新苏州人"服务的第三次活动：话说姑苏。活动中社工带小朋友们学习了苏州话童谣，提高了新苏州人对苏州的了解，拉进了新老苏州人之间的距离。①
	四季新社区	邀请苏州工业园区斜塘学校老师周建英，利用暑假举办"姑苏天籁"评弹体验课，共有15名小朋友参加，学唱了《金锁银锁》《姑苏灯会》等曲目。②
	元和街道富元社区	开办"吴侬软语"大课堂，邀请了著名评弹家周舟琛做讲座，吸引了来自富元社区和朱巷社区数以百计的新苏州人。社区党支部书记表示："学习苏州话，对于本地的小朋友来说，是文化的传承与发扬；而对于新苏州人来说，是文化的交流与融合，富元社区以后会定期举办此类活动。"③
	黄埭镇春丰社区	启动"爱在第二故乡"服务项目，请志愿者为社区的15名小小新苏州人教授苏州话。按照该项目安排，在未来8个月社区将围绕服务对象开展"学说苏州话""寻访当地文化""新老苏州一家亲"三大主题活动，帮助新苏州人更深入地了解苏州，增强归属感。"学说苏州话"活动计划安排4次课程，循序渐进地帮助小小新苏州人掌握简单的日常用语，激发他们对学习苏州话的兴趣。④

① 《金澄社区开展折荷花，学苏话活动》，相城区太平街道，2019 年 1 月 7 日，http：//www. szxc. gov. cn/szxc/infodetail/？ InfoID = d645dc99 – 645a – 4034 – 8df7 – d6008004952b。

② 《湖西：四季新社区为小当家开展"姑苏天籁"评弹体验课》，苏州市工业园区网站，2018 年 7 月 16 日，http：//www. sipac. gov. cn/dept/hxsgw/gzdt/201807/t20180716_ 751050. htm。

③ 《吴侬软语魅力多 富元社区开办苏州话大课堂》，苏报融媒，2017 年 12 月 16 日，http：//app. suzhou – news. cn/news/300036483。

④ 《教新苏州人学说苏州话——黄埭启动"爱在第二故乡"服务项目》，《苏州日报》，2015 年 11 月 19 日，转引自 http：//www. szxc. gov. cn/szxc/InfoDetail/？ InfoID = 65e0cb18 – 0ab0 – 4e9a – 9d2e – 0577e80fe194。

续表

区	社区	活动概况
工业园区	胜浦街道	在街道九大社区市民学校同时开展"学说苏州话"活动,历时两个月,每周三晚进行。活动得到社区居民的欢迎,许多居民携子女一起参加。①
	方悦社区	这两年每周三晚开设"花之语"苏州话课程,教20个孩子说苏州话。最初请五名本地居民当老师,教外地小朋友说苏州话,没想到吸引不少本地孩子来上课。为保证上课时间,社区还拿出3万元用于购买社会组织服务,将苏州话课堂持续办下去。②
	亭苑社区	开展"学讲苏州话"活动,邀请具有苏州话教学证书的蒋桂根老师进行教学,近40名小学生及学生家长一同听课。③
	东港家怡社区	邀请专业评弹老师费奕为社区小朋友讲授评弹艺术。活动中介绍了评弹的历史、流派和演出方式,并对评弹中最重要的部分苏州话进行了教学④。
高新区	枫桥街道枫津社区	退休教师张永和开办"苏州话培训班",指导20余名新苏州人学习"苏州话"版文明用语。张老师自2004年起义务开办"苏州话培训班",仅2010年3月至2011年3月就已先后举办4期培训,开课70余课时,培训了1000余人次,编写了16套教材。⑤

5. 官民共建苏州方言师资队伍

在师资队伍建设方面,多部门联动体现得更为明显,从官方的教育

---

① 《胜浦社区苏州话班开课 新老居民夜学吴侬软语》,苏州市工业园区网站,2017年5月6日,http://www.sipac.gov.cn/dept/spjd/gzdt/spdt/201705/t20170506_ 559089.htm。

② 《苏州孩子讲不好苏州话 四百辅导师教市民学方言》,《新华日报》,2017年5月7日,转引自 http://www.zgjssw.gov.cn/m/shixianchuanzhen/suzhou/201705/t20170507_ 4051467.shtml。

③ 《传承弘扬吴文化,亭苑开讲苏州话》,苏州市工业园区网站,2018年7月9日,http://www.sipac.gov.cn/dept/wtjd/xwzx/201807/t20180709_ 747255.htm。

④ 《娄葑:缤纷假日 与文化活动精彩相约》,苏州市工业园区网站,2018年7月12日,http://www.sipac.gov.cn/dept/lfjd/gzdt/lfzh/201807/t20180712_ 749603.htm。

⑤ 《枫桥:"苏州话"培训助推文明城市创建》,苏州高新区网站,2011年3月21日,http://news.snd.gov.cn/life/11704.html。

局、语委，到民间的评弹行业协会等社会组织，再到热心苏州方言保护的个人，截至 2017 年已共同联合打造了五批"苏州话辅导师"队伍①。

苏州方言师资队伍建设最早在《2012 年苏州市语言文字工作要点》的"全面启动苏州方言传承保护工程"中提出：

> 依托国家语委语言文字应用培训基地，基本建成苏州方言培训中心。组织编写"苏州方言丛书"，加强苏州方言师资队伍建设，开设苏州方言教师培训班。

2012 年 2 月 25 日，苏州市教育局和语委整合多方力量建设的苏州市方言培训中心和苏州市职业大学方言教学中心正式揭牌，苏州市委副秘书长、教育局局长、副局长、苏州职大校长及人大专委会领导、市语委成员单位领导出席揭牌仪式②。方言教学研究中心依托苏州市职业大学的语言专业，梳理苏州方言传承保护中出现的问题，开展专项课题研究，积极探索苏州方言学习及培训的客观规律；苏州方言培训中心的主要任务则是培养苏州话师资。首届苏州话培训班共有学员 32 名，都是苏州城区的小学和幼儿园教师。10 名授课老师或为苏州方言的发音人，或为评弹演员，苏州话水平都非常高③。

从 2013 年开始，苏州市教育局和语委还积极挖掘民间力量，招募、培训"苏州话辅导师"。凡在苏州古城区出生和长大、家庭语言环境单纯、苏州话发音准确、年龄不超过 65 周岁且身体健康的市区各界人士均可报名参加。培训内容包括苏州话发音特点、苏州方言与普通话的比较、吴方言与吴文化、苏州话拼音方案等。培训结束后对参训人员进行

① 《第五批"苏州话辅导师"名单》，苏州市教育局，2017 年 4 月 5 日，http：//jyj. suzhou. gov. cn/szjyj/xxjs/201704/aedccfb2063f4d568e12256876c45fbe. shtml。

② 《苏州市方言培训中心挂牌 吴侬软语传承有了基地》，苏州教育网，2012 年 2 月 27 日，http：//www. szedu. com/jyxw/jjzw/201202/t20120227_ 101250. shtml。

③ 《首期苏州话师资培训班开班》，《苏州日报》，2012 年 2 月 27 日，转引自 http：//www. suzhou. gov. cn/news/bmgg/201202/t20120227_ 101243. shtml。

考核，考核合格颁发证书。五年来培养了近 500 位苏州话辅导师。他们深入学校、社区和企业，成为教授苏州方言文化的中坚力量①。

第四节　南京市的 "方言文化进课堂" 状况

南京市的 "方言文化进课堂" 活动起步晚于苏州，与苏州的做法有诸多相似之处，如，都充分利用地方曲艺形式来传承方言文化，在演讲比赛等活动中将方言与普通话 "打包" 操作等。

1. 南京市教育部门方言文化传承工作概况

南京市语委印发的《语言文字工作要点》较少提及方言问题，如 2017 年《要点》仅提到 "做好国家语保工程南京方言保护的后续工作"②。但实际上南京市教育部门已经开展了不少方言文化传承工作，在一则市教育局机关与鼓楼区三步两桥社区 "陈宗霞南京方言工作室" 联合主题党日活动的新闻稿中，南京市教育局语工处进行了总结③：

（1）2010 年和 2016 年先后完成江苏语言资源有声数据库、中国语言资源保护工程南京方言发音人的遴选和方言采集工作；

（2）2017 年邀请薛冰、吴晓平等南京文化名人，在 "南京市名师公益大讲堂" 开设《守护家乡话的生命力》专题讲座；

（3）2018 年市语委、市教育局和市文广新局合作，成立 "南京方言文化（南京白局）传承校际联盟"，举办南京市中小

---

① 《苏州小孩会说方言比例全国垫底？调查结果和网传数据差距较大》，苏州发布，2017 年 11 月 29 日，转引自 https：//www. thepaper. cn/newsDetail_ forward_ 1883556。

② 《关于印发〈2017 年南京市语言文字工作要点〉的通知》，南京市语言文字工作委员会办公室，2017 年 2 月 7 日，http：//edu. nanjing. gov. cn/njsjyj/201810/t20181023_ 604069. html。

③ 《"了解南京方言，弘扬中华优秀传统文化" ——市教育局机关一二五支部举办联合主题党日活动》，南京市教育局语工处，2019 年 3 月 22 日，http：//njyw. njedu. gov. cn/newspage/201903/njyw03277. htm。

学教师"南京白局"师资培训班，邀请南京白局国家级非遗传承人徐春华、省级传承人黄玲玲等举办相关活动；

（4）积极支持"陈宗霞南京方言工作室"开展方言文化传承工作。2017 年和 2018 年，连续两年与工作室合作举办"南京市小学生故事大王方言文化亲子夏令营"，并对活动进行直播；

（5）为方言文化传承提供经费支持。2017 年开始市语委、市教育局先后通过政府购买服务的方式，投入专项经费 28 万元，保证了南京方言文化传承的正常进行。

其中（2）（3）（4）三项都涉及校园开展的具体方言文化活动。

2. 主办小学生"故事大王"比赛

南京市教育部门主办的涉及"方言文化进课堂"的活动可从 2016 年的南京市小学生"故事大王"比赛算起。这一赛事的活动目的主要是"帮助学生说好普通话，锻炼学生语言表达能力，提高听说读能力，同时也给学生提供一个展示的机会和平台"（2016 年比赛通知），但在秦淮、高淳、建邺三区的比赛中加入了方言的内容：

（2016 年比赛通知）参赛对象为小学四、五年级学生。请参赛选手用普通话录制一段个人自我介绍和一个故事的视频，时间 3 至 4 分钟……秦淮区和高淳区的选手在准确使用普通话录制节目的同时，可使用方言再录制相同内容的视频，以参加方言奖的比赛。[①]

（2017 年比赛通知）参赛对象为小学四年级学生。请参赛选手使用普通话，一句话自我介绍（姓名、学校、班级）后讲述一个故事，时间 3 至 4 分钟。秦淮区、建邺区、高淳区在区级比赛

---

① 《关于举办 2016 年南京市小学生"故事大王"比赛的通知》，江宁区教育局普教科，2016 年 6 月 1 日，http://jnxx.jnjy.net.cn/NewShow-4016.aspx。

时可增设方言奖，鼓励选手同时使用方言进行比赛。①

从南京市语委、教育局发布的 2018 年赛事的获奖名单来看，市级比赛共评出特等奖 10 名、一等奖 15 名、二等奖 18 名、风采少年奖 37 名，方言奖仅 5 名②，可见方言并不是比赛的重点。

南京市教育部门又与"陈宗霞南京方言工作室"合作举办了后续活动——"南京市小学生故事大王方言文化亲子夏令营"。该工作室是宁海路街道办事处于 2015 年专门为江苏语言资源有声数据库南京城区老年女子发音人陈宗霞成立的。工作室以陈宗霞为核心，汇聚了一批南京方言爱好者。2016 年又在南京市语委、南京市教育局支持下汇聚了"语保工程" 2016 年南京城区老年男子发音人马厚俊、南京方言口头文化发音人徐会贤和南京普通话发音人惠如华。工作室收集整理了不少反映南京方言文化的实物和语音资料，通过举办南京方言少儿培训班，在社区和一些大型活动中以表演等形式传播推广南京方言文化，受到社会的关注和好评③。

2017 年暑假的"南京市小学生故事大王方言文化亲子夏令营"活动中，陈宗霞和小朋友们分享了南京话的发展历史，教小朋友童谣，总结了南京话儿化音和卷舌音等发音特点。工作室还为小朋友们带来了精心准备的南京话说唱、南京话相声和白局《南京南京我爱你》。"故事大王"余泓锦、周禹辰、王淳宇表演了南京话故事。南京市教育局语言文字工作处处长俞峻对活动进行了高度评价：

---

① 《关于举办 2017 年南京市小学生"故事大王"比赛的通知》，南京市语言文字工作委员会、南京市教育局，2017 年 4 月 12 日，http：//edu. nanjing. gov. cn/njsjyj/201810/t20181023_ 604124. html。

② 《关于公布 2018 年南京市小学生"故事大王"比赛 获奖名单的通知》，南京市语言文字工作委员会、南京市教育局，2018 年 7 月 23 日，http：//edu. nanjing. gov. cn/njsjyj/201810/t20181023_ 604373. html。

③ 《暑假里，和"小学生故事大王"一起说"南京话"！连"腿锅"都来了!》，南京教育发布，2017 年 8 月 29 日，https：//zixun. changingedu. com/nanjing/34 – 995769. html。

举办这次小学生南京话亲子夏令营的目的是通过近距离接触南京方言发音人、南京白局传承人，观看南京话相声、说唱、南京白局表演、小朋友讲南京话故事互动和玩老南京游戏，了解南京话的历史发展和文化脉络，激发孩子们知南京、爱南京的家乡情感，让乡音乡情伴随孩子们快乐成长。

3. 推动成立"南京白局"校际联盟

"南京白局"是南京最具代表性的地方曲艺品种，2008 年首次进入小学课堂。在秦淮区考棚小学的音乐教室，二、三年级的 32 名学生跟着"南京白局"老艺人徐春华，一字一句学唱白局曲牌《快梳妆》①。除考棚小学外，北京东路小学红太阳分校也将"南京白局"作为特色教育，相关展演活动得到了中国新闻网的报道②。浦口区文化馆的一则新闻稿总结了该校的主要经验。现加小标题摘录如下③：

（师资建设）成立了白局特色教师团队，聘请多位白局艺人作为专家团队，每月两次定期到学校来指导、上课。还经常和省教院音乐系、区文化馆、白局老艺人等开展交流研讨。

（教材建设）编写了一套适合小学生的白局校本教材《家乡的南京白局》，并于 2012 年底出版，内容包括白局的历史、任务、表演形式、曲牌等。

（开课情况）每班每周开办一节白局教学课，由老师以口传心授的方式传授白局知识，学生分别从说、唱、演、奏四个方面进行学习，让学生不仅会说会唱，而且会演会奏，几乎每个孩子

---

① 《南京白局首进小学》，《南京日报》，2008 年 5 月 13 日第 B6 版，转引自 http://blog. sina. com. cn/s/blog_ 694ddff10100kiz7. html。

② 《非遗表演"南京白局"走进小学校园》，中国新闻网，2013 年 5 月 17 日，http://www. chinanews. com/tp/2013/05 – 17/4829887_ 2. shtml。

③ 《南京白局的传承——走进红太阳小学白局实验基地》，浦口区文化馆，2014 年 10 月 27 日，http://www. pkwhg. cn/llyj_ d. php? id = 41。

都能唱一两段南京白局。

（教学创新）尝试将《弟子规》、《三字经》、古诗词，用白局的曲牌表演唱出来，使学生既掌握了一定的曲牌，又唱会了古诗文。还把课文编成课本剧，用白局的形式演出来，这样既有艺术的熏陶，又有课堂知识的学习……此外还用白局唱时事，根据当今发生的时事编写一些段子加入曲牌唱。

（社会认可度）2012 年挂牌"江苏教育学院南京白局实践基地"；参加第四届海峡两岸文化论坛被授予"海峡两岸戏曲与国学传承交流基地"。编排《救天鹅》获得中小学生艺术展演浦口区一等奖、南京市二等奖；《王瞎子算命》参加"国戏杯"全国戏曲总决赛获二等奖。

2018 年 3 月，南京市语委牵头，联合南京市教育局和南京市文化广电新闻出版局，发文成立了"南京白局"校际联盟①。联盟成立的基本依据是中共中央、国务院印发的《关于实施中华优秀传统文化传承发展工程的意见》中"大力推广和规范使用国家通用语言文字，保护传承方言文化；丰富拓展校园文化，推进戏曲、书法、高雅艺术、传统体育等进校园"，以及《教育部国家语委关于启动中国语言资源保护工程的通知》中"保护国家语言资源，传承和弘扬中华优秀传统文化"的要求，目的在于：

　　　　进一步推动传承白局艺术，发掘利用南京方言文化资源，推动"南京白局"这一具有悠久历史的国家级非物质文化遗产项目得到传承、创新、发展。

联盟的主要职责为：

（1）以弘扬中华优秀文化传统、保护传承方言文化为己任，

---

① 《关于成立"南京白局"校际联盟的通知》，南京市语言文字工作委员会、南京市教育局、南京市文化广电新闻出版局，2018 年 3 月 5 日，http：//edu. nanjing. gov. cn/tzgg/gg/201803/t20180328_ 1139011. html。

积极探索南京白局在中小学、幼儿园中继承、传播的新举措、新方法、新路径；以宣传社会主义核心价值观为宗旨，不断挖掘内涵，在题材、内容、形式、效果等方面对白局艺术进行加工与创新；结合校园特点和学生实际，寻找符合时代特点的素材进行加工，创作出一批学生喜闻乐见的作品。

（2）将"南京白局"传承工作列入到学校学期工作计划中，有专人负责，有课时、经费保障；同时，鼓励已被命名为"南京市少儿白局传习实验基地"的学校，开展课题研究，开发校本教材，落实校本课程。

（3）开展南京白局汇报表演。定期在校园、社区举办南京白局展示活动。每年"文化与自然遗产日"期间，举行各联盟学校"南京白局"集中展示汇演。

"南京白局"校际联盟首批包括14所学校，2019年底又有5所加入，已开展的活动包括：

（1）南京市语委牵头，与南京市教育局、南京市文化和旅游局共同组织开展了2019年"南京白局"校际联盟系列活动，包括"白局唱经典"作品创作大赛、第二届"南京白局"师资培训班和"南京白局"校际联盟专题研讨会三项。参加对象为"南京白局"校际联盟学校，鼓励非"南京白局"校际联盟学校积极参与。作品创作大赛的内容要求为：经典古诗文改编曲目，提倡改编与南京相关的经典古诗文；经典革命歌曲改编曲目等。

（2）南京市教育局、南京市文化广电新闻出版局于2018[①]、2019[②]

---

① 《关于举办南京市中小学"南京白局"师资培训班的通知》，南京市教育局、南京市文化广电新闻出版局，2018年4月9日，http：//edu. nanjing. gov. cn/tzgg/gg/201804/t20180426_ 1139046. html。

② 《关于开展2019年"南京白局"校际联盟系列活动的通知》，南京市语言文字工作委员会办公室、南京市教育局办公室，2019年3月27日，http：//edu. nanjing. gov. cn/njsjyj/201904/t20190419_ 1514807. html。

年共同主办了两期"南京白局"师资培训班。培训班由南京市语委向各区教育局、语委办下文，培训对象从"南京白局"校际联盟学校和已开展"南京白局"活动的学校中选派，其他学校教师可自愿报名。培训内容包括南京方言的发音特点及技艺、南京白局的艺术特征与文化价值、南京白局的艺术创作、南京白局的曲牌练习与表演等。

（3）2019 年 11 月 27 日召开"南京白局"校际联盟现场交流会，市语委副主任、市教育局副局长以及市教育局语工处、市非遗保护中心、市民间文艺家协会、区教育局、区文旅局、区教师发展中心等领导及联盟学校领导、教师代表共计 70 多人参加。会上，考棚小学的同学们表演了南京童谣《城门城门几丈高》，南师附小、十三中锁金分校、梅花山庄幼儿园的老师们表演了展现金陵风貌、描绘美好生活画卷的《诗韵金陵》《百姓金陵新时代》《金陵好风光》等新作品，陈宗霞南京方言工作室的老师们表演了极具老南京味道的"南京吆喝"。此外还邀请了南京航空航天大学艺术学院院长做了"南京白局的创新问题"专题讲座①。

4. 其他部门开展的少儿方言文化活动

除上述活动外，由南京艺术学院人文学院联合秦淮区文化局等单位主办的南京市小学生"最美母语"演讲比赛也影响较大。该活动跟"故事大王"比赛十分相似，使用的主要也是普通话，方言作为特色项目加入：

（1）第二届比赛增加地方特色项目"讲好秦淮故事"，要求选手用南京话讲秦淮区的历史、现实、人文、风景②；

（2）第三届比赛除高年级组、低年级组外，还设置了"讲秦淮

---

① 《乡音雅韵绘金陵，传承创新颂时代——"南京白局"校际联盟现场交流会在考棚小学召开》，南京市教育局，2019 年 12 月 3 日，http：//edu. nanjing. gov. cn/xwdt/yw/201912/t20191203_ 1726899. html。

② 《用最美母语 展现母语之美》，南京艺术学院人文学院，2018 年 1 月 5 日，http：//rw. nua. edu。cn/2018/0105/c981a49870/page. htm。

组"，用南京话讲秦淮区的历史与现实，展现了秦淮区以至南京市的深厚人文根基①。

《南京日报》对第三届演讲比赛的报道重点关注了方言问题②：

> 南京小西湖小学五年级一班郑哲文说，说好普通话可以让世界知道中国，说好南京话可以让更多人了解南京。这次他带来的节目就是用南京话来讲一段秦淮小吃。

> 南京艺术学院社会艺术水平考级朗诵艺术考级办公室主任樊功莉说，通过比赛，孩子们锻炼了写、说能力，加深了对民族文化遗产的感知、对传统文化的感情。她提醒小学生们，平时在写作文的过程中要少用网络用语，"不过，方言是各地语委保护的地方语言，小朋友可以学着说，方言和普通话不'打架'。"

第五节　江苏省其他地市的"方言文化进课堂"活动

江苏省开展"方言文化进课堂"活动的其他地市主要集中于苏南、苏中地区，具体情况差异较大。无锡、常州、泰州与苏州相似，均由教育部门推动；扬州、南通等地则主要由各学校自行开展，或由社区或戏曲曲艺行业推动。

1. 无锡市的"最美乡音"童谣传唱比赛等活动

无锡市语委从 2014 年起，连续六年牵头组织举办了无锡市"最

① 《第三届南京市小学生"最美母语"演讲比赛》，南京艺术学院人文学院，2019 年 1 月 4 日，http：//rw. nua. edu. cn/2019/0104/c981a53486/page. psp。

② 《南京小学生"最美母语"演讲比赛落幕》，《南京日报》，2018 年 12 月 20 日，http：//njrb. njdaily. cn/njrb/html/2018－12/20/content_ 522605. htm。

美乡音"童谣传唱比赛。比赛由市语委向各市（县）、区教育局（语委办）发文，由无锡教育电视台具体承办。现将 2018 年比赛的通知加小标题摘录如下①：

  （比赛宗旨）科学保护地方方言及童谣，给孩子们提供一个说方言、唱方言、练方言的平台。

  （参赛对象）无锡市（含江阴、宜兴）幼儿园在园学生。

  （比赛形式）分为个人赛和团体赛。个人赛形式包括童谣、讲故事、戏曲等；团体赛形式可以是表演唱或舞台剧。

  （参赛要求）个人赛时间不超过 2 分钟，初赛不使用音乐；团体赛主演不少于 3 人，时长不超过 6 分钟。无锡方言发音准确、吐词清楚，演唱流畅；内容积极向上，健康文明，生动活泼、有艺术感染力；作品鼓励自创，尊重原著，合理改编和演绎。

  （赛事安排）各市（县）、区教育局（语委办）和市属幼儿园组织发动参赛报名。比赛分初赛、决赛两个环节，个人赛初赛由无锡教育电视台和幼儿园共同组织，分甲组（大班）和乙组（中班）两个组别；团体赛初赛由各市（县）、区语委办组织；个人赛决赛和团体赛决赛由市语委办统一组织。

  （奖项设置）个人赛初赛各组别分设学生二、三等奖及优秀奖，其他为参赛奖，获得二等奖资格的小朋友参加全市决赛。个人赛决赛和团体赛决赛设特等奖及一、二等奖。另设教师辅导奖、优秀组织奖（视个人赛的组织情况和团体赛获奖情况而定），以此表彰优秀辅导教师和组织单位。

  无锡市语委对比赛进行的周密组织安排也得到了各区和各幼儿园的积极响应，如，梁溪区 2017 年的展演活动共 12 所幼儿园

---

① 《关于举办 2018 年无锡市"最美乡音"童谣传唱 比赛的通知》，无锡市语言文字工作委员会办公室，2018 年 9 月 3 日，http：//pth. wxtoo. com/index. php/show/2024。

参演①，通过表演唱或舞台剧、情景剧形式，呈现了一场内容积极向上、健康文明、生动活泼、有艺术感染力的节目展演。现将参演幼儿园和节目名摘录如下：

　　　金奖：南长中心幼儿园《我听外婆说腊八》、仁和幼儿园《喵喵鼠遇》、英皇尤渡实验幼儿园《陪伴》、侨谊幼儿园金科园《小小马云在成长》；

　　　银奖：侨谊幼儿园《太湖美》、铃兰实验幼儿园《锡娃古镇游》、刘潭实验幼儿园《侪俚小辰光》、大地名扬幼稚园《52俚公交》、梁隽幼儿园《老无锡味道呱呱叫》、美心幼儿园《门口头的童年》、康桥丽景幼儿园《吃吃白相相》。

　　　除了"最美乡音"童谣传唱比赛外，无锡市文明办和无锡市教育局还于2018年联合主办了"放歌新时代"新市民子女才艺展示活动，共邀请了全市新市民学校的近700名学生参加。学生分别来自辽宁、河北、安徽、山东、贵州、甘肃等多个省市自治区。展示活动要求在选送节目中必须有一个用无锡方言表演、具有无锡地域特色的原创节目。演出中孩子们唱着锡剧跳着舞，说着吴语打着鼓，表演别具一格，举手投足间都烙上无锡印记，充分体现了新市民子女在祖国大家庭中树立远大理想、奋发进取、健康成长、幸福生活的精神风貌。展演活动最终评出了金奖12名、银奖19名、指导老师奖以及优秀组织奖若干②。

2. 常州市推动学校开展学习方言的特色教育

常州市的"方言文化进课堂"活动主要由各学校和社区自行开

---

　　① 《梁溪区成功举办幼儿园"最美乡音——童谣传唱"展演活动》，无锡市教育局，2017年11月9日，http：//jy. wuxi. gov. cn/doc/2017/11/09/1585492. shtml。

　　② 《无锡市举办"放歌新时代"新市民子女才艺展示活动》，无锡市教育局，2018年12月3日，http：//jyt. jiangsu. gov. cn/art/2018/12/3/art_ 57812_ 7940264. html。

展，代表性的做法如：

（1）常州市花园新村幼儿园作为语言特色幼儿园，把常州本土文化有机融入幼儿园特色教育，让熟悉常州方言的教师担任常州话教学，聘请热心学校教育的家长志愿者到园指导。开设方言剧场，组织各种形式的方言游戏活动，将常州方言与小朋友的日常生活紧密联系起来，发动小朋友和家长积极参与，受到家长的一致好评和大力支持。①

（2）春江小学秉承"说常州话、唱常州事、晓常州情"的思想，努力为学生创设学习、传诵家乡话的平台，开展了"常州唱春"系列活动，邀请到"常州唱春"非遗传人蒋耀大老师为全体四年级学生授课。②

（3）五角场社区开展了寒假青少年活动——"学习常州方言，传承地方文化"，邀请了范炎培老师来社区开一堂关于常州方言的讲座，为青少年们普及一些关于常州方言的知识，增长见闻③。

2016 年，常州市教育局局长丁伟明对各学校的相关举措给予了肯定。他指出，方言能彰显一个城市的特色与个性，反映一个城市的文化，"会说常州话"很重要。为了保护和传承常州方言，市教育局主要做了以下三点工作④：

---

① 《花园新村幼儿园：让方言进入幼儿生活》，常州市教育局，2017 年 5 月 21 日，http：//jyj. changzhou. gov. cn/html/jyj/2017/EQLDPIIC_ 0521/94861. html。

② 《"常州唱春"在春江小学"传唱起来"》，常州高新区管委会网，2016 年 5 月 9 日，http：//cznd. changzhou. gov. cn/html/cznd/2016/IQAKILMF_ 0509/233979. html。

③ 《学习常州方言，传承地方文化》，常州市天宁区，2015 年 2 月 17 日，http：//tn. changzhou. gov. cn/html/cztn/2015/KOFAPPKM_ 0217/63408. html。

④ 《常州教育局长：学说常州话成部分学校校本课程》，人民网江苏频道，2016 年 6 月 22 日，http：//js. people. com. cn/n2/2016/0622/c360307 - 28549469. html。

（1）各学校开展学习方言的特色教育。"方言教学进学校"已成为觅小、局小、实小平岗校区、勤业小学、龙虎塘小学等一批中小学的特色教育。"学说常州话"已列入我市一批小学的校本课程、中学的社团活动。勤业小学作为我市民俗文化课程基地，方言是其中的主打项目，各年级都采取不同形式学习方言，重点的1、2年级每周一节课，通过学习"童谣"，熟悉和掌握方言。学校还有不少相关学生社团，每周都开展活动，如锡剧社团、曲艺社团等。同时，学校每年都举办民俗文化节，组织学生参加方言比赛。

（2）进社区，讲述常州方言文化发展历史。市教育局邀请常州社区大学、常工院等一批研究常州方言的教授进社区，为居民介绍常州方言词汇、方言俗语、风俗习惯等。

（3）将方言录入数据库，永久保存。从2010年开始，市语委办就实施了常州方言资源保护工程——常州方言资源数据库建设。其中，涉及我市"城区方言""金坛方言"和"溧阳方言"，内容包含字、词、短语、故事讲述、习俗，以及民歌、顺口溜、曲艺、吟诵、市井吆喝等。

其中第（1）（2）两点均与少年儿童方言文化学习相关。

此外，一些文化单位也开展了方言文化展演活动。如常州非遗保护中心、常州市民俗研究会和钟楼教文局于2017年主办了"乡音乡情"非遗文化专场汇报演出，包括常州吟诵、锡剧联唱等使用方言的节目。常州市教育局局长、常州社科联主席、常州市文广新局副局长等领导、各中小学的校长书记以及师生家长约1000人参与了活动。[1]

---

[1] 《勤业小学隆重举行"乡音乡情"非遗文化专场汇报演出》，常州市钟楼区教育局，2017年6月7日，http://qyxx.zledu.com/oa/detailm.aspx? id=26302。

3. 泰州、南通等地开展的古诗文方言吟诵比赛

泰州市除了各区各校自行开展的方言活动,如姜堰区教育局、姜堰区文化广电新闻出版局、姜堰区文联 2013 年共同主办的首届少儿方言曲艺大赛①,泰州实验中学举办的"华夏雅言正 桑梓乡音浓"普通话、方言演讲比赛②等活动外,影响较大的是由市教育局发文开展的师生诗文方言吟诵比赛。

首届赛事于 2012 年举行,共有来自各区(市)的 12 组选手参赛,市政府教育督导室主任督学、市教育局副局长、市语委副主任到场。比赛要求选手用各自区(市)的方言吟诵自选的古诗文,吟诵时需配乐,比赛时间控制在 3 分钟以内。评委根据选手在方言、吟诵、古诗文、表现力四个方面的表现打分。③ 需要指出的是,参赛选手既有学生也有老师。从泰州市教育局公布的获奖名单来看,共评出一等奖 2 名、二等奖 4 名、三等奖 6 名,其中只有二等奖和三等奖中各有一位学生,其他均为老师。

泰州下辖的各区(市)也开展了相关赛事,如兴化市教育局发文开展"中华诵·爱祖国爱江苏爱家乡"经典诵读比赛。与泰州市比赛做法不同的是,兴化市比赛是将普通话经典诵读比赛与古诗文方言吟诵展示打包在一起开展。④

南通市也于同年开展了古诗文方言吟诵展示活动,作为南通市"中华诵·爱祖国爱江苏爱家乡"经典诵读系列活动的一部分。此外,

---

① 《姜堰区举办首届少儿方言曲艺大赛》,泰州市姜堰区教育局,2013 年 5 月 20 日,http://jyj. taizhou. gov. cn/art/2013/5/20/art_ 31105_ 694359. html。

② 《泰州实验中学举行普通话、方言演讲比赛》,泰州市教育局,2013 年 6 月 2 日,http://jyj. taizhou. gov. cn/art/2013/6/2/art_ 31105_ 694292. html。

③ 《我市举行首届师生诗文方言吟诵比赛》,泰州市教育局语工处,2012 年 10 月 10 日,http://jyj. taizhou. gov. cn/art/2012/10/10/art_ 32164_ 685704. html。

④ 《关于开展"中华诵·爱祖国爱江苏爱家乡"经典诵读系列活动的通知》,兴化市教育局办公室,2012 年 5 月 10 日,http://www. xhwz. net/online/ShowArticle. asp? ArticleID = 2403。

南通市基层学校和社区自行开展的少儿方言活动也较为活跃，如南通实验小学致力于打造最有"南通味"的学校，发明了"南通方言操"，并专门成立了方言传承工作室，得到了崇川区政协领导的肯定①。

4. 扬州、镇江等地的活动状况

扬州市语委和扬州市广播电视传媒集团于 2015 年联合启动了扬州城庆 2500 年系列活动"'声'动扬州——寻找'最扬州'的声音"之"小小方言发言音人"活动，共有 24 名幼儿晋级总决赛。在备赛过程中，扬州机关二幼儿园邀请国家一级演员、扬州评话代表人之一——杨明坤前来为小选手们做赛前培训，讲解梳理了扬州方言的特点、气息的运用及肢体语言的巧妙渗透，为表演增色不少②。

扬州市文明办、扬州市文广新局、扬州市关工委于 2018 年 8 月联合主办了扬州市第二届"家乡文化我传承"少年儿童传统艺术表演大赛，包括高跷快板说唱、扬州评话、木偶戏、花旦戏曲、古琴、古筝演奏等多种艺术形式。最终扬州评话《武松回家》、高邮肩担木偶戏《小圣斗巨蟒》和扬州话故事《奶奶你莫烦》三个节目获得了一等奖③。

此外，更多的还是各校（园）自发开展的活动，如，汶河幼儿园邀请著名扬州评话演员周敬堂来园开展"牵手大师，感受非遗"活动，教小朋友们学唱经典评话折子，并用评话的方式教小朋友们诵读古诗④。

---

① 《区政协专题研讨传承南通方言》，南通市崇川区政协，2016 年 4 月 1 日，http：//qzx. chongchuan. gov. cn/qzx/ztwlqm/content/3068E95300117146E050870AB10B17F4. html。

② 《喜报——扬州机关二幼小朋友晋级"小小方言发音人"总决赛》，江苏文明单位在线，2015 年 12 月 18 日，http：//wmdw. jswmw. com/home/content/？4175 - 3008584. html。

③ 《扬州市第二届"家乡文化我传承"少年儿童传统艺术表演大赛圆满落幕》，扬州市少儿图书馆，2018 年 8 月 27 日，转引自 https：//www. lsc. org. cn/contents/1132/12552. html。

④ 《牵手大师，感受非遗——汶河幼儿园开展扬州评话进校园活动》，扬州市广陵区，2018 年 10 月 11 日，http：//gl. yangzhou. gov. cn/gljyj/whg/201810/22345798d0ee4ced894d741d1f61cfe7. shtml。

又如扬州市三元桥小学的扬剧推广活动。该校定期组织学生到扬剧团和市文化艺术学校现场观摩扬剧，开展 "走进扬剧特色展示" 活动，还编写了《走进扬剧》校本教材。不少学生反映，自从学习了扬剧，扬州话进步很多①。

扬州市语委办负责人刘颖在确定四位扬州方言代表发音人时曾向记者表示，"扬州方言，以后很有可能作为学校的校本课程，贯穿在中小学的教育当中"②。

镇江市 "方言文化进课堂" 活动的相关新闻较少，且分布零散。如镇江市实验幼儿园举办的 "夸家乡镇江话大赛"，小朋友们用镇江话夸赞自己美丽的家乡③。

---

① 《非遗进课堂 首本扬剧 "校本教材" 亮相》，中国戏剧网，2013 年 5 月 2 日，http：//www. xijucn. com/html/difangxi/20130502/46715. html。

② 《保护扬州话 中小学有望开设方言校本课程》，扬州网－扬州晚报，2016 年 4 月 13 日，http：//js. people. com. cn/n2/2016/0413/c360307－28140318. html。

③ 《镇江市实验幼儿园——夸家乡镇江话大赛》，镇江基础教育网，2011 年 5 月 20 日，http：//jjw. zje. net. cn/newsjjw/news_ view. asp？newsid＝12369。

第四章 上海市的"方言文化进课堂"

上海市的方言来源和分布较为复杂，《上海年鉴2017》将目前上海市的方言状况概括为三方面[1]：

(1) 上海地区通行、使用的本地方言属现代吴方言太湖片，是古代吴语的继承和发展。上海市方言，依古调类在今方言里的情况可分为崇明、练塘、松江、嘉宝、市区5个方言区；

(2) 历史上上海市中心区人口来源和居民构成复杂，除通行上海话外，还使用其他方言，如宁波话、绍兴话、苏州话、无锡话、苏北话、广东话等，影响至今；

(3) 近年安徽、河南等省来沪者渐增，带来各地方言。

不同来源的居民对上海方言保护的诉求不尽相同，代表性事件是2009年年初的"《新民晚报》事件"。该事件之后，民间乃至两会代表要求保护上海方言的呼声日渐高涨。教育主管部门对方言文化进课堂的实践也由试点逐步走向常态化。需要指出的是，近年来在上海本地有将"上海话"称为"沪语"的趋势，本章在引述相关材料时保留了原始的说法。对此问题的认识可参阅第八章第一节。

---

[1] 《上海年鉴2017》，上海市人民政府网站，2018年5月18日发布，http://www.shanghai.gov.cn/nw2/nw2314/nw24651/nw43437/nw43478/u21aw1311831.html。

第一节 各界诉求

同福建、江苏等地一样，近年来，上海市社会各界通过政府信访乃至人大、政协会议提出的方言保护诉求不断增加，语言学界、文艺界等也有群体性的发声，散见于各类报章媒体者更是不计其数。

1. 通过立法、行政途径发出的呼吁

据张日培的统计①，仅 2011—2013 年，上海市语委收到的要求保护上海话的"两会"提案或书面意见就有 14 件，占三年内市语委办理提案总量的 90% 以上；收到关于上海话问题的群众来信共计 44 件（其中要求保护、推广上海话的有 37 件），占三年内市语委办理信访总量的 85% 以上，而同类信访件在 2011 年以前仅零星出现。相关提案建议以及信访件的主要诉求，张日培将其概括为 5 条：

（1）在幼儿园乃至中小学开展上海话教学，甚至主张为提高教学质量，教师应该持上海话水平证书上岗；

（2）公共媒体增加上海话播出，甚至主张设立上海话专门频道、频率；

（3）公共服务增加上海话播报，比如公交、地铁等公共交通；

（4）废除校园内不准讲方言的规定，甚至主张在校园内课余时间鼓励、提倡乃至强制讲方言；

（5）为方言正音正字，用方言进行文学创作。

其中（1）（4）（5）三条直接涉及校园方言活动。2014 年以后

---

① 张日培：《上海人热议"上海话"》，《中国语言生活状况报告（2014）》，商务印书馆 2014 年版。

的相关材料，目前虽未见公开统计，但从上海市委市政府"人民建议网上征集平台"、上海市人大及政协网站所反映的情况来看，这类诉求仍然十分突出。如，有人大代表直言方言衰落的人口背景：

> 语言传承的稳固，需要经济与社会活动在人口结构流动层面的相对稳定。然而，当经济发展成为城市中心任务时，移民群体的大量导入，占据经济生活地位中的强势语言种类，因商业扩张目的取代弱势语言将变得无法抗拒。语言、特别是方言的此消彼长，说到底来源于经济问题。目前社会上流传的"说外国话的住内环，说普通话的住中环，说上海话的住外环"虽然有点夸张，但是上海方言在主流社会层面的逐步被弱化、甚至边缘化，已是不争的事实。（《关于实施上海方言保护的建议》，上海戏剧家协会主席、上海话剧艺术中心有限公司党委副书记、总经理杨绍林2017年市人大提案）[1]

人大代表同时建议政府主管部门通过财政和税收政策引导、保障上海方言的发展，适时组织专业人士探讨上海方言保护促进法制定的可行性。此外，一些群众信访件更言辞激烈地将矛头直指外来人口，兹不详举。

一些代表委员对校园方言活动提出了非常具体的意见建议，如，将上海话作为部分课程的教学用语、规定上海话为幼儿园必学内容：

> 市人大代表陈甦萍：近年来，政府已经认识到这个问题，在幼儿园和小学推广沪语童谣等，但是这还远远不够。可以鼓励教师在部分课程上用沪语授课，鼓励小朋友在课间用上海话交流。另外，许多新上海人学习上海话的积极性很高，可以在社区多多

---

① 杨绍林：《关于实施上海方言保护的建议》，上海市人大网，http://www. spc-sc. sh. cn/n1939/n3144/n4037/index. html。

开设沪语培训班，让一些上海话说得好的阿姨爷叔来当老师，我们剧团的演员也可以来上课。

电视导演张晓阳：陈代表，上海每个幼儿园应该每天讲一小时上海话，每个小学每周应有一次讲上海话活动。

社区文化中心主任雁过留声：有个严重的问题，学校老师是外地人，不会说上海话。(上海市第十四届人民代表大会第三次会议专题报道)①

又如，将上海话的书面语列入中小学课本：

结合"树民族主义的魂，立爱国主义的根"的学生德育工程，结合"海纳百川、追求卓越"的上海城市精神的塑造和培育，积极探索并实践学生学习和使用沪语的方法和途径。如在中小学生的课本中，加入沪语的范文及其它文艺作品；开设相关的沪语课程，按新课标板块模式，将上海方言列入选修课，加大对沪语戏曲、曲艺特色学校和沪语特色班的支持力度；依托校外的教育机构，开展关于沪语戏曲、曲艺的艺术教育，切实保护和传承好上海方言和地方文化特色。(民盟市委在市政协十届四次会议上的大会发言和集体提案)②

在2014年3月举行的全国政协十二届二次会议上，来自上海的两位全国政协委员张泓铭、赵丽宏联名向大会提交了题为"保护方言，应纳入国家文化战略"的提案③，其中多处提及校园方言问题：

_____

① 邵宁：《90后会听不会讲，救沪语刻不容缓》，《新民晚报》，2015年1月28日发表，上海市人大网转载，http://www.spcsc.sh.cn/shrdgzw/n1820/n1828/u1ai59909.html。

② 《民盟市委在市政协十届四次会议上的大会发言和集体提案》，上海市政协网，http://www.shszx.gov.cn/node2/node1721/node2215/node2454/node2457/u1a10749.html。

③ 张泓铭、赵丽宏：《保护方言，应纳入国家文化战略》，上海市政协网站，2014年6月30日，http://www.shszx.gov.cn/node2/node5368/node5380/node5396/u1a87211.html。

（方言衰弱的原因）二是对国家语言文字立法的消极理解。2000年10月颁布的《国家通用语言文字法》规定，学校以普通话为基本的教育教学用语。但是，大批教育机构将教学基本用语当作学校唯一用语，恶意排斥方言。

（保护方言的对策建议）最根本的是修法，修改2000年10月颁布的《国家通用语言文字法》，明确方言作为非规范语言的辅助地位，应予以保护；最紧要的是抓青少年教育，尤其是少儿教育；动用广泛的宣教工具；长远性安排是培养方言人才；鼓励各地创新方言保护的各种设想和尝试。

2. 通过行业协会发出的呼吁

通过行业协会呼吁开展校园方言文化活动的主要是语言学界和戏曲曲艺界。2011年12月25日，在上海市语文学会第十二届会员代表大会暨2011年学术年会上，包括会长、副会长在内的82名教授学者联名发布了《关于科学保护上海话的倡议书》，所提出的4条倡议中，涉及校园方言活动的居首位，同时还提到了上海话书面语的正字、正音问题。现将倡议全文列出①：

1. 幼儿园、中小学学生上课使用普通话，下课、自由活动时间可以说上海话或其他方言，让从小在家长那儿习得的方言带进学校流通。在当前幼儿园、小学生多数人完全不会说上海话的情况下，学校老师应积极引导和鼓励学生在下课说上海话，每周要安排时间辅导幼儿园孩子和小学生讲好上海话。家长在家也应积极鼓励孩子说好上海话。要组织开展全市性的中小学生上海话使用的比赛活动。

2. 全市所有公交线路、地铁轻轨、机场、码头都用普通话、

---

① 《82位学者联名倡议科学保护上海话》，东方早报网站，2012年1月5日，http：//www.dfdaily.com/html/150/2012/1/5/725785.shtml。

上海话、英语报站,和通报重要注意事项。

3. 上海的电台和上海的电视台开设上海话频道,用上海方言播放上海新闻和上海生活、文化节目;其他台也适当增加使用上海话的节目。

4. 教育部汉语方言用字规范课题组负责人张振兴先生已经将经审定后的上海方言规范用字转发到上海,建议由上海权威部门正式公布,用于对上海话书面语开展正字和正音活动。

2016年12月12日,由上海市文联作为指导单位,上海市曲艺家协会在上海市惠民中学举办了以"学语言,从爱曲艺开始"为主题的"沪语文化教育联盟校长论坛",邀请了上海市文联党组书记、专职副主席尤存,上海市曲艺家协会主席王汝刚、副主席钱程、吴新伯、副秘书长章燕、理事徐开麟以及杨浦区教育局领导、"上海市沪语文化教育联盟"各校校长和艺术总辅导员等曲艺界、教育界和媒体界的专家学者,"共同探索传承沪语文化的新模式,为沪语文化建设提供更多的可复制的经验"。①

尤存在论坛讲话中指出,"上海市沪语文化教育联盟是社会大力倡导推广沪语文化下应运而生的机构,它把文和教有机地结合起来,并通过沪语文化教育的形式,让孩子们从小受海派文化的熏陶,提升孩子们对海派文化的自信。这也是习近平总书记在第十次全国文代会上提出的'要增加文化自信,首先要从尊重自己的文化,尊重自己的民族,尊重自己的经典,尊重自己的英雄开始'讲话精神的具体落实"。②

上海市曲艺家协会主席王汝刚发表了题为"非遗传承与城市文化

① 《杨浦区惠民中学成功承办上海沪语文化教育联盟校长论坛》,上海市人民政府网,2016年12月14日,http://www.shanghai.gov.cn/nw2/nw2314/nw2315/nw15343/u21aw1182855.html。

② 《2016年上海市沪语文化教育联盟校长论坛举行》,东方网,2016年12月19日,http://gov.eastday.com/renda/dfzw/n28905/n29646/u1ai6118234.html。

的关联"的讲话，提出"沪语是上海地域文化的体现，通过沪语学习，使学生进一步了解上海文化，做文明现代上海人"；"希望各联盟校加强交流，资源共享，相互交流，为促进沪语文化的传承，继续做出努力"。副主席钱程也发表了题为"坚持沪语普及的远瞻作用"的讲话，"希望给孩子创设更多了解、认识，甚至学习曲艺的机会，让优秀的文化遗产为更多人尤其是少年儿童所熟知、喜爱，从而传承下去，更好地保护我们身边的非物质文化遗产"。

3. 以个人名义发出的呼吁

此外，一些语言学界、戏曲曲艺界等行业的专业人士也积极通过各类媒体，向政府主管部门和全社会发出开展校园方言文化活动的呼吁。

语言学界可以上海语文学会副会长、上海大学教授钱乃荣为代表。2011 年，他在《新民晚报》发表题为"让上海孩子从小学好上海话"和"科学保护上海方言必须从幼儿园、中小学做起"的两篇评论，认为幼儿园、学校的语言环境是青年一代上海话水平降低的最主要原因：

> 现在的许多孩子在二三岁的时候都会说上海话，但是一进幼儿园、小学，他们就只会说普通话，上海话就不会说了。那是因为他们在校一整天，学校里的老师不给他们讲上海话的时间和机会。有的学校从 90 年代开始，把推广普通话与说家乡语言上海话看成是对立的关系，你死我活，不准学生在下课自由活动的时间说上海话，甚至开展各班竞赛，要求在校时间讲普通话的比例越高越好。这种惯性在一些中小学里一直坚持到现在，还在禁止上海话。[①]
>
> ……这种状况已经持续 20 多年了，它是造成上海话衰落下

---

① 钱乃荣：《让上海孩子从小学好上海话》，《新民晚报》，2011 年 5 月 3 日，http：// xmwb. xinmin. cn/xmwb/html/2011 - 05/03/content_ 689661. htm。

去的最主要原因。据我们调查，在我国各地区，凡是在中小学中至今下课可以讲方言的地方（如四川、重庆、广东），尽管外来人口增多，方言都在当地没有衰弱；而长期不准下课说方言的地方（如上海、苏州、杭州），方言都出现衰弱以至濒危的状况。①

钱乃荣提出"学校语言环境应分公域和私域两种情况，在上课教学和集体活动中说普通话，但是在同学之间下课时，应容许和提倡学生自由说方言"，认为推动上海话走进中小学"无疑会对普通话和上海话在上海的和谐全面发展具有深远意义"。

戏曲曲艺界可以上海曲艺家协会副主席钱程为代表。中共上海市委统战部网站上刊发的一则题为"关于在幼儿园、中小学采取有效措施 进一步推动上海方言传承的建议"较为完整地反映了其主要观点，如认为"上海小囡不会讲上海话，始于幼儿园、中小学里一律讲普通话的做法"，"全社会，特别是教育部门必须采取切实有效的措施进一步推动上海方言的传承"。以下完整摘录文中提出的 9 条建议②：

第一，将以传承上海方言为目标的工作内容，参照 2014 年的做法，纳入每年的《上海市教育委员会工作要点》和上海市语言文字工作委员会的《上海市语言文字工作要点》，以文字形式下发明确的工作目标。

第二，上海市教委发通知给各幼儿园园长、中小学校长，明确"教学语言使用普通话，生活语言使用上海话""上课讲普通话，下课讲方言"的大方针，并说明该方针的积极意义。以求园

① 钱乃荣：《科学保护上海方言必须从幼儿园、中小学做起》，《新民晚报》，2011 年 12 月 7 日，http://www.mzb.com.cn/html/report/260029 - 2.htm。

② 钱程、张民权：《关于在幼儿园、中小学采取有效措施 进一步推动上海方言传承的建议》，中共上海市委统战部网，2015 年 4 月 10 日，http://www.shtzb.org.cn/node2124/node2143/node2194/u1ai1794410.html。

方、校方与在校学生及家长的共识，以文字形式把学讲上海话纳入幼儿园、中小学的《本学期培养目标》中。

第三，市教委下发通知，把校园里的"请说普通话""普通话是我们的校园语言""说普通话，做文明人"这类目标单一甚至有些歧视方言意味的标语，改成目标更加全面均衡的"推广普通话，传承上海话"。

第四，学龄前儿童正处于语言习得的敏感期，我们要把工作重点放在幼儿园。老师要引导小朋友，特别是小班、中班的孩子，多讲上海话，鼓励大家用上海话交流、做游戏、讲故事、打招呼、叫名字、使用礼貌用语。鼓励小朋友回家坚持与家长讲上海话，并把家里学会的上海话带到幼儿园，教会其他小朋友。表现好的小朋友、班级可以发红旗鼓励。

第五，鉴于小学、初中属于九年义务教育阶段，按照规定普通话是基本教学用语，我们可以把课间、课后作为讲上海话的主要时间段。鼓励同学们下课时使用上海话聊天、做游戏，组织会讲上海话的老师适时指导。要求学生干部在课后带头学讲上海话。鼓励本土学生不仅回家与家长多讲上海话，还要把学会的上海话带到学校再教非上海籍的同学，尽快让新上海人融入这座城市。小学低年级在学校组织的晚托、兴趣课程里融入沪语元素，用上海话教小朋友做手工、家务，球场上用上海话喊话等等。把积极学讲上海话列入评先进的加分项目。

第六，幼儿园、中小学里鼓励多讲方言，还需由市教委牵头，没有监督机制，工作很难真正落实到实处。建立园长、校长负责制，结合实际情况制定考评方案。鉴于学龄前儿童会把幼儿园里养成的语言习惯带入小学，我们可以先把考评重点放在幼儿园，培养小朋友生活语言使用上海话的习惯，为小学课后讲方言打基础。

第七，继续做好合理编配沪语师资和培养沪语教学人才的工作。虽然中小学里现在有很多新上海人老师，但是我们只要合理安排，还是可以做到确保每个班级都有上海话辅导老师。另外，我们还要继续做好年轻教师、新上海人教师的沪语培训工作，让每个人都参与到上海话传承的工作中来。传承上海方言的努力，需要新老上海人的共同参与才能成功。

第八，按照不同年龄段儿童的心理、行为特点以及知识结构的变化，组织专家、课题组继续做好沪语教材和课程的编写和开发工作。

第九，2015 年上半年再选择一些幼儿园、小学按照上述方法进行试点，取得成功经验之后，于下半年逐渐全面铺开。

第二节　市区两级教育主管部门的相关政策

上海市教育（语言文字）主管部门关于"方言文化进课堂"的政策可以 2013 年为界，在此之前涉及方言的表述主要是"方言调查整理"，之后出现了"推动校园方言文化传承试点"的表述。实际上，据上海市语委 2013 年的统计，当时全市已有 268 所中小学开设了各类上海话课程，开设率达 25.4%[①]，亦即，上海市教育主管部门在推出相关政策之前已经经过了非常审慎的试点。2014 年以后，相关精神开始贯彻到区一级，各类活动也开始广泛开展。

1. 历年《基教工作要点》与《语言文字工作要点》中的相关表述

每年年初由上海市教委发布的《上海市基础教育工作要点》[②] 是

---

① 张日培：《上海人热议"上海话"》，《中国语言生活状况报告（2014）》，商务印书馆 2014 年版。

② 2001—2020 年度《上海市基础教育工作要点》均来自上海市教委网，http：//www.shmec.gov.cn/。

整个上海市域内基础教育的基本指南，涵盖了当年中小学及幼儿园的主要年度工作。从 2001 到 2012 年 12 年间发布的《工作要点》都未涉及方言问题，其中跟语言文字相关的主要是推普工作，如在《国家通用语言文字法》刚刚实施的 2001 年，相关《工作要点》为：

> 要进一步在教师中强化普通话培训，积极推进教师的持普通话等级证书上岗工作。要结合全面实施素质教育，把提高学生语言文字规范意识和语言文字应用能力的要求纳入各级各类学校的培训目标和有关课程标准，纳入教育教学和学生技能训练的基本内容，纳入学校工作日程和常规管理，渗透到德育、智育、体育、美育和社会实践等教育活动中，全面提高学生的语言文字应用能力和素养。

2002—2004 年开始启动、推进"语言文字示范校"评估工作，到 2005 年形成《关于本市语言文字规范化示范校评估指导标准》及其《实施细则》以及《创建活动实施办法》，评估工作覆盖全市各级各类学校和校外教育机构；2006—2009 年开展《少儿口语交际》拓展型课程教学以及"我爱祖国语言美——中小学生中华经典诗文诵读"等活动；2009—2010 年结合世博会开展百万学生"迎世博、学双语"活动；2011—2012 年开展全市"中华诵·经典诵读大赛"。

从 2013 年起，《上海市基础教育工作要点》开始出现涉及校园方言活动的表述：

> 继续在中小学和幼儿园开展《上海乡土文化》课程教学（2013 年）；
> 继续推进幼儿园开展上海话教育体验活动的试点（2014 年）；
> 试点开展地方语言文化传承活动（2015 年）

这些表述都非常笼统，并未涉及具体的指导性意见或做法，更没有像厦门、苏州那样制定具体的目标或指标。之后的 2016 年、2017 年两年以及 2018 年，语言文字工作的主题分别为"健全语言文字服务体系""提升语言文字规范化水平"，未再出现关于方言的表述。

作为年度语言文字工作的大纲，上海市语言文字工作委员会 2006 年和 2008 年发布的《上海市语言文字工作要点》也并未涉及方言问题，2009 年开始出现涉及方言的表述，但仅限于语言文字调查与科研，如：

开展语言普查。做好"中国语言资源有声数据库建设"的试点工作，落实试点工作的组织保障和经费保障，确定调查方案、调查点和调查人……（2009 年）

成立"上海方言文化有声数据库"建设工作相关组织机构，制定工作方案，确定方言文化普查的调查点，落实数据库建设所需的经费、人力资源和组织保障。探讨建立方言文化普查组织、实施和管理的制度框架体系……做好"上海方言文化数据库"建设的宣传发动工作；在全市范围内公开招募上海话发音人；根据教育部、国家语委的有关规定和要求，精心组织、周密部署，完成对全市 13 个调查点的方言文化普查；绘制上海方言地图。（2010 年）

建设上海话有声数据库。通过开展方言调查，采集、整理上海话基础数据。组织专家对数据采集、整理和记音等工作进行评审。对采集到的上海话数据进行深入的方言数据分析，并以此为基础进一步采集、整理上海方言文化信息，制成数据库。根据采集到的上海话数据绘制上海方言地图，向社会公开发布。（2011 年）

2012 年的《语言文字工作要点》在继续推进上海方言调查研究的基础上，正式提出"保护语言资源"，并列入一级标题；2013 年仍将"科学保护上海语言资源"列为一级标题，并出现举办社会性的方言传承活动的表述：

> 继续探讨社区开展上海话保护和传承的方法与途径。会同终身教育等相关部门继续开展传承保护上海话特色街镇的创建工作，搭建传承上海方言、丰富社区居民语言生活的社区教育平台。
>
> 组织开展社会活动。联合市文明办，依托市语协等社会机构继续举办上海话童谣等相关竞赛活动，引导社会重视对上海语言资源的科学保护。

2014 年在原有上海语言资源网络展示平台、社区开展上海话保护与传承活动的基础上，正式加入了幼儿园方言教育体验的内容：

> 继续推进幼儿园开展上海话教育体验活动的试点。总结推广第一批试点幼儿园的经验，逐步扩大试点范围。

2015 年进一步加入了中小学和高校开展方言文化教育的内容：

> 开展上海语言文化进校园活动。充分依托上海市文教结合三年行动计划，在浦东、徐汇两区的部分中小学校试点开展上海语言文化进校园活动；指导有关高校在播音主持、市场营销等专业开设有关上海话内容的语言能力提升课程。

2015—2018 年"科学保护上海语言资源"仍被列为《语言文字工作要点》的一项重要内容，但涉及校园方言文化活动的表述均为：

> 指导高校和区（县）积极开展上海地方语言文化进校园

活动。

2.《上海市语言文字事业改革和发展"十三五"规划》中的全面总结

2016 年 10 月,上海市语委、市教委联合印发《上海市语言文字事业改革和发展"十三五"规划》①,完整系统地概括了两部门在科学保护上海方言方面的基本政策、已有成绩和未来规划。

在回顾上海语言文字事业"十二五"发展成就时,《规划》将"语言资源科学保护成效明显"作为小标题专门列出,一方面概括了中国语言资源有声数据库上海库建库,地方语言资源有声数据、语言地理信息、口头文化和民俗文化网络平台建设等方言文化保护、保存工作,另一方面也总结了科学保护上海语言资源的三个有效途径,即:

> 联合非物质文化遗产保护部门,依托社区教育资源为市民提供学习使用上海方言的交流平台,结合乡土文化教育在幼儿园创设和谐自然的语言环境,鼓励、支持相关社会机构开展传承上海方言及地方戏曲、曲艺文化的群众性活动。

《规划》深刻分析了"十三五"期间上海市语言文字工作的主要需求,其中重要的一条即"多元化迫切要求提升语言文字治理能力"。《规划》指出:

> "多言多语、开放包容"构成了上海语言生活的鲜明特点。伴随着多元文化的交流与碰撞,以及改革进入深水区,上海的语

---

① 《上海市语言文字事业改革和发展"十三五"规划》,上海市语委、上海市教委,2016 年 11 月 25 日,http://www. shanghai. gov. cn/nw2/nw2314/nw2319/nw22396/nw22403/u26aw50356. html。

言观念日趋多元、语言应用日趋复杂、热点难点问题相互迭加，迫切要求语言文字事业科学把握国家语言政策，妥善处理不同语言关系，有效避免语言冲突，正确应对社会重大关切，全面提升语言治理能力，构建和谐语言生活。

这一需求在"十三五"语言文字事业发展规划的目标制定、工作思路、重点任务等多个方面都得到了体现，如将"上海地方语言资源的保护、开发和利用更加有效，建成上海语言文化展示平台""面向不断增长和日益多元的语言需求的语言文字公共服务能力不断提升"等列为发展目标；将"统筹协调，多语（言）推进"作为重要工作思路，要求：

> 继续推动方言文化传承与保护，坚持主体性和多样性的辩证统一、独特性和包容性的辩证统一、语言规范和语言发展的辩证统一，以科学的、发展的语言观，规划好不同语言文字的地位、功能和使用范围，使各语言文字各安其位、各尽其责，进一步发挥好各自的社会功能。

将"保护传承地方语言文化"列为五项重点任务之一，其中关于方言文化活态保护的内容包括"努力打造区域语言文化中心，多方式、多平台、多模态展示上海语言文化"以及"实施地方语言文化进校园行动"两方面。此处还特别提及，要"妥善应对'保护上海话'相关社会舆情，妥善处理推广普通话和保护上海话的关系"。

在另一项重点任务"提升市民语言应用能力"中，提出要全面提高以国家通用语言文字能力为核心的多言多语能力，并要求：

> 通过幼儿园乡土文化教学，加深儿童对上海乡土文化及上海方言的感知和了解。

在工作措施部分，"实施语保工程，科学保护上海方言资源"作为一个重要方面被列出：

> 实施中国语言资源保护工程，完成上海项目任务。建设运维展示上海方言特点、口传文化、人文风俗的上海语言文化资源网络展示平台。鼓励、支持有关高校建设实体性的上海语言文化博物馆，努力为市民提供上海语言文化知识方面的语言服务。扩大试点范围，继续在幼儿园开展上海话教育体验活动。指导督促街镇、社区在传承上海方言中发挥应有作用。编发宣传展示上海语言文化的出版物。

《上海市语言文字事业改革和发展"十三五"规划》的发布标志着上海方言科学保护迈向了系统化、长效化的发展方向，正如上海教育新闻网为《规划》配发的评论所指出的那样[1]：

> 推广普通话和保护上海话，是新的五年计划时期工作的两个重要方面，没有广泛的、高水平的普通话水平作为基础和保证，保护方言就会走向狭隘的地方主义；同样，没有科学有效的方言保护，不仅语言和文化的多样性会受到损失，一直从各地方言中吸取营养的普通话的活力也会受到损失。新颁布的"十三五"语言文字工作规划，确立的正是这样的工作目标。

3. 各类回复与表态

除正式文件外，教委、语委对"两会"代表委员的回函、对群众来信或信访件的回复以及接受媒体采访时的表态也都是教育领域方言文化活动具体政策的组成部分。

---

[1] 《大力推广普通话，科学保护上海话》，上海教育新闻网，2017年9月8日，https：//news.online.sh.cn/news/gb/content/2017-09/08/content_8608787.htm。

2012 年 11 月上海市人民政府网站"市长之窗"栏目刊登了上海市教委对市民"建议学习上海方言从幼儿园抓起"的回复，可以代表当时上海市官方对这一问题的态度。现摘录如下①：

来信内容：我周围的上海人孙子辈（1—14 岁）进幼儿园前会讲一点上海话，进幼儿园后讲上海话，现在他们不会讲了。这样再过 30 年上海话就灭亡了。强调幼儿园全用普通话，说起来也对。但上海话就灭亡，不见得对上海利大于弊。为拯救上海方言从幼儿园抓起。建议幼儿园用上海话为主，小学再去学普通话。

回复内容：目前，上海已经在幼儿园、中小学开设了全面介绍上海人文风俗、地方文化的《上海乡土文化》课程，其中包括上海话的相关内容。由上海教育出版社出版了《阿拉上海人——幼儿乡土文化教育参考资料》一书，对"沪语儿歌与童谣""民间游戏""沪语生活情景对话"等进行了全面的整理与介绍。该书经"上海市中小学教材审查委员会"审查后，现在本市各级各类幼儿园中广泛应用。

幼儿园教师们结合课程内容，把沪语教育自然渗透其中，让幼儿寓教于乐，在预设的课程和日常的生活情景中，了解和掌握沪语特点，接受地方文化的熏陶。特别是在本市新上海人子女比较集中的幼儿园里，不仅加强了上海乡土文化教育，而且还把上海乡土文化教育与幼儿园的课程特色结合起来，受到了家长们的欢迎。

《国家通用语言文字法》规定，学校及其他教育机构（包括幼儿园）的教育教学和集体活动应当使用普通话。因此，本市幼儿园教育教学如以上海话为主，则不符合我国语言文字法律法规的规定。同时，随着上海建设现代化国际大都市进程的加快，本市的人员流动将进一步加剧，各幼儿园中不懂上海话的新上海人子女数量也将不断增多，以上海话为主也不利于他们的学习成长。

今后，我们将继续加强《上海乡土文化》的课程建设，不断丰富教学内容、创新教学方式，为科学保护上海话，构建和谐语言生活环境发挥应有作用。

据 2013 年 5 月 23 日新民网发表的题为"上海幼儿园试点沪语教育传承方言"的报道①，上海市教委将试点把上海话教育融入幼儿园的游戏、生活和运动环节，允许、提倡教师适当用上海话与儿童交流，以建立儿童对上海话的语言敏感性，使其听得懂、能开口、愿意说，但在学习环节中仍使用普通话。试点不设数量指标，由各幼儿园视自身条件，以"自愿"为原则参加，上海话读物和辅导用书也将由教育主管部门通过适当的方式进行推荐，但不作硬性规定。

与此同时，上海还将开展对幼儿教师的上海话培训，将上海话培训纳入本市幼儿园教师职后培训的内容，设立专门的培训课程。另外，对于中小学开展上海话教学的问题，市教委表示可在研究课、拓展课等校本课程中，通过游戏、活动等方式进行。据粗略统计，上海市已有 100 多所中小学在校本课程中开展了上海话教学。

另据 2013 年 10 月 30 日《新民晚报》发表的题为"市语委负责人向市民发出倡议在家和小孩多讲讲'上海闲话'"的报道②，上海市教委副主任、语委主任袁雯表示，上海将根据国家的方针政策，正

---

① 《上海幼儿园试点沪语教育传承方言》，新民网，2013 年 5 月 23 日，http://shang-hai. xinmin. cn/msrx/2013/05/23/20403281. html。

② 《市语委负责人向市民发出倡议在家和小孩多讲讲"上海闲话"》，《新民晚报》，2013 年 10 月 30 日，http://xmwb. xinmin. cn/html/2013 - 10/30/content_ 7_ 8. htm。

确、全面、妥善地处理好普通话和上海话的关系。她还倡议上海市民在对孩子的家庭教育中不要放弃使用上海话，甚至可以有意识地多说说上海话，让孩子多练练上海话；各街镇也可以为有需要的社区居民提供语言服务，塑造上海话的母语环境。次日《新闻晨报》也以"教委负责人倡议家中应多讲上海话"为题进行了报道。[①]

4. 区级教委、语委的代表性政策表述

区级政策表述的主要来源仍为公开发布的政策文件以及提案或信访回复。以黄浦区为例，从 2014 年起，区语委发布的《语言文字工作要点》就出现了跟教育领域直接相关的涉及上海方言使用的表述。现将 2014—2019 年的情况列为表 4 - 1（来源均为黄浦区政府网站），并略做说明。

表 4 - 1　2014—2019 年黄浦区《语言文字工作要点》的相关表述

年度	相关表述	简要说明
2014	继续推进幼儿园开展上海话教育体验活动的试点。总结推广试点幼儿园的经验，逐步扩大试点范围。 深入探讨社区开展上海话保护和传承的方法与途径。开展传承保护上海话特色街道的创建工作，搭建传承上海方言、丰富社区居民语言生活的社区教育平台。	专设"加强科学研究，保护语言资源"一节，对幼儿园和社区提出了相关要求。
2015	继续推进幼儿园开展上海话教育体验活动的试点。总结试点幼儿园的工作经验，加强对试点工作的政策研究，积极稳妥推进试点工作。 探索社区开展上海话保护和传承的方法与途径。结合市民终身教育体系构建，推动中心城区各街道设立市民学习和交流上海话的社区教育平台。	专设"科学保护上海语言资源"一节，继续推进相关要求。

---

① 《教委负责人倡议家中应多讲上海话》，《新闻晨报》，2013 年 10 月 31 日，http://newspaper. jfdaily. com/xwcb/html/2013 - 10/31/content_ 1107240. htm。

续表

年度	相关表述	简要说明
2016	继续开展上海地方语言文化进校园活动。推进幼儿园开展上海话教育体验活动，充分发挥专家的引领辐射作用，激发学生学习传承地方语言文化的兴趣，不断提升其语言应用能力和人文艺术素养。 进一步探索社会、街道、社区等开展上海话保护和传承的系列活动的成功经验和方法，服务经济社会发展和人民群众的需要，传承海派文化，适应黄浦区多元文化的发展需求。	专设"保护语言资源，构建城区和谐语言生活"一节，对幼儿园的要求更加具体。
2017	指导街道等开展上海地方语言文化进社区文化中心的活动，在传承上海方言中发挥应有作用。	未专设一节，未涉及校园。
2018	保护地方语言文化资源。指导社区开展"中国语言资源保护工程"成果整理、展示等，开展上海地方语言文化进社区文化中心、进学校等活动。 实施中华经典诵读工程。……传承地方语言文化，指导幼儿园开展沪语类文化传承和上海话体验活动，开展"阿拉上海人"幼儿沪语童谣大赛。	专设"保护语言资源，传承地方文化"一节，另外将方言活动列入"实施中华经典诵读工程"。
2019	打造有影响力的阅读品牌。……开展……"喜爱上海的理由沪语小达人"比赛等活动。	未出现相关条目，仅零星提及。

此外，2018 年 3 月，黄浦区教育局对区政协二届二次会议题为"关于重视保护上海方言的建议"（第 0139 号）的提案的答复①，较为全面地总结了区级主管部门的相关政策和近年来开展的相关工作，现摘录如下：

一、正确理解并把握好国家语言文字方针政策

……推广普通话并不是要消灭方言，更不是否认方言的交流作用与文化作用。在遵守有关法律法规的基础上，要注重推进上

---

① 《对黄浦区政协二届二次会议第 0139 号提案的答复》，黄浦区教育局，2018 年 3 月 28 日，http://www.shhuangpu.gov.cn/zw/009001/009001015/009001015002/20180704/3d130d02 – 3a90 – 4266 – 9036 – b988f6cb8e54.html。

海文化与上海方言的保护。二是指导、督促本市各级各类学校在教育教学和集体活动中坚持使用普通话，同时要求学校对师生在课堂教学和集体活动以外的其他场合中的日常生活交际用语不予干预，允许讲上海话（也允许讲其它方言）。

二、加强上海文化认同感的教育和培养

……加强上海方言的保护，需要加强对中小学生的上海文化认同感和传承责任的培养。黄浦各类学校将努力通过开设地方语言文化类330课程、组建学生社团等，让上海地方语言文化进校园，加深青少年对于上海历史文化的认识与了解，进一步培养对沪语文化的认同和情感。比如，我区海华小学成立的沪语社团；蓬莱路第二小学"蓬莱小镇"设立沪语考章；卢湾一中心小学成立沪语版小小讲解员队伍；格致中学成立申遗青年社团与大世界携手，成立沪语志愿者队伍，等等。

三、在幼儿园开展沪语教学活动试点

……我区城市花园幼儿园和蓬莱路幼儿园已经是开展市级上海话教育体验活动试点的幼儿园，另有17所幼儿园开设了上海话活动课程，如汇龙幼儿园推出上海话表演日；宁波路幼儿园推出民间沪语游戏手册等等。我们会推广这些幼儿园的经验，逐步扩大上海话教学的试点范围。

黄浦区图书馆承办的市民文化节沪语比赛，通过有趣的赛事、权威的辅导，极大地提高了选手的参赛水平和参赛热情。选手涵盖老中青少各年龄段。他们用丰富多样的形式阐释了沪语的丰富性，比赛中出现沪剧、独脚戏、小品、上海说唱、上海话民歌、故事、童谣、朗诵、沪语流行歌曲等多种沪语表现形式……

2017年重新开放的上海大世界筹划开展沪语文化交流活动，今年将以表演形式举办"上海方言节"系列活动，内容有沪语小剧目、沪剧独角戏表演、沪语互动课程、沪语知识传习……上海大世界传艺中心还将与格致初级中学对接，邀请沪语老师制定适合学生传习的沪语情景课程，通过进校园的方式，让青少年在日常生活中重拾沪语。

5. 市、区文化主管部门涉及教育领域的代表性政策表述

虽然各级语委归口教育部门管理，但方言保护和方言社会使用的大量事务属于文化和公共服务领域。由于上海市文化和旅游局同时加挂上海市广播电视局、上海市文物局牌子，统管全市文化、旅游、广播电视和文物保护工作，因此在涉及方言的问题方面也有较大话语权，其相关政策和工作既直接涉及少年儿童，也涉及幼儿园和学校。可以上海市文旅局对市十四届人大五次会议的一则题为"关于实施上海方言保护的建议"的答复为代表①：

二、利用多种渠道推广上海方言

作为文化传媒的排头兵，上海广播电视台一直高度重视上海方言的保护和传承。在努力贯彻《中华人民共和国国家通用语言文字法》的同时，尝试多种对方言保护的路径，寻求传统文化普及和法规要求的平衡点，推广上海方言。

（二）培养选拔沪语主持人，公交沪语播报传播上海方言。……同时还策划举办全市性的外国人沪语大赛、"大家讲白相"儿童上海话大赛等。

（三）制作课程推广上海方言，出版书籍助理沪语学习。上海滑稽剧团 2012 年成立了公益沪语教学教研组，至今已先后与虹桥中心小学、惠民中学、同济中学、徐汇区向阳小学、襄一幼儿园 7 所中小学、幼儿园建立了公益沪语教学关系，累计授课2000 课时，600 多名学生通过学习可流利地进行沪语交流，千余名学生参与过沪语课程。该教研组还出版了课程教材《上海闲

① 《对市十四届人大五次会议第 0520 号代表建议的答复》，上海市文旅局，2017 年 4 月 17 日，http://whlyj. sh. gov. cn/jyta/20171228/0022 - 30349. html。

话》，师资队伍也逐步从资深演员扩大到滑稽新生代。2015 年，与市教委推出了"沪语文化进校园"系列活动……为让上海话教学更加灵活，国家一级演员徐世利还撰写了《标准上海话自学法》一书，该书经多年修订和加印，配合随书附送的沪语教学光盘，为广大外来人员和本地青少年学说标准沪语提供了方便。著名滑稽演员钱程还总结自己教学成果，出版了《跟钱程学上海闲话》《钱程的上海腔调》《钱程讲外国童话》等书，利用戏剧艺术技巧，发扬沪语方言在听觉艺术上的魅力和优势。

区一级文化主管部门也有具体落实。以黄浦区为例，该区文化局对该区政协会议题为"关于建立上海文化品牌，提升黄浦区软文化实力的建议"（第 0172 号）的提案的答复中，说明了中小学开设相关课程的具体安排①：

　　2017 年，我们与上海人民滑稽剧团签订战略合作协议，将在"沪语进校园"和沪剧、滑稽戏等"非遗"艺术的传承方面进行深度合作。计划在小学"快乐活动日"融入沪语学习课程，使孩子们"会说上海话，说好上海话"；在部分中学开设沪语传习课程，借助滑稽剧团的资源优势，形成一批优秀剧目；区域层面开展沪语童谣创作指导和征集活动，使广大未成年人在习得方言，体味语言魅力的同时，培养爱家乡、爱祖国的情感。

第三节　市、区举办的各类上海方言文化活动和比赛

市、区举办的各类上海方言文化活动和比赛是近年来上海市"方

---

① 《对黄浦区政协二届二次会议第 0172 号提案的答复》，黄浦区文化局，2018 年 4 月 10 日，https：//www.shhuangpu.gov.cn/zw/009002/009002015/009002015005/009002015005006/20180704/c62fd400 - 9b51 - 47c6 - 99d9 - 85d5c440df37.html。

言文化进课堂"的主要抓手。活动的主办方既有教育主管部门,也有宣传、文化主管部门,后一种情况教育部门一般也会作为重要协办方。此外,社区一级也会开展有少年儿童参与的小规模活动,幼儿园或学校也经常作为联办或协办方。

1. 市教委举办的上海方言歌谣比赛

上海市教委较少直接主办以上海方言为主的活动。我们仅查找到由上海市教委教学研究室、上海教育报刊总社主办,上海教育新闻网、上海中学生报社承办的"'上海歌谣'2012 美年达百校风采擂台赛"①。虽然比赛名称并未出现上海方言,但比赛通知的第一项——"活动背景"明确将上海方言歌谣作为比赛内容:

> 上海是一座海纳百川的国际型大都市,汇聚了的众多的文化特征和特色。沪语,作为上海文化的载体,具有其不可替代性。可以说,上海文化的保存和发展离不开沪语。今年大赛的主题为"上海歌谣",让学生从生动丰富的歌谣中了解上海的历史文化,风土人情,并通过学说沪语方言来亲近上海,体悟上海,了解上海,形成热爱家乡的炽热之情。

通知还对比赛要求、流程进行了细致安排,从网络视频初赛、现场复赛到现场决赛及颁奖历时 3 个月,涉及全市 100 所初中和高中(含中职校)。擂台赛在全市中学掀起了一股学习、创作上海方言歌谣的热潮。参赛的既有中心城区的百年老校、大学附中,也有浦东新区和郊区的特色学校。以下将基本情况汇总如表 4-2。

---

① 《"上海歌谣"2012 美年达百校风采擂台赛》,上海教育新闻网,2012 年 9 月 14日,http://www.shedunews.com/huodong/lishihuodong/2012/09/14/157608.html。

表4－2   "上海歌谣"2012美年达百校风采擂台赛基本情况

政区	学校及歌谣名	活动内容
黄埔	格致中学《上海声音》	以rap和说唱形式演绎老上海的歌谣小调和弄堂里的叫卖声，串起一代人对上海昨天的记忆，获擂台赛二等奖。①
	光明中学《淮海路70号》	将沪语流行歌曲《霞飞路87号》重新填词。②
杨浦	复旦附中《社员挑河泥》	10个高中男生用上海方言合唱一首20世纪70年代的"劳动号子"。③
浦东	石笋中学《锣鼓书"桃花谣"》	从全市一百所初中高中脱颖而出，决赛获得一等奖。排练得到学校领导的大力支持和班主任及其他任课老师的理解。④
松江	叶榭学校《草龙飞舞颂和谐》	学校投入了大量人力、物理和财力，通过精心设计和2个多月的紧张排练，16名学生顺利闯过初赛、复赛，以初中组全市第5名的成绩荣获"一等奖"。⑤
青浦	尚美中学上海青浦田山歌表演唱	演唱青浦新田山歌《唱农村一片新气象》、传统田山歌《啥花开来黑良心》《六花六节歌》，获专家评委好评和佳绩。⑥

　　《新民晚报》于决赛后发表的一篇通讯，分"跟着音符了解这座城""新上海人讲上海故事""诉说喜欢上海的理由"三部分详细介

----

① 《格致学子获得2012年美年达百校风采擂台赛二等奖》，上海市格致中学，2012年12月28日，http：//www. gezhi. sh. cn/infoweb/item－detail. aspx? newsid＝6252。

② 《"上海歌谣"美年达百校风采擂台赛落幕》，《新民晚报》，2012年11月28日，http：//xmwb. xinmin. cn/html/2012－11/28/content_ 45_ 1. htm。

③ 《十男生同唱"上海歌谣"》，《学生导报》，2012年12月10日，http：//app. why. com. cn/epaper/xsdb/html/2012－12/10/content_ 110521. htm。

④ 《锣鼓书"桃花谣"喜获"上海歌谣"市级比赛一等奖》，石笋中学，2012年11月28日，http：//www. shisun. nh. edu. sh. cn/xcxq/show. php? id＝24379。

⑤ 《叶榭学校〈草龙飞舞颂和谐〉节目获"上海歌谣"2012美年达百校风采擂台赛多项奖项》，上海市松江区政府网，2012年12月2日，http：//wm. songjiang. gov. cn/detail. aspx? id＝14759。

⑥ 《我区尚美中学在2012上海市百校风采擂台赛获得佳绩》，青浦区教育局，2012年12月3日，http：//jxxy. qpedu. cn/hydt/6348. htm。

绍了比赛盛况①。报道在第二部分着力尤多，现摘录如下：

　　……有趣的是，负责节目编写和排练的李惠利中学合唱教师魏陶写的虽是上海生活体验，自己却是山东小伙，2006 年大学毕业后，才成为一名"新上海人"。在和上海同事、学生的交流，再加上上网搜集资料，他讲出的上海故事颇有味道。

　　七宝二中的 14 人演出团队，来自重庆、湖北、浙江、福建、安徽等多个省市。胖乎乎的男孩涂纪新来自重庆，他告诉记者，爸爸因为工作需要，来沪多年已经可以熟练用上海话和他人沟通，他觉得自己现在上海话也讲得不错。松江区叶榭学校带队教师彭新芳介绍，学校三分之二的学生来自外省市，学校不仅开设了上海话课程，还为孩子们争取各种各样的表演机会，鼓励他们勇敢地开口。

　　复旦附中语文老师张平籍贯湖北，出生于广西，读大学才第一次来到上海。如今，她一口流利的上海话，比学校里一些上海孩子还要正宗。大学报到第一天，因为听不懂宿管阿姨的话，张平下定决心，要学说上海话，真正地融入这座城市。她的上海话功底，就在日复一日的生活交流中积淀起来了。

　　《新民晚报》在复赛后发表的一篇报道则完全用上海方言写成，其中除了弘扬本土文化的内容之外，也谈及外来人口融入的问题②（括注普通话解释为笔者所增）：

　　全市一共有 60 所学堂（学校）入围搿（这）次活动复赛。

---

① 《"上海歌谣"美年达百校风采擂台赛落幕》，《新民晚报》，2012 年 11 月 28 日，http：//xmwb. xinmin. cn/html/2012 - 11/28/content_ 45_ 1. htm。

② 《百校沪语擂台赛 啥人闲话讲得赞》，《新民晚报》，2012 年 11 月 14 日，http：//xmwb. xinmin. cn/html/2012 - 11/14/content_ 24_ 3. htm。

评委们搭（和）交关（很多）老师希望能够通过沪语擂台赛个（的）平台来弘扬本土文化。介（这么）许多非上海人来到上海学习工作，伊拉（他们）还是来为梦想打拼。就讲辫（这）趟活动，参赛表演个学生子中有上海本地个学生、也有外地学生、还有外国个学生参加。复旦初级中学勿（不）单单垃拉参赛个学生中传唱上海歌谣，还利用班会个辰光（时间），垃拉（在）全校规模内进行上海歌谣比赛，让更多个学生融入到了学讲上海话、学唱上海歌谣个活动中来……

……柘林中学和奉贤中学以奉贤当地个民俗"滚灯"为材料，表演节目。难能可贵个是，表演个学生大部分是外来务工人员个随迁子女搭一部分少数民族个学生。

此外，由上海市语委办指导，上海市教委所属上海市科技艺术教育中心与上海市校外教育协会、普陀区教育局于 2017 年 12 月共同主办的"上海市青少年沪语文化传承展示活动"也有一定影响①，共有来自上海市各区的 31 所中小学参加。与歌谣传唱活动不同的是，该展示活动的形式为：

通过"访一处建筑、拍一组照片、说一个故事"的形式，引导中小学生和伙伴、家人一起寻访一处"有故事"的上海建筑，挖掘这些建筑的变迁历史及居住者的故事，用沪语特有"文"艺形式，述说人与建筑的故事，展现学生视角中的上海历史、个性和魅力，从而加深青少年学生对于上海历史文化的认识与了解，引发少年儿童对上海地域文化的认同，传承和保护上海方言，彰显当代学子爱家乡、爱祖国的家国情怀。

---

① 《"侬好，上海！"——上海市青少年沪语文化传承展示活动日前举行》，《上海中学生报》，2017 年 12 月 11 日，http：//m. sohu. com/a/209866894_ 158779。

可见该活动有一定深度，更符合中学生的特点，活动代表性作品如表4-3。

表4-3　　"上海市青少年沪语文化传承展示活动"基本情况

学校及作品名	作品内容或片段
上海市第三女子初级中学	"匈牙利建筑师邬达克在上海居住了近29年，他用一幢幢建筑写了一封致上海的情书……"
位育初级中学，沪剧《天湖美》	"天湖美，景色人人夸。闲庭信步梧桐下，春夏一片阴，秋冬满地黄，洋房年代久，风格遍天下……"
兴业中学，沪语情景剧《周氏幽默》	介绍寻访周公馆的体验
嘉定区桃李园实验中学，沪语 RAP	采访奶奶，讲述西大街故事
上海市西林中学	和妈妈一起讲述金山渔村的发展故事
青浦区颜安中学，评弹	讲述陈云和评弹的故事
上海市群益职业技术学校，沪语演讲《马桥文化》	展示马桥的过去、现在和未来

获展示活动中学组一等奖的上海市惠民中学详细报道了参赛情况[①]。该校"沪语"社团同学在参观中共一大会址和新天地石库门建筑后，撰写了故事，并通过了区级初赛；12月在上海市曲艺家协会副主席、上海滑稽剧团副团长钱程的指导下，"沪语"社团用上海话表演了大型滑稽戏《七十二家房客》中的经典名段《调查户口》，并参加市级竞赛，在全市15所中学中脱颖而出，获中学组一等奖，同时作为优秀节目在2018年1月举行的市"青少年沪语文化传承展示活动"暨颁奖典礼上展示。

2. 其他市级单位举办的少年儿童上海方言文化活动

除教委外，其他市级单位也举办了一些专门面向少年儿童的上海方

---

① 《回味经典 追忆历史 传承沪语文化——上海市惠民中学荣获上海市青少年沪语文化传承展示活动一等奖》，上海市惠民中学，2018年1月8日，http：//www. hmzx. edu. sh. cn/info/1072/3767. htm。

言文化活动，其中以上海市主管的中国福利会所属少年宫举办的活动影响最大。现以"上海小囡话上海"——2014 年"美丽中华　魅力上海"上海青少年沪语传承系列活动为例，将基本情况列为表 4 −4①。

表 4 −4　　　　　中国福利会少年宫举办的上海方言活动举例

活动名称	"上海小囡话上海"——2014 年"美丽中华 魅力上海"上海青少年沪语传承系列活动
主旨	进一步培养青少年对祖国、对社会真挚的感情，引发少年儿童对中华文化认同，激发强烈的民族自豪感、社会责任感和爱国主义情怀。
指导单位	中国福利会、上海市教育委员会、共青团上海市委员会、上海市精神文明建设委员会办公室
主办单位	中国福利会少年宫、上海市科技艺术教育中心
活动时间	2014 年 2 月至 6 月
活动对象	全市青少年
宣讲学习类活动	（一）举行一系列青少年文化讲座。设立"青少年文化讲坛"，重点通过专家讲座等活动形式，邀请沪语研究专家，走进各区县青少年活动中心（少年宫），走近青少年，分别从上海话的产生、发展、变迁等多个方面开展少儿文化讲座。通过深入浅出的讲解，生动细致的互动，让少年儿童感受、了解上海话的魅力，为青少年开展学习上海话的活动，提供更多的指导。 （二）学说一段正宗上海话。面向全体青少年推荐一批适合中小学青少年学习上海话的书籍与配套 CD，倡导青少年能够学一学、说一说正宗的上海话，并通过以假日小队活动、中队、大队主题活动、社区红领巾活动能够等多种途径进行推广，鼓励更多的青少年拓展学习内容，向身边更多的老上海人学习。设立"上海小囡话上海"微博，通过数字平台，向广大青少年发布上海话学习方法、趣味知识和活动进程与亮点。进一步引发广大青少年学习上海话的热情。
竞赛类活动	（三）举办一次青少年沪语知识竞赛。倡导各基层学校开展富有特色的沪语知识竞赛，并积极组织全市青少年开展沪语知识竞赛。竞赛将包括社会参赛与学校团队参加两个形式组成。 社会参赛方面，主办方将通过网站、微博、平面媒体等方法面向全市青少年，招募参赛选手，进行市级海选、汇报展示，展现青少年个人学习沪语的成果。在团队参赛方面，积极组织全市青少年开展区级、市级的沪语知识竞赛，通过沪语知识知多少、沪语童谣（故事）展示、趣味上海话翻译、配音等环节，更好地激发青少年学习上海话，了解上海的热情。

---

① 《"上海小囡话上海"沪语传承系列活动方案》，中国福利会少年宫，2014 年 2 月 26 日，http：//www.cwikids.org/NewsContents.aspx？id =4647。

续表

大赛进程	2 月：活动推介会 3 月：沪语知识竞赛初赛 "上海小囡话上海"个人海选活动 青少年文化讲坛（一）：沪语起源 4 月：沪语知识竞赛市级复赛 青少年文化讲坛（二）：趣谈上海话 5 月：青少年文化讲坛（三）：沪剧艺术 6 月：总结大会暨沪语知识竞赛总决赛

　　整个活动以"沪语小达人"海选拉开序幕。《解放日报》以"沪将海选'沪语小达人'50 个小囡比上海话仅 5 人敢'开口'"为题对海选进行报道①，首先表达了对少年儿童上海方言能力的忧虑，并从家庭语境和学校教育两方面分析了原因，后者原文为：

　　孩子到了学校，上海话更无"用武之地"。据了解，1992 年起全国推广普通话，不仅要求老师上课用普通话，而且要求师生课间交流也要用普通话。学校里缺乏应用上海话的机会，上海小囡的上海话难免日渐"洋泾浜"。

　　报道引述了上海大学教授、吴方言专家钱乃荣对 20 世纪 50 年代小学语言状况的回顾：

　　（当时）班级同学中一半是土生土长的本地人，一半是随父母从外地来沪的"二代上海人"。他们的父母还操着全国各地的方言或普通话，感觉是"外地人"。而学生们，在课上课余与上海本地同学交际的过程中，很快学会上海话，融入了上海。"会

① 《沪将海选"沪语小达人"50 个小囡比上海话仅 5 人敢"开口"》，《解放日报》，2014 年 2 月 28 日，http://sh. eastday. com/m/20140228/u1a7953371. html。

讲上海话，让他们有一种身份认同感。"

在此基础上，报道提出"语言重交际、鼓励课余讲沪语"，指出"通过社会化的赛事活动吸引青少年学习上海话、激发他们了解上海的热情，也是传承上海话的一种不错的方式"，对少年宫举办的相关活动进行了充分肯定。

此外，中国新闻社也以"上海在青少年中推广沪语 让新上海人更懂上海话"为题，对活动进行了报道①。

3. 其他涉及少年儿童的市级上海方言文化活动

比专门面向少年儿童的上海方言文化活动影响更大、覆盖面更广的是面向全体市民的各类"沪语"比赛，其中影响最大的是在上海市民文化节上举办的"沪语大会"。现以2014年赛事为例，将基本情况列为表4-5②。

表4-5　上海市民文化节上举办的"沪语大会"基本状况（以2014年为例）

赛事名称	2014 年市民文化节"沪语大会"
系列活动	2014 年市民文化节
主旨	进一步营造上海城市文化氛围，引导市民全面参与积极向上的文化活动，以沪语综艺比赛的形式充分展示上海市民的魅力风采，充分挖掘上海文化底蕴，弘扬社会文明新风尚。比赛将产生 100 名市民沪语高手。
指导单位	上海市民文化节指导委员会
主办单位	长宁区人民政府、新民晚报新民网
承办单位	长宁区文化局、上海民间文艺家协会、990 新闻频率《轻松集结号》栏目、上海市群众艺术馆、各区县文化（广）局、各系统单位

① 《上海在青少年中推广沪语 让新上海人更懂上海话》，中国新闻网，2014 年 2 月 27 日，http://www.chinanews.com/edu/2014/02-27/5892708.shtml。

② 《"上海小囡话上海"沪语传承系列活动方案》，中国福利会少年宫，2014 年 2 月 26 日，http://www.cwikids.org/NewsContents.aspx? id=4647。

活动时间	2014 年 4 月下旬至 11 月初
活动对象	凡生活、学习、工作在上海的市民，均可参赛，并鼓励由市民自创、自编的演说作品参赛。
实际参与人数	自 3 月启动以来吸引了 3 万余市民报名参赛（据《文汇报》2014 年 10 月 20 日报道）。①
大赛内容与形式	围绕"中国梦·上海情"主题，反映上海在经济、社会、文化等方面的发展或身边的好人好事等正能量的内容。展示形式不限，包括上海闲话、沪语故事（童谣、朗诵）、上海说唱、沪剧、独脚戏、沪语流行歌曲等。 1. 初赛：选手在 1 分钟时间内完成自我介绍和 3 分钟以内的沪语展示。 2. 复赛：自选沪语综艺表演＋指定内容沪语朗读。 3. 决赛：自选沪语综艺表演（自选沪语综艺表演时间不超过 4 分钟）＋"上海考考你（历史、文化、文学）"＋1 分钟即兴沪语表达三个环节。 4. 新民网网络分赛区及其他条口赛区比赛内容形式自行安排。
大赛进程	（一）初赛、复赛由各街道、乡镇社区文化中心组织开展，于 6 月 30 日前完成。各区（县）、网络、系统单位复赛于 9 月 15 日前完成。各个赛区共推选 130—150 名"沪语达人"参加决赛。 （二）决赛由长宁区承办，将评出沪语达人 100 位；另设若干单项奖。并由媒体推荐"沪语明星"20 人，将有机会参加电视台沪语综艺节目录制。并于 11 月中旬进行展示和颁奖。
关联活动	"讲故事我来赛"幼儿沪语童话大赛 2014 "乡音和曲艺我是明星"沪剧电视大赛 "长风杯"新上海人歌手大赛
信息来源	新民晚报网②

比赛自 2014 年 3 月 23 日启动以来，参与市民达百万，3 万余市民直接报名参赛，从 5 岁幼儿到 87 岁老人，老、中、青、少、幼各年龄段都有，《新民晚报》对比赛盛况进行了详细报道。③ 由于组委

① 《2014 年市民文化节沪语大赛决赛举行》，《文汇报》，2014 年 10 月 20 日，http：//www. whb. cn/zhuzhan/kandian/20141020/17168. html。

② 《2014 年市民文化节"沪语大会"赛事规则》，新民网，2014 年 4 月 21 日，http：//op. xinmin. cn/huyu2014/zxdt/2014/04/21/24102077. html。

③ 《说唱上海闲话 沪语大赛决出百名"沪语高手"》，新民网，2014 年 10 月 20 日，转引自 http：//news. 163. com/14/1020/15/A90T20JH00014AEE. html。

会在赛事规则中特别规定，每个分赛区必须预留一个新上海人晋级决赛的名额，以鼓励更多的新上海人参赛，因此报道中也特别关注了新上海人的参与，如：

> 浦东新区是全市外来人口最多的一个区，11岁的韩国女孩李多惠一口流利的上海话，这次她和上海囡囡詹宜卓搭档用一段清脆的沪语童谣《小八腊子开会啦》闯入决赛。
>
> 来自江西的陆婷是一名幼教，她与两位新上海人同事一起表演《辣妈养成记》，从不敢开口到"人家讲话搭一腔，说着说着就会了"，她希望学会说上海话能更好地融入上海。

2014年市民文化节"沪语大会"落幕后，《新民晚报》于2014年11月发表了大会评委、上海市曲艺家协会副主席、上海人民广播电台文艺部副总监、高级编辑葛明铭的评论《"沪语大会"的"大小多少"》[①]，从主办方的视角总结了大会的4项成功之处，作为文艺界人士对方言比赛看法的代表。现辑录如下（按：该文用上海方言写成，括注普通话注释为笔者所增）：

> 大，沪语大会规模之大，前所未有。全市200多个街道社区侪（都）组织了初赛，各区又组织了复赛，再加上新民网的参与，开辟了网络参赛的途径，吸引了大量网友的参与。
>
> 小，参赛小朋友之多，前所未有。起不到传承的目的，比赛的意义就大打折扣。所以主办方在制定比赛规则的辰光（时候），用规则做导向，特别规定每个区勒浪（在）选拔选手的辰光，小朋友参赛的人数最低必须达到六分之一。迭能（这样）一来，一记头（一下）改变了以前各类上海话比赛中白发多黑发少的状

---

① 《"沪语大会"的"大小多少"》，《新民晚报》，2014年11月18日，http://xmwb. xinmin. cn/html/2014 – 11/18/content_ 20_ 2. htm。

况，从初赛到复赛，再到决赛，处处可以看到年轻的身影和稚嫩的脸蛋，交关侪是幼儿园的小囡，其中6、7岁的小囡进入百名达人竞争的就占了大约十分之一。

多，参赛总人数之多，参赛者身份的多样性，前所未有。由于参赛者身份组成的多样性，特别是较高文化层次人士的参与，使本身比较通俗的沪语比赛，呈现出更浓的文化气息。不少选手用沪语朗读徐志摩的《再别康桥》、朱自清的《背影》和刘禹锡的《陋室铭》、范仲淹的《岳阳楼记》等，读得来朗朗上口，也再次证明了上海话上得了厅堂，下得了厨房；吟得了诗词，谈得了家常。

少，对沪语比赛误解和反对的声音之少，前所未有。老底子（以前）勒浪保护传承上海话的一些活动开展辰光，多多少少会有一眼（一些）误解和反对的声音，认为保护传承上海话会得干扰推广普通话，事实证明推广普通话和传承上海话是相行不悖的，并不会干扰推广普通话。

欣喜之余觉得一年一度的比赛固然重要，但哪能（怎样）把市民的热情可持续地保温，那能把比赛的热闹效应转化为对上海话保护传承理性思考和多样化推进，比方讲学校开设沪语课程，广播电视用沪语播报新闻，公交、地铁用沪语报站，政府班门有沪语服务等。保护传承上海话，需形式创新，宜多管齐下。

4. 区级上海方言文化活动

上海方言文化活动在区一级更为活跃，已在全市范围内铺开，既包括浦西，也包括浦东；既包括中心城区，也包括郊区。区级教育主管部门和学校也积极参与、协办由宣传、文化主管部门主办的各类活动或比赛。现将相关情况择要整理如表4-6。

表4-6　　　　　　　　　　部分区级上海方言文化活动

政区	赛事（活动）名称，主办单位	举办时间、参赛对象、比赛特色等
徐汇	学生沪语能力大赛，包括"幼儿沪语童谣""小学生方言讲故事""中学生沪语主持人""新沪语童谣创编"等系列赛事	2015年。年龄段从幼儿园中班到高三，既有沪籍学生，也有"新上海人"和"小老外"。比赛形式为自选节目和即兴表达两个环节的展示。①
静安	"上海爱侬"——幼儿沪语童谣比赛	2015年。全区幼儿园参加初赛，180多名幼儿决赛，10个幼儿园进入集体节目决赛。比赛内容包括"沪语童谣串烧""沪语小故事讲述""沪语歌谣表演"等。②
原闸北	"吴侬软语，快乐童年"——2015年闸北区上海语言文化活动	2015年。吸引逾200名幼儿园幼儿、教师和家长参加。孩子和大人或单独或组合，用上海方言表演沪剧、情景剧、童谣串烧以及"沪语故事"。③
虹口	幼儿沪语童谣集体比赛，虹口区教育局、区语委办	第一届2012年，第二届2013年。第二届共23支队伍、近350名师生参赛。内容包括"上海话童谣串烧""阿拉去白相"等传统沪语童谣与"我们是新上海人""上海风光一日游""新西游记"等原创沪语童谣。④
浦东	"说家乡话，传民族情"——"南风杯"浦东新区青少年沪语大赛，浦东新区语委办和南码头路街道	2017年。街镇的初赛海选历经一个多月，共收到近百个参赛作品，其中20个进入决赛。决赛分青少年组和低龄组两个组别，参赛选手分别是中学生、小学生及学龄前儿童，形式为沪语童谣、沪语故事、沪剧选段、上海说唱和独脚戏等。⑤

①　上海语言文字网，http：//www.shyywz.com/main/ColumnsNewShow.aspx？id=2141。

②　上海语言文字网，http：//www.shyywz.com/main/ColumnsNewShow.aspx？id=2132。

③　上海语言文字网，http：//www.shyywz.com/main/ColumnsNewShow.aspx？id=2032。

④　《沪语童谣庆"六一"虹口区幼儿沪语童谣集体比赛落幕》，上海教育新闻网，2013年5月27日，http：//www.shedunews.com/wenming/wenmingjujiao/wenmingjujiaopujiao/2013/05/27/523127.html。

⑤　《"南风杯"青少年沪语大赛落幕》，浦东新区人民政府网，2017年8月17日，http：//www.pudong.gov.cn/shpd/news/20170817/006004_3af65c59-c563-4dd0-9514-7b9932b988c5.htm。

续表

政区	赛事（活动）名称，主办单位	举办时间、参赛对象、比赛特色等
浦东	"说家乡话，传民族情"——"南风杯"浦东新区青少年沪语大赛，浦东新区语委办和南码头路街道	2018 年。初赛海选历经一个多月的评审，收到近百个参赛作品，22 个优秀作品进入总决赛。参赛选手分别来自中学、小学及学龄前儿童，形式为沪语童谣、沪语故事、沪语演讲、沪剧和上海说唱等。①
闵行	"梅中杯"沪语歌谣班班唱颁奖音乐会，闵行区教育局	2013 年。活动历时半年，从校园选拔到网络投票，全区共 40 所学校、1265 个班级、50600 名学生参与，40000 多人次参与网络投票。通过班班唱上海歌谣这一形式，帮助闵行学子从生动丰富的歌谣中了解上海的历史文化，风土人情，进一步培养学生亲近上海、体悟上海、热爱上海的炽热情感。②
奉贤	奉贤区青少年沪语传承大赛，奉贤区教育局、奉贤区语委	2016 年。全区三十多所学校参加。参赛对象为具备沪语知识和表达能力的初中、高中（含中职校）和小学生。比赛内容为沪语影视片段配音和沪语演讲小故事。③
青浦	"保护方言 传承文化——浓浓乡音 悠悠乡情"青浦区语言文字展示活动	2017 年。市语言文字工作者协会、区托幼办、区语委办相关负责人等共 50 余人参加活动。活动包括沪语环境及青浦民俗文化的体验、角色游戏中沪语交流、体育游戏中沪语童谣的传唱、教师家长保育员经验分享以及沪语 "嘎讪胡" 表演等形式④。

---

① 《"南风杯" 浦东新区青少年沪语大赛》，浦东新区人民政府网，2018 年 6 月 20 日，http：//www. pudong. gov. cn/shpd/childSite/20180620/016011006_ ebc427ed－3f24－4405－89fc－23fe043c952c. htm。

② 《闵行举办沪语歌谣音乐会 十万学子唱响上海声音》，东方网，2013 年 7 月 1 日，http：//shzw. eastday. com/shzw/G/20130701/u1ai108071. html。

③ 《奉贤区青少年沪语传承大赛举行》，上海教育新闻网，2016 年 4 月 19 日，http：//www. shedunews. com/zixun/shanghai/quxian/fengxianqu/2016/04/19/2051630. html。

④ 《保护方言 传承文化：2017 年青浦区语言文字展示活动在东方幼儿园顺利举行》，东方网教育频道，2017 年 6 月 19 日，http：//edu. eastday. com/node2/jypd/n5/20170619/u1ai7112. html。

续表

政区	赛事（活动）名称，主办单位	举办时间、参赛对象、比赛特色等
嘉定	2014 年嘉定区青少年沪语知识竞赛	为"上海小囡话上海——美丽中华 魅力上海"青少年沪语传承系列活动之一，区 13 支中小学代表队及啦啦队、老师、家长近 400 人参加。①
	嘉定青少年暑期沪语培训班汇报演出	2018 年。"学沪语·讲故事"青少年暑期沪语培训班坚持举办六年，火爆程度不减。汇演上介绍了培训班的学习情况，颁发了结业证书，并进行了沪语童谣表演。②
	"讲故事 吾来赛"少儿沪语故事比赛，嘉定区文广局	2018 年。比赛历时两个月，决赛的选手是从区各街镇层层选拔出来的 12 位小朋友。比赛形式为用上海方言讲故事，近百名观众观看了决赛。③
金山	2014 年金山青少年沪语传承系列活动——沪语知识复赛	为"上海小囡话上海——美丽中华 魅力上海"青少年沪语传承系列活动之一，分小学、中学两组，区 12 所中小学的 70 多位同学参赛。形式包括乡土民谣、上海说唱、快板、金山话小品等沪语节目表演。全区 80 多名教师、2000 多名学生参加了此前举办的校级、区级初赛。④

5. 穿插上海方言内容的国家通用语活动

上海市、区举办的一些国家通用语活动，特别是童谣传唱活动也

---

① 《嘉定区举办青少年沪语知识竞赛》，上海教育新闻网，2014 年 4 月 21 日，http：//www. shedunews. com/zixun/shanghai/quxian/jiadingqu/2014/04/21/635766. html。

② 《2018 年嘉定青少年暑期沪语培训班举行汇报演出》，上海市人民政府网，2018 年 9 月 14 日，http：//www. shanghai. gov. cn/nw2/nw2314/nw2315/nw15343/u21aw1341103. html。

③ 《嘉定读书月"讲故事 吾来赛"少儿沪语故事落幕》，上海市人民政府网，2018 年 8 月 16 日，http：//www. shanghai. gov. cn/nw2/nw2314/nw2315/nw15343/u21aw1337947. html。

④ 《金山青少年沪语传承系列活动圆满结束》，上海教育新闻网，2014 年 4 月 21 日，http：//www. shedunews. com/zixun/shanghai/quxian/jinshanqu/2014/04/21/635769. html。

穿插了上海方言内容。以影响最大的"童声唱童谣，共筑中国梦"上海市优秀童谣传唱活动为例，2016 年举办的第三届活动的通知由中共上海市委宣传部、上海市精神文明建设委员会办公室、上海市教育委员会、共青团上海市委员会、上海市妇女联合会以及上海市文学艺术界联合会等六部门联合发出①，旨在通过多渠道、多形式的传唱活动，宣传推广传统优秀童谣和历届获奖的原创童谣，"引导广大未成年人在活动中修身养心，陶冶情操，涵养品德，健康快乐成长"。通知特别注明：

> 节目形式不限，普通（话）、方言均可，鼓励师生、家庭共同参与。

此外，通知所附 2014 年第五届上海市优秀童谣获奖名单中，未成年组获奖作品共 43 项，其中优秀奖中 5 项明确标为"沪语"，仅举一例：

> 《现在小囡真来赛》：现在小囡真来赛，国语英语加沪语。学堂老师教国语，跟牢电视学英语，外公外婆教沪语，三种闲话侪来赛。今早我是讲解员，讲讲上海新景点，外国人来讲英语，外地人来开国语，上海人来讲沪语，看我来赛不来赛。

区一级举办的童谣传唱及经典诵读活动中也有类似现象，仅举两例：

（1）由徐汇区文明办、教育局联合主办的"童谣唱响新时代　美德少年展风采"——2018 年徐汇区优秀童谣传唱展示活动中，第一中心小

---

① 《关于举办 2016 年"童声唱童谣，共筑中国梦"第三届上海市优秀童谣传唱活动的通知》，上海文明网，2016 年 4 月 14 日，http://sh.wenming.cn/gongxiang/201604/t20160414_ 3288090. html。

学表演了由童谣《我们爱上海》，紫薇实验幼儿园表演了由《卖糖粥》《哎哟哇啦》《侬姓啥》三首经典童谣串联而成的《上海童谣串串烧》。①

（2）2017年浦东新区举办了以"爱祖国爱家乡"为主题的中华经典"双语"（普通话、"沪语"）诵读传唱展示活动，来自15所学校的学生表演了上海说唱《浦东新面貌》、"沪语"歌曲《欢喜侬》等节目。②

（3）2015年举办的"文来杯"闵行区中小学生"铭记历史，开创未来"经典吟诵暨"我们的价值观，我们的中国梦"优秀童谣传唱活动分"忆峥嵘岁月"和"扬时代风帆"两个篇章，在第二篇章中穿插了实验小学的"沪语"吟诵《中华心，上海情》等内容。③

第四节　高等学校开展的上海方言文化活动

在沪高等学校也开展了一些上海方言文化活动。从分布上看，以上海市属高校为主，也有一些部属高校参与；从形式上看，包括方言文化博物馆建设、上海话教学讲座和大学生社团活动等。

1. 方言文化博物馆建设

在上海市教卫党委和上海市语委的支持下，上海大学博物馆拟建立一个"上海语言文化体验展示馆"④，内容包括上海语言资源有声数据库、语言学专家的研究成果、故纸文献中的上海方言等，以集中

---

① 《徐汇区举行优秀童谣传唱展示活动》，东方网，2018年12月28日，http：//gov. eastday. com/renda/kid/n28617/20181228/u1ai6230237. html。

② 《浦东举行经典诵读传唱活动》，浦东区人民政府网，2017年3月17日，http：//www. pudong. gov. cn/shpd/news/20170317/006004 _ 6b00c837 - dd34 - 4fdd - af65 - 689062a2e78f. htm。

③ 《"文来杯"社会主义核心价值观童谣传唱比赛》，上海闵行文明办，2015年12月18日，http：//sh. wenming. cn/mhwmw/6/201512/t20151218_ 3030906. shtml。

④ 《保存上海方言，上海大学建立沪语体验馆公开征集藏品》，澎湃新闻，2016年12月8日，https：//www. thepaper. cn/newsDetail_ forward_ 1576397。

展示上海方言的发展历程和日常生活中的方言文化。为此，博物馆于 2016 年 12 月开始面向全社会公开征集有关上海方言及上海方言文化的藏品，如晚清至民国时期的上海方言字典、报纸、抄本，以及滩簧、申曲、沪剧等戏曲文献、唱片资料，报道时已收集展藏品超过 3000 件。

2. 上海话教学讲座

上海大学还聘请专家来校做上海话教学讲座。2014 年 5 月，上海大学辅导员协会主办了"阿拉上海话"教学沙龙，邀请上海话专家、文学院副教授丁迪蒙主讲，来自学工办及多个学院的共 20 余名辅导员参加。① 经过简短自我介绍，来自不同方言背景的辅导员们很快被丁老师带入上海话的语境中。根据协会为辅导员们准备的《学会上海话》教材，丁老师借用普通话和英语来教上海话的发音，方法简单、易懂又好记。此外，丁老师还现场作了方言吟唱。

3. 大学生社团活动

上海大学还开办有大学生社团组织——"沪语社"，其宗旨和目标为②：

> 通过举办各种活动，帮助外地的同学们学习沪语。为今后在上海的学习与生活打下良好的语言基础，以便尽快也更好地融入上海这个国际化大都市。
>
> 让社团成员学会基本的日常用语，免除如在食堂、上课时听不懂的尴尬。能基本与上海的同学交流、对话。以学习沪语为契

---

① 《轻松学沪语"阿拉上海话"——辅导员协会举行上海话教学沙龙》，上海大学学工部，2014 年 5 月 30 日，http：//www. xgb. shu. edu. cn/info/1033/8425. htm。
② 《上海大学沪语社区社团简介》，新浪博客，2007 年 4 月 7 日，http：//blog. sina. com. cn/s/blog_ 4c7eab8b010007y6. html。

机，帮助同学们更好地了解上海的风俗与习惯、地理与人文，进一步走进上海，融入上海。

其典型活动形式为：

（1）用教学的方式进行教授，内容由浅入深。从一般的称谓、数字、日期等简单而又实用的短语到日常用语。

（2）学唱以上海话为语言的流行歌曲。……分成几个小组过后进行比赛，比音准，比音色，比词的准确程度等。

（3）观看上海情景剧。用电脑播放一些出名的滑稽演员出演的幽默剧，如老娘舅、开心公寓等。通过这种娱乐性很强的方式来加深她们对学习沪语的热情。如果社员愿意可以学着扮演其中的角色来巩固所学的上海话。

上海外国语大学也开办有"阿拉沪语社"①。该社团于2009年5月诞生，到2015年已发展成为拥有70多名团员的"大团"。社团每月会定期展开1—2次的社团活动，主要形式为由上海本地学生教授上海话，让外地的同学能更好地领略上海话的独特韵味及魅力。

此外，上海外国语大学外语广播电台也仿效东方广播电台"阿拉上海人"节目，创办了一档名为"上海闲话"的上海话栏目。节目主持人从"沪语社"中的上海同学中遴选。节目内容包括贴近校园生活的上海话内容介绍，也涉及上海的历史文化和著名旅游景点等。

---

① 刘俣：《浅谈高校在沪语传承和传播中的作用——以上海外国语大学为例》，《湖北函授大学学报》2015年第19期。

第五章　其他地区的"方言文化进课堂"

除了福建、江苏和上海三省市外，"方言文化进课堂"比较活跃的地区总的来看集中在同属东南沿海的浙江和广东两省，且都有教育主管部门的推动。全国其他地区基本只有个别学校零散地开展，鲜见教育主管部门的推动或出台系统性政策。其中华中、西南地区主要分布在安徽、湖南、湖北、重庆等地，华北则主要分布在北京、山东两省市，以下分别加以考察。

第一节　浙江省"方言文化进课堂"开展情况

浙江省最主要的方言是吴方言，此外还有少量的徽方言、闽方言和官话方言。与苏南绝大多数属太湖片不同的是，浙江省的吴方言覆盖了太湖、宣州、台州、金衢、上丽、瓯江六个小片，因此内部差异较大，小片之间不能互通的情况较为普遍；其中属于太湖片的杭州话在语音、词汇、语法方面都具有明显的官话色彩，在整个吴方言中独具一格。① 这一复杂背景下，浙江省的"方言文化进课堂"活动更多地是在市一级分地开展。

1. 全省概况

民盟浙江省委会于 2019 年 1 月在浙江省政协十二届二次会议上

---

① 曹志耘：《浙江省的汉语方言》，《方言》2006 年第 3 期。

提出了《关于保护传承浙江方言文化的几点建议》,浙江省教育厅对提案的答复对浙江省一级的方言文化传承工作进行了总结。现摘录如下①:

(1) 鼓励学校和教师积极探索富有地方特色、蕴含中国传统文化的教学资源,如将方言学习等纳入拓展性课程教学内容……下一步,我省将要求各地从实际出发,继续做好拓展性课程教学,推广杭州市中小学关于将传统文化纳入到日常课程的经验和做法,切实加强方言在学校教育中的传承传播。

(2) 我省教育系统及文化和旅游部门将保护传承方言作为戏曲和曲艺的重要抓手。2017 年 7 月,省教育厅出台了《关于在全省学校深入开展戏曲进校园活动的通知》,要求各地各校做好戏曲进校园"七个一"活动。全省各地正积极开展地方戏剧和曲艺学习活动。如金华、衢州、丽水等地积极开展"婺剧进校园",每年惠及师生近 10 万人次。

(3) 目前全省 11 个设区市地方电视台均涉及有方言节目……下一步,我厅将建议宣传文化部门借鉴其他省市经验,分别用普通话和当地方言在城市公交、旅游部门、地铁车载电视视频等领域进行"双语"报站。

(4) 在方言保护研究层面,国家语言文字工作委员会和我省语委早有涉及。特别是 2015 年以来,教育部、国家语委联合下发文件,启动中国语言资源保护工程。我省共立项了 88 个方言调查项目……已完成 4 批次 69 个调查点的汉语方言调查项目,2019 年 19 个方言调查点正在开展之中……下一步,拟在方言数据库的基础上,进一步做好工作,为适时建立"浙江方言博物馆",积累经验,创造条件。

---

① 《关于省政协十二届二次会议第 104 号提案的答复》,浙江省教育厅,2019 年 6 月 29 日,http://jyt.zj.gov.cn/art/2020/1/10/art_ 1228993351_ 41582341. html。

　　黄晓东对浙江省 11 所幼儿园和小学的方言文化课程进行了考察①，现将其文中表格转录如下。

表 5 - 1　　　　浙江省 11 所幼儿园和小学方言文化课程开设情况

（转自黄晓东 2018）

学校	课程名称	课程类型	开设时间	授课对象	课时量
海盐向阳小学	海盐骚子歌	音乐学科拓展课	2004 年	一至六年级	音乐课 8 课时/学期，综合实践 1 次/学期（每次持续一个多月）
平湖广陈中心小学	平湖钹子书	拓展课程	2005 年	从三、四年级中挑选 30 人	2 节/周
海盐万禄幼儿园	海盐话日	乡土课程	2006 年	小、中、大班	1 天/周
杭州余杭区云会中心小学	乡音故事	拓展课程	2007 年	年级故事会，全体学生，乡音社团约 40 人	2 节/周
天台实验小学	天台童谣	综合实践、拓展课程	2008 年	三年级	1 课时/周
杭州金都天长小学	杭州小伢儿	拓展课程	2009 年	三年级	2 课时/周，共 28 课时
杭州余杭区塘栖第一幼儿园	水乡情韵之"栖话儿我来说"	特色主题教学活动	2012 年开始，2013 年纳入日常活动	小、中、大班	1 天/周（水乡方言日）
嘉善实验幼儿园	嘉善方言	乡土课程	2013 年	小、中、大班	2 课时/月

────────────

　　①　黄晓东：《浙江省方言文化教育：现状、问题及展望》，《文化遗产》2018 年第 3 期。

续表

学校	课程名称	课程类型	开设时间	授课对象	课时量
温岭横湖小学	学讲温岭话	拓展课程	2014年	三至六年级，多为五、六年级	2次/周（每次1小时）
杭州清波幼儿园	杭州话	综合实践"爱的课程"系列之一	2016年	中班	1课时/周
金华汤溪小学	学说汤溪话	拓展课程、主题研学活动	2016年	全校各年级	共16课时，集中于一个月内

从这一调查可以看出，浙江省的校园方言文化课程主要分为两类：一是教授地方方言，二是教授以方言为载体的地方戏曲、曲艺或童谣。

2. 杭州市

早在2004年的杭州市政协八届三次会议上，就有政协委员提交了《关于保护杭州方言，防止历史文化名城内涵缺失》的提案，当时引发了较为激烈的讨论①，如光明网就发表了针锋相对的评论《杭州方言何需保护》②，新浪博客也发表了《谁来保护不说杭州话的杭州居民?》的评论③。

在2018年召开的杭州市政协十一届二次会议上，葛继宏等几位文艺界别的政协委员提交了《关于学习传承杭州方言，弘扬地域文

① 《政协委员吁保护杭州话 方言普通话之争引发讨论》，《浙江日报》，2004年3月4日，转引自http://news.sina.com.cn/c/2004-03-04/13542993532.shtml。

② 周思源：《杭州方言何需保护》，光明网，2004年6月23日，http://www.gmw.cn/03pindao/lilun/2004-06/23/content_50097.htm。

③ 沙砾于飞（网名）：《谁来保护不说杭州话的杭州居民?》，2004年2月24日，http://blog.sina.com.cn/s/blog_539482ed010006hl.html。

化、彰显文化自信》的提案，被列为大会发言。① 提案提出，在中小学第二课堂开展杭州方言的学习，将其作为乡土文化教育的一个组成部分；此外，要积极推广和使用杭州方言，如在旅游场所和一定线路的公交车上分别用普通话和方言进行报站等。

该提案由杭州市文化广电新闻出版局牵头进行了回复，其中对杭州市已做的方言文化保护工作进行了全面总结。以下重点摘录其中跟校园相关的部分②：

（1）积极申报各级非遗代表性项目名录。将"杭州方言"列入第六批杭州市非物质文化遗产代表性项目名录，"小热昏""杭州评话""淳安三角戏""武林调""畲族民歌"等32项方言类项目相继列入了国级家、省级、市级的非遗代表性项目名录。

（2）抓好培训培育新人。从2012年起，在9所学校建立了传统戏剧曲艺传承教学基地；2015年杭州艺术学校与杭州滑稽艺术剧院、浙江艺术职业学院联合招收"3+2曲艺大专学历班"；杭州市非遗中心与杭州滑稽艺术剧院、下城区教育局等联合举办了多期"杭州市曲艺培训班"，参加培训的学员全部是中青年及中小学生，培训的项目全部用纯正杭州话作为表演手段。

（3）建设语言资源数据库。

（4）加强宣传展示。从2010年开始，在每年"文化和自然遗日"期间举办杭州市传统戏曲曲艺巡演，共巡演468场，所演出节目也均用杭州方言展演，观众近100多万人；2014年起，与杭州文广集团举办"我们的乡音·疯狂杭州话""我是杭州人——杭州话全民大比拼活动"等大型方言选秀节目。

---

① 《杭州市政协委员葛继宏：留住杭州腔调》，凤凰新闻，2018年2月5日，转引自 http://zj. people. com. cn/n2/2018/0205/c186327 - 31220596. html。

② 《关于对市政协十一届二次会议第556号提案的复函》，杭州市文化广电新闻出版局，2018年5月31日，http://wh. hangzhou. gov. cn/A026/6/gggs/201810/t20181025_ 736955. htm。

回复还提出了下一步传承杭州方言所要做的工作，其中由市教育局负责"在中小学开展杭州方言学习"，具体措施包括：

（1）努力探索在学校、幼儿园开展传统文化地方方言教育研究的新思路。根据不同年龄段青少年对地方方言的兴趣和学习积极性，在学校、幼儿园倡导学生、幼儿提升学习地方方言的积极性，逐步扩大学生与老师的参与面。利用学校的拓展性课程、特色课程建设，将地方方言学习与传承与学校发展史及校园文化有机结合，有效促进学生学习地方方言的积极性，增强学生对地域文化的自信心与热爱之情。

（2）进一步拓宽学生接触、参与学习地方方言的渠道与活动平台。学校、幼儿园可利用课外社会实践活动、兴趣小组和社团活动等时间，让青少年有机会接触、了解有关地方方言外，要适时开展一些相关活动、比赛，增加学生学习地方方言、展示文化自信的机会。对开展此项工作有特色的学校、幼儿园，当地教育部门可适时召开现场会给予肯定和经验推广。

（3）借助教师继续教育平台，加大推广地方方言工作的相关人员的培训工作。与市语委相关部门联系，尽早启动推广地方方言内容的教师继续教育课时培训计划。为了提高教师参与积极性，拟与相关部门联系，将此项培训内容纳入继续教育体系，计入学分。

（4）加大推广力度，出台推广工作的指导意见。基于上海和厦门等地的一些推广做法广受欢迎，我局拟在近期组织相关人员对提案委员提出的两地专题进行调研，学习其推广经验。同时，借助相关专家和专门研究机构的力量，积极研究并推广具有杭州特色的传承地方方言的做法。市语委拟于九月前出台中小学、幼儿园相关工作指导意见。

　　由以上回复可以看出，杭州市的"方言文化进课堂"活动还处于探索阶段。一些学校的做法得到了媒体的广泛关注，如省府路小学从2010年起开办"杭州话社团"，每周用一个中午的时间通过广播教杭州话儿歌①；还组织了游戏性质的杭州话"托福"考试等活动②。

　　又如，清河实验学校自编教材将杭州话课程纳入"六艺"课程中的"生存课"之一，成为该校小学生的必修课。这一举措受到了《杭州日报》等多家媒体的关注，并配发了《小伢儿到底要不要学杭州话?》的话题讨论，如有网友指出：

　　　　我的观点是学校可以并且必须要开设杭州话学习课堂，但是这个课堂要设成选修课，由学生自主选择。而不是强制性要求每个人都必须上、必须学。让有兴趣学习的更进一步，让没兴趣学习的腾出时间来学习其他。这不是两全其美吗?

3. 宁波市和绍兴市

　　浙江省其他地市的"方言文化进课堂"活动也基本上由各校自行开展，以下以宁波、绍兴两市作为北部吴方言的代表，以温州、金华两市作为南部吴方言的代表，分别列举一些典型事例。

　　早在2009年，宁波市职教中心学校就把老宁波话搬进了学校课堂，在学校开设了"宁波老话"选修课。到2012年，宁波市不少幼儿园都已开设宁波话课程。如高塘幼儿园不仅开设了宁波方言课程，还自编了教材，并申请承担了海曙区课题"大班幼儿宁波方言教学初探"，此外该幼儿园还每年举行宁波话比赛。另一个开设宁波话课程的闻裕顺幼儿园用的则是宁波市教研室编写《阿拉宁波》，在语

　　①《省府路小学——杭州话社团》，《每日商报》，2015年11月10日，转引自http://www.hzedu.gov.cn/sites/main/template/detail.aspx? id=44883。

　　②《省府路小学 杭州话"托福"现场考 平均分不及格》，浙江在线，2012年9月14日，http://zjnews.zjol.com.cn/05zjnews/system/2012/09/14/018809853.shtml。

言课程中老师会增加宁波话故事、儿歌等，下午出操时还会播放宁波方言童谣。二轻第一幼儿园请来社区老人，教孩子们最纯正的本地方言①。

宁波市的一些社区也举办了针对少年儿童的方言活动。如从2015年起，镇海区招宝山街道联合区文化广电新闻出版局每年举办 NBT 宁波话少儿语言艺术大赛，到2018年已举办四届。2015年首届决赛由从全市报名的110余位小选手中脱颖而出的21位参加，宁波电视台知名方言节目主持人和宁波方言歌手担任评委。比赛中，小选手们用宁波老话讲故事、说俚语，甚至连说带唱自编自演。② 2016年的第二届比赛表演形式更加多样化，除宁波老话、宁波方言歌曲外，还有蛟川走书、方言朗诵、甬剧选段等形式，参赛选手的年龄也更低。③

绍兴市的校园方言活动也可分为各校自主举办、社区举办和其他单位举办三类。各校自主举办类，如柯桥区秋瑾小学自2015年就与市非物质文化传承人董百根合作，围绕绍兴童谣和传统游戏等内容开展有关工作。学校专门组建了"幸福娃"社团传唱童谣，精心排练童谣表演。此外，学校还广泛收集童谣资料，拍摄表演视频。2017年学校组织开发的课程"幸福娃 水乡谣"还被评为绍兴市精品课程④。

社区举办类，如柯桥区福全街道举办的绍兴童谣传唱活动，也由非物质文化遗产传承人董百根向来自秋瑾小学的13名孩子教授《舅

---

① 《昨天是国际母语日，主题是母语教学和全纳教育——幼儿园流行教孩子说宁波话》，《宁波晚报》，2012年2月22日，http://daily.cnnb.com.cn/nbwb/html/2012-02/22/content_431730.htm。

② 《波老话谁讲得好，比一比！——首届"NBT"宁波话少儿语言艺术大赛决赛举行》，镇海新闻网，2015年11月16日，http://www.zhxww.net/zhnews4073/mskd/mskd_news/201511/20151116070451.asp。

③ 洪海：《第二届"NBT"宁波话少儿语言艺术大赛》，美篇网，2016年6月4日，https://www.meipian.cn/2egb33w。

④ 《幸福娃 水乡谣——柯桥区秋瑾小学开展"绍兴话进校园"活动》，绍兴教育局，2017年11月9日，http://jyj.sx.gov.cn/art/2017/11/9/art_1489132_17976991.html。

舅》《麻子麻》《癞子背洋枪》《绍兴十桥》《福全娄头歌》等 7 首童谣①。

其他单位举办类，如共青团柯桥区委、柯桥区教育体育局、柯桥区"五水共治"工作领导小组办公室、柯桥区文广局和柯桥区少工委于 2016 年举办的柯桥区"我用方言话治水"宣讲展示活动。活动由共青团柯桥区委牵头，向各学区、镇（街）教育总支、小学和区青少年宫发文，确定活动目的和形式为：

> 为充分发挥少先队员在"五水共治"中的宣传作用，做到"全区一盘棋""上下一股劲"，培育队员爱环境、爱家乡、爱祖国的朴素情感，从小树立环境保护、科学发展的意识，以绍兴方言为切入点，用淳朴的家乡话，以演讲、莲花落、快板、单口相声等表现形式生动活泼地赞美江南水乡、述说治水故事。

活动对象为柯桥区 1—6 年级少先队员。活动首先由小学以中心校为单位开展校级海选，选送 2—3 名优秀选手并录制参赛视频；再由团区委、教体局等单位开展区级初赛，确定前 40 名参加区级决赛，决赛晋级选手再由区青少年宫统一录制视频并参加市级决赛②。

4. 温州市和金华市

温州市的"方言文化进课堂"活动早在 2010 年就已见诸媒体③。当年 11 月，经全体家长同意，南浦一小一（3）班在班主任支持下开

---

① 《绍兴童谣传唱熟悉又亲切 每首都是非物质文化遗产》，浙江在线，2018 年 7 月 17 日，http：//cs. zjol. com. cn/zjbd/sx16507/201807/t20180717_ 7795209. shtml。

② 《关于开展柯桥区"我用方言话治水"宣讲展示活动的通知》，共青团绍兴市柯桥区委员会等，2016 年 4 月 7 日，http：//www. kq. gov. cn/zggczyqnt/gggs/201605/t20160505_ 398140. shtml。

③ 《温州姆不会讲温州话愁煞家长 建议开设方言课》，温州网，2010 年 12 月 22 日，http：//news. 66wz. com/system/2010/12/22/102294577. shtml。

设"温州方言课",请"老温州"每周授课一节,采用做游戏、唱温州童谣等方式,让孩子们重拾方言。上过几次"方言课"后,一些同学明显对温州话产生了兴趣,回到家和父母的对话也开始从讲普通话慢慢变成了讲温州话。

新闻还报道了市民间文艺家协会主席潘一钢、温州大学人文学院教授盛爱萍等专业人士对温州方言传承的呼吁,以及市政协委员金文平的提案《温州人要讲温州话》中的相关内容:

> 要抢救温州话传承,光凭呼吁无济于事,要有一个有效的载体来支撑,重要的是学校、家庭和社会形成三位一体,用实际行动予以挽救……第一,要把"温州话"列入非物质文化遗产的保护项目,并制定保护计划,予以落实;第二,要把温州方言中的童谣、儿歌及民间故事等编入中小学生乡土教育的课程;第三,要把每年6月份的第二个星期六即全国非物质文化遗产日定为"温州话日",让全社会都能形成共识,温州人要讲温州话。

经过几年的实践,到2016年已有多所小学开设包括温州方言在内的乡土课程,并受到"热捧"①。如建设小学总校区依托"话说温州""水韵课程"等平台,教学内容从简单的生活物品延伸到温州童谣、风俗俚语等本土教材,为孩子普及温州话做了很好的尝试。其中,"水韵课程"为走班课程,包括"方言秀""走进温州话"等特色科目。"根据前期情况,可以看出温州话很受孩子和家长的欢迎,每次选课几乎都是爆满"。

温州大学附属第一实验小学副校长也表示正在筹备开设瓯越文化系列课程,其中就包括学习温州话的乡土课程,"会在一年级到六年级全面铺开,学温州话应该成为温州姆的一门德育必修课"。

---

① 《温州方言难倒"自己人" 学校设乡土课程受热捧》,浙江新闻客户端,2016年5月17日,http://zj.qq.com/a/20160517/078602.htm。

在这一背景下，温州市教育主管部门也开展了一些全市性的活动，如 2016 年举办的"童趣乡音"全市儿童讲温州话比赛就由温州市语委牵头，与温州市文化广电新闻出版局共同主办。以下将赛事通知加小标题做一摘录①：

（比赛主题）展现童趣乡音、传承地方文化。

（参赛对象）全市小学生均可报名参赛，分为低段组（1—3年级）、中段组（4—6年级）。

（赛程安排）分初赛和决赛两轮进行。初赛采取审看选手报送的参赛视频的评选方式，评选出若干优秀微视频和决赛选手。决赛采取现场评选方式。

（比赛内容）参赛选手需用温州话（瓯语），以朗诵、吟诵、童谣、快板和讲故事等语言表现形式，来展示参赛作品，作品内容不限。

此外，区县、街道、社区也开展了一些面向少年儿童的方言文化活动。如鹿城区委宣传部与温州广播电视传媒集团经济科教频道、区文化广电新闻出版局于 2015 年联合主办了"温州话童谣大赛"。参赛对象为 4—10 周岁、能进行简单温州话交流的少年儿童，参赛方式为微信报名并录制视频。比赛设金、银、铜奖若干名及组委会特别奖，另设"原创优秀作品奖"以鼓励原创作品。②

又如洞头区霓屿街道 2014 年举办了 4 期民谣课堂，由街道退休老干部黄庆通分别用温州话和闽南话进行授课，通过形象生动的民谣讲座"激发未成年内心的乡土情结，引导他们关注人文历史、关注乡

---

① 《关于举办 2016 年"童趣乡音"全市儿童讲温州话比赛的通知》，温州市语言文字工作委员会、温州市文化广电新闻出版局，2016 年 4 月 18 日，http：//www. yueqing. gov. cn/art/2016/5/6/art_ 1390279_ 12897674. html。

② 《家有萌娃 快来参加温州话童谣大赛》，鹿城新闻网，2015 年 9 月 8 日，http：//www. lucheng. gov. cn/zwdt/lcdt/2017/06/30/162327. html。

土文化"①。

金华市也是开展"方言文化进课堂"活动较为活跃的地区，其中又以汤溪小学最为典型。该校以"乡土情怀浸润底色，和美教育润泽童心"为办学理念，开展了有声有色的"学说汤溪话"主题研学活动。2017 年 11 月，学校统一安排教学内容，利用每周三下午的拓展课时段开展活动，一至三年级是学唱汤溪山歌、民谣，四到六年级的内容是唱汤溪山歌、排演汤溪方言的课本剧、情景剧。第一周家长走进课堂，教十句常用汤溪话和汤溪民谣；第二周邀请汤溪话非遗传承人苏建芬进校园教唱汤溪山歌；第三周各班进行唱山歌、读童谣、方言课本剧、情景剧的排练；第四周班班上台，人人参与汇报演出②。

第二节 广东省"方言文化进课堂"开展情况

广东省也是我国方言较为复杂的省份之一，主要方言有粤方言、客家方言和闽方言三支。其中粤方言是广东省使用人口最多、分布最广、最有影响力的方言，又分广府、四邑、勾漏、高阳、吴化五片；客家方言主要集中于粤东北与粤北地区，粤西部分地区也有成片分布，分为粤台、粤中、粤北、惠州四片；闽方言集中分布于粤东南与粤西南的沿海区域，分为闽南片潮汕小片和雷州片两个方言片。③ 广东省方言的复杂状况决定了其"方言文化进课堂"活动主要在市一级开展。

1. 全省概况

广东省教育厅于 2016 年发布了《关于中小学地方综合课程的指

---

① 《霓屿街道：开讲民谣课堂 寻根海岛文化》，霓屿街道，2014 年 7 月 22 日，http://www. dongtou. gov. cn/art/2014/7/22/art_ 1256315_ 4555069. html。

② 《金华汤溪小学的"方言进课堂"受热赞》，金华市教育局，2017 年 3 月 15 日，http://jyj. jinhua. gov. cn/01/gzdt1/201703/t20170315_ 1008360_ 2. html。

③ 伍巍、詹伯慧：《广东省的汉语方言》，《方言》2008 年第 2 期。

导纲要（试行）》（粤教基〔2016〕11号），其中附件《广东省中小学地方综合课程内容体系一览表》有多处涉及方言文化问题①。《一览表》规定了广东省中小学地方综合课程内容的四大领域，分别为生命与安全、文明与法治、社会与文化和学习与发展。其中社会与文化领域又包括广东风情、广东海洋、广东历史、广东地理、广东艺术、广东现代化之路、岭南文化、中华优秀传统文化、社会主义核心价值观、国际理解等10个专题，共90课时。其中涉及方言文化的专题有广东风情和广东艺术2个。具体情况如表5-2。

表5-2　　　《广东省中小学地方综合课程内容体系一览表》中
涉及方言文化的专题

专题（课时）	开设学段	活动主题（课时）	活动内容
广东风情（8）	小学1—4年级	广东方言（1）	学习、了解广东三大方言常识，讨论推广普通话与说地方方言的关系问题。开展欣赏家乡母语的表演活动，增强对家乡的了解。
		广东儿歌与童谣（1）	收集、了解广东各地的儿歌和童谣，讨论这些儿歌、童谣的意义。开展诵读和吟唱儿歌、童谣活动，增强热爱家乡的情感。
		广东民间故事和传说（1）	收集、整理广东各地民间故事和传说，讨论其教育意义。开展讲述和表演广东民间故事和传说的活动，增进对广东民间故事和传说的喜爱之情。
		广东说唱艺术（1）	收集、了解广东各地的说唱艺术，讨论这些说唱艺术的魅力和特点。开展广东说唱艺术的学习表演实践活动，增进对广东说唱艺术的了解。

---

① 《广东省教育厅关于中小学地方综合课程的指导纲要（试行）》，广东省教育厅，2016年9月27日，http://www.gd.gov.cn/govpub/bmguifan/201611/t20161102_241855.htm。

续表

专题 (课时)	开设 学段	活动主题 (课时)	活动内容
广东 艺术 (6)	初中 全年级	广东民歌 (1)	收集、整理广东各地民歌、渔歌、山歌等代表作品及相关知识，讨论广东各地民歌的美感与艺术价值。开展广东民歌的演唱活动，懂得欣赏广东民歌艺术。
		广东戏剧 (1)	学习、了解广东粤剧、广东汉剧、潮剧的代表人物与作品，讨论广东戏剧的美感与艺术价值。开展欣赏或表演广东戏剧的艺术活动，懂得欣赏广东戏剧。

广东省教育厅还结合粤港澳大湾区的特点，联合南方报业传媒集团，于2019年举办了首届粤港澳大湾区小学生诗歌季活动。在启动仪式上，粤港澳三地学生联合表演了童声粤语诗朗诵《友好的笑容》，来自粤港澳三地的小小粤剧传承人也同台表演了粤剧节目《绣春花·跷》。此外，活动将开发"诗声粤韵"线上粤语诗歌朗诵小程序，开展线上诗歌教育普及及粤语吟诵活动。①

2. 广州市和佛山市

广州市教育局2020年6月对一则要求学校使用粤方言信访件的回复，总结了该市积极探索保护和发展粤方言的途径②：

一是配合中国语言资源保护工程广东项目的实施，开展粤语语言资源调查、保存、展示和开发利用等工作；

二是中山大学、暨南大学、广州大学等高校开展广东方言与

---

① 《首届粤港澳大湾区小学生诗歌季启动——将开展"人文湾区少年行""粤港澳诗歌名家进校园"等系列活动》，南方网，2019年7月6日，http://news.southcn.com/gd/content/2019-07/06/content_188227164.htm。

② 《互动交流办理情况查询》，广州市教育局，2020年6月3日，http://jyj.gz.gov.cn/hdjlpt/detail? pid=731401。

区域文化、粤语播音专业等课程和研究;

三是中小学结合学校特色建设,积极开展粤语童谣、粤剧、粤曲等文化活动,传承中华优秀传统文化。例如开展粤剧进校园活动,举办"粤韵国风恰少年"岭南优秀传统文化教育成果展示活动等。

广州市五羊小学在方言文化传承方面成绩突出,编写了广州第一本校本粤方言教材《粤读羊城》,在社会上影响较大,得到《广州日报》《羊城晚报》等多家媒体的关注。教材内容包括粤方言简单用语、粤方言童谣、粤方言故事、粤剧等,通过讲授、练习、游戏等方式,深入浅出,寓教于乐,激发了学生了解粤方言、喜爱粤方言的兴趣。① 《粤读羊城》还被广东育才幼儿园采用为大班粤方言课教材。②

佛山市教育局也在全市范围内开展了涉及方言文化的活动。2018年5月,市教育局与团市委联合举办"坚定文化自信 共筑中国梦想"佛山市第二届《小小朗读者》朗读比赛。以下将市教育局下发的活动方案略做摘录③:

二、活动要求

(一)活动主题。"坚定文化自信 共筑中国梦想"。

(二)参赛对象。全市各小学和幼儿园在校学生。

(三)活动形式。第二届《小小朗读者》朗读比赛设立活动网络报名专页,将采取线上、线下结合的比赛模式。参赛者在网

---

① 《广州第一本"校本粤语教材"诞生》,金羊网,2017 年 1 月 11 日,https: // news. ycwb. com/2017 – 01/11/content_ 23990619. htm。

② 《广州幼儿园推出〈粤读羊城〉教材》,《广州日报》,2017 年 1 月 11 日,转引自 http: //www. xinhuanet. com//local/2017 – 01/11/c_ 129440549. htm。

③ 《关于开展"坚定文化自信 共筑中国梦想"佛山市第二届〈小小朗读者〉朗读比赛活动的通知》,佛山市教育局,2018 年 5 月 16 日,http: //edu. foshan. gov. cn/gg/wjgb/201805/P020180521353271439893. pdf。

上报名并录制音频上传后，经专家及网络评选，选取优秀选手进行线下决赛。

（四）作品要求。每位参赛者可针对每个类别的比赛上传1个作品，时间60秒内，要求用普通话或者粤语朗读优秀作品或节选内容，作品体裁及题材不限。

三、奖项设置

（一）活动设置两大类别，分别是粤语类及普通话类；其中每类别分别设置幼儿园组和小学组2个组别。参赛者可以选择粤语类或者普通话类参加，也可全部参加。每组类各设一等奖5名、二等奖10名、三等奖15名、优秀奖30名。

（二）设置优秀组织奖和优秀指导教师奖若干名，以鼓励活动组织得力、学生朗读作品整体质量优良的学校和教师。

据《佛山日报》报道，比赛受到了全市学生、家长和老师的广泛关注，到8月中旬已有超1.5万人报名。佛山农商银行还举办了专场比赛活动，吸引了600余名青少年线上报名参赛，从中选拔了30位小选手，以"爱"为主题，分普通话和粤方言两个组分别进行表演。选手们以声情并茂的朗诵表达对亲人、朋友、祖国、军人等的爱，让比赛现场充满温暖。[①]

3. 深圳市

深圳市教育局举办的涉及方言文化的活动主要在广东省教育厅和广东省语委粤港澳大湾区相关活动的框架内开展。如2018年4月承办的"粤港澳姊妹学校中华经典美文诵读比赛（深圳）"[②]，参加人员

---

① 《第二届〈小小朗读者〉大赛完美落幕》，《佛山日报》，2018年8月14日，http://fs.wenming.cn/wcnr/201808/t20180814_5383548.shtml。

② 《关于举办2018年粤港澳姊妹学校中华经典美文诵读比赛（深圳）的通知》，深圳市教育局，2018年3月30日，http://www.sz.gov.cn/jyj/home/xxgk/flzy/wjtz/201804/t20180417_11770021.htm。

就包括粤港澳三地及中央政府驻港澳联络办人员。

（一）中央人民政府驻香港特别行政区联络办公室科教部、中央人民政府驻澳门特别行政区联络办公室文化教育部、广东省教育厅、广东省人民政府港澳事务办公室、深圳市人民政府港澳事务办公室、香港特别行政区政府教育局、澳门特别行政区政府教育暨青年局、香港教育工作者联会领导；

（二）深圳市教育局分管领导；

（三）各区（新区）教育行政部门相关负责同志；

（四）深港澳姊妹学校在校中小学生（参赛队伍）；

（五）除参赛队伍外，每所市局直属学校5名师生；福田区、罗湖区、南山区、宝安区、龙岗区、龙华区各40名师生；盐田区、坪山区、光明新区、大鹏新区各10名师生。

比赛以集体诵读古典或现代诗词等中华经典美文的方式进行。比赛语言为普通话和粤方言。每支参赛队伍要求必须由深港或深澳两地姊妹学校学生组成，人数在30人以内，节目时长在5分钟以内。

市教育局发布的比赛新闻稿对赛事规模和内容进行了介绍①：

来自香港、澳门和深圳三地的香港潮阳百欣小学、澳门圣公会学校、深圳市螺岭外国语实验学校等18所中小学以姊妹学校两两结对竞赛的形式，向观众们演绎了中华传统文化中的经典诗赋之美，全市近1000名师生现场观看了比赛。

本次比赛由深圳市螺岭外国语学校与香港潮阳百欣小学姊妹

---

① 《2018年粤港澳姊妹学校中华经典美文诵读比赛（深圳）举行》，深圳市教育局，2018 年 4 月 16 日，http：//www.sz.gov.cn/jyj/home/jyxw/tpxwnew/201804/t20180416_11766093.htm。

学校联队等 9 支参赛队伍参加，带来《同心共筑中国梦》《我骄傲我是中国人》《黄河颂》《我和我的祖国》《中华少年》《中国少年说》《清明·怀想》《走进四季 共享华章》《月光光》9 个参赛节目。比赛中，同学们携手齐心，吟诗诵典，倾情演出，给观众献上了一场中华传统文化艺术和精神盛宴。

但新闻稿中未提及粤方言。《深圳商报》以"为祖国歌唱！深港澳'三城两语'欢聚福田颂祖国"为题进行了报道[1]，其中提到"香港及澳门的青少年学生团体带来的粤语诗歌朗诵表演，带领现场观众一同回味狮子山精神"。

4. 潮汕地区

潮汕地区"方言文化进课堂"活动的一个鲜明特色是知名学者积极参与教材建设。据《潮州日报》报道，由北京大学陈平原教授，韩山师范学院校长林伦伦等学者主编的《潮汕文化读本》于 2017 年3 月首发，潮州市委常委、宣传部部长参加首发仪式。该书已经广东省中小学教材审定委员会初审通过，将于 2018 年进入广东省地方教材目录，在潮州、汕头、揭阳等地试用。[2]

据编者之一的林伦伦教授介绍，《潮汕文化读本》的定位是"读本＋课程"，全套共 5 册，小学 3 册，初中、高中各 1 册。小学一、二年级是潮汕方言歌谣，三、四年级是潮汕民间故事，五、六年级是诗词，初中是散文，高中是散文化的小论文。《读本》为涉及方言的部分配备了音像视频材料：第一册配有方言朗读歌谣的音频资料和配上音乐的歌谣演唱视频资料，第二册配有方言讲故事的音频资料，第

---

① 《为祖国歌唱！深港澳"三城两语"欢聚福田颂祖国》，《深圳商报》，2019 年 9 月17 日，http://www.szft.gov.cn/bmxx_ qt/ftyouth/tpzs_ gq/content/post_ 4507519. html。

② 《〈潮汕文化读本〉在潮州首发 将列入地方教材》，《潮州日报》，2017 年 3 月 29日，http://static.nfapp.southcn.com/content/201703/29/c343694.html。

三册配有方言朗诵诗词的音频资料。①

　　以下摘录林文中列举的小学一、二年级《读本》中的歌谣及所涉知识点（如表5-3），以对《读本》的概貌做一了解。

表5-3　　《潮汕文化读本》小学一、二年级主要内容（转自林伦伦2018）

课序	歌谣名	知识点
第1课	畬歌畬嘻嘻	潮汕方言歌谣的序歌，用夸张的表现方法唱出歌谣之多
第2课	老鼠拖猫上竹篙	颠倒歌，故意违背事理的歌谣，表现潮汕劳动人民的幽默
第3课	一脚雨伞	以"脚"为点，教学各种有脚的动物的方言名称
第4课	潮州姑娘好针工	表现潮汕姑娘善于抽纱刺绣的特点，同时介绍潮州刺绣的知识
第5课	门脚一丛柑	介绍潮剧代表作《陈三五娘》，同时介绍潮剧的知识
第6课	年年冬节边	介绍潮汕人过冬至节日的习俗，同时介绍潮汕节日民俗
第7课	红屐桃	以小孩儿过家家的歌谣形式介绍潮汕生活民俗
第8课	天顶一条虹	介绍辛亥革命民俗改良故事
第9课	一溪目汁一船人	这是一首"过番歌"，介绍潮汕人含泪告别亲人、漂洋过海谋生的故事
第10课	洋船到	介绍潮汕人到海外谋生，一去经年，家乡亲人苦苦等待其归来的思念之情
第11课	农事歌	介绍一年十二个月里农作物的生长及其耕作知识
第12课	大家来唱作田歌	介绍水稻耕种知识，强调勤劳"田地出金宝"、懒惰"田地长猫毛"的勤劳致富观念
第13课	南风去了东风来	介绍按不同季节和风向潮流出海捕鱼的知识。潮汕是滨海地区，沿海多渔民，海鲜是潮州菜的主要食材
第14课	小小生理好安家	介绍经商致富的观念。潮汕人善于经商，举世闻名
第15课	打呀打铰刀	以儿童《拍手歌》的形式介绍潮汕家庭和睦的生活习俗
第16课	保贺阿公食百岁	介绍潮汕家庭四代同堂、尊老爱幼的生活观念
第17课	雨落落	介绍潮汕河流及淡水捕捞知识。潮汕平原江河密布，水产资源丰富

① 林伦伦：《〈潮汕文化读本〉的编写理念与实践》，《韩山师范学院学报》2018年第5期。

续表

课序	歌谣名	知识点
第 18 课	馃名歌	介绍潮汕著名小吃点心
第 19 课	潮汕特产歌	介绍潮汕各地特产
第 20 课	潮州八景好风流	介绍潮州八景以及潮汕各地风景名胜

2017 年 5 月，潮州市教育局教研室和韩山师范学院潮州师范分院联合举办了潮州市"《潮汕文化读本》试验"研讨会①，来自潮州市各县区 16 个学校的领导和教师参会。会上韩山师范学院潮州师范分院林朝虹教授从背景与意义、教材型读本及其创新性、层次性与方言文化性以及《潮汕文化读本》试验方案的设计与要求三方面做了详细解读。此外，来自三所小学的老师做低、中、高三个年段的课程展示，教学语言全部使用潮汕方言，展示内容分别为：

（1）湘桥区实验学校刘洁老师的二年级展示课《潮州八景好风流》。亮点是用三种方式读歌谣，让歌谣变得朗朗上口；

（2）潮州市绵德小学洪菲老师的四年级展示课《富翁嗜工夫茶》。课程以文本为中心解说了工夫茶文化，让学生了解了工夫茶的用具及喝工夫茶的礼节；

（3）潮安区庵埠小学陈碧华老师的五年级展示课《潮州竹枝词》。课程动态展示了潮州竹枝词，图文并茂。

潮州市教育局肖玩君主任对三节课做了点评，并提出了几点建议：

1. 课型：不要上成语文课；2. 课时：低年级歌谣的课应为 1

————————

① 黄兴梅：《弘扬潮汕文化，读本进入课堂——记城南小学参加"〈潮汕文化读本〉试验"研讨会》，美篇网，2017 年 5 月 27 日，https://www.meipian.cn/kinh153。

课时完成歌谣和文化的学习；3. 让学生自主学习；4. 课前不要过分地铺陈，注重课堂的自然生成；5. 不要给学生留书面作业，造成负担。

第三节　华中和西南地区"方言文化进课堂"开展情况

华中、西南地区包括安徽、江西、湖南、湖北、四川、重庆、贵州、云南等省市，其中安徽、江西、湖南三省方言状况较为复杂，省内的方言归属均跨三个甚至更多大方言区，如安徽跨官话、徽方言和吴方言，江西跨赣方言、客家方言和官话，湖南跨湘方言、赣方言和官话。湖北跨官话和赣方言两个大方言区，而四川、重庆、贵州、云南四省市的汉语方言主要为西南官话。

与前几章所讨论的情况大为不同的是，这些地区的"方言文化进课堂"活动基本上处于散发状态，教育主管部门并无系统性的推进政策，以下选取部分城市择要介绍。

1. 黄山市

黄山市的"方言文化进课堂"主要是在区县级学校开展非遗传承活动。比较突出的如歙县行知小学，于 2016 年 3 月举办"行知讲坛"，邀请企业家兼徽文化爱好者郑文坚用地道的徽州方言为全校师生讲述徽州民间故事，为全县学校"传承徽州文化 珍爱地方语言"活动拉开了序幕①；5 月，该校又邀请县文化馆徽州民歌传承人姜紫

---

① 《歙县揭开"传承徽州文化 珍爱地方语言"活动序幕》，歙县教育局，2016 年 3 月 9 日，http://jyj. huangshan. gov. cn/Content/show/JA004/0/1/204373. html。

娟登上"行知讲坛",举办了一场别开生面的徽州民歌传习会①。

又如歙县城关小学②和屯溪区荷花池小学③分别于 2015 年 11 月和 2016 年 10 月邀请省级非遗传承人操明花来校,用徽州方言教唱原生态徽州民歌。

2. 南昌市

南昌方言歌曲进入教材曾引发争议。2013 年春季学期伊始,一位小学音乐教师发微博称南昌方言歌曲《藜蒿炒腊肉》被编进了小学音乐教材,引起广泛关注。有网友表示,现在虽说要普及普通话,但是不能让我们的方言流逝,粤语能唱歌,南昌话照样能唱歌。也有网友担心,"非南昌土著的老师怎么教呢?"④

此外,歌词中反复出现"呷稀哩哟?侯死人奈!"也引发了不少争议⑤。部分人认为这是传承南昌本土文化的表现,在九江、宜春等地意思完全不同。有宜春市民表示不满,"难道是要让江西其他地区的人都学南昌话吗?"还有人觉得歌词谐音不雅,不利于对外传播。

江西省教育厅教学教材研究室音乐教研员杨文立接受记者采访时表示,"方言是对外的名片,将南昌方言歌曲编入教材,可以让大家更加了解南昌的风土人情,让孩子们互相传唱,显得更为亲切。"她还表示,全国已有不少省份如此操作,江苏、云南早已将地方方言歌曲编入教材,并广为传唱。

---

① 《徽州民歌传承走进歙县学校》,歙县教育局,2016 年 5 月 16 日,http://jyj. huangshan. gov. cn/Content/show/JA004/0/1/210132. html。

② 《省级非遗传承人操明花到歙县中小学教唱民歌》,歙县教育局,2015 年 11 月 25 日,http://jyj. huangshan. gov. cn/Content/show/JA004/0/1/197565. html。

③ 《徽州民谣进课堂》,屯溪区教育局,2016 年 10 月 18 日,http://jyj. huangshan. gov. cn/Content/show/JA004/0/1/221835. html。

④ 《方言歌曲〈藜蒿炒腊肉〉入编教材》,南昌新闻网,2013 年 2 月 26 日,http://www. ncnews. com. cn/ncxw/jrnc/t20130226_ 984537. htm。

⑤ 《南昌方言编入江西小学教材引争议 教研员称更亲切》,中国新闻网,2013 年 2 月 26 日,http://www. chinanews. com/edu/2013/02-26/4597996. shtml。

3. 长沙市

长沙市的"方言文化进课堂"主要以方言吟诵的形式开展。如，2018 年 2 月长沙高新区中华经典文化志愿服务队走进雷锋第二小学（桥头小学）。志愿服务队成员、高新区管委会机关党委副书记李晓阳给同学们带来了一堂生动有趣的"方言吟诵"课。他提出"诗词曲、吟诵唱""吟诵传统诗词必须使用方言才能心领神会"等观点，用长沙话把同学们带上了神奇的吟唱之旅。几遍吟诵下来，同学们开始体会到"平长仄短，抑扬顿挫，贯注感情，有他无我"的独特方言吟诵之美①。

又如"星辰在线"报道了 93 岁的史鹏老先生热心推广湖湘传统吟诵的事迹。2015 年 9 月，史老担任刚成立的湖南吟诵学会会长，开始积极推动吟诵活动进校园。他认为，"普通话没有入声，用它来判别古诗文的平仄，不能准确把握吟诵的韵律，而大多数方言都保留了入声，更适合古诗文的吟诵"；日常熟悉的方言，是一个人与故乡联系的情感纽带，"无需咬音嚼字，就像流水一样自然淌过，情感也会自然流露出来"。他也一再强调，这并非与推广普通话唱对台戏，"普通话便于交流，方言则更带有融洽的氛围，就像邻里间的促膝言谈，两者各有所用。"在史老两年多的努力下，目前雨花区泰禹小学和天心区红卫小学已经顺利开设吟诵课程，学生们在学会吟诵的同时，还能作一些简单的古诗。此外，自 2010 年开始，史老还在家开办了古典诗词欣赏创作吟诵班，亲自授课。吟诵班每半个月开一次课，来参加的既有古稀老人，也有志学少年。②。

---

① 《雷锋二小：聆吟诵之音 感方言之美》，长沙市高新区教育局，2018 年 2 月 14 日，http：//gxjy. cshtz. gov. cn/art/2018/2/14/art_ 3080_ 160853. html。

② 《110 期 | 吟诵声声，长沙话有诗文 | 史鹏》，星辰在线，2017 年 12 月 28 日，http：//zz. changsha. cn/html/101098/20171228/502561. html。

4. 武汉市

武汉市"方言文化进课堂"的主要形式是童谣和地方戏曲传唱。前者如育才汉口小学开设校本课程"汉口文化",并配套编订了校本教材《我是汉口伢》。教材分为《我是汉口伢,我文明有礼》《我是汉口伢,我心灵手巧》《我是汉口伢,我乐思善学》《我是汉口伢,我快乐健康》《我是汉口伢,我诚实友善》以及《我是汉口伢,我敢为人先》6 册,结合不同年龄段学生的身心发展特点,内容由浅入深,分别对应全校六个年级。每册教材基本都包括"汉口初见""汉口味道""汉口街道""汉口方言""汉口民俗""汉口名片""汉口人物""汉口记忆"等 8 个板块,除了人文历史等知识性内容的讲解,还设计了学做武汉特色菜、寻找武汉老街巷、探访城市新地标等综合实践项目。①

地方戏曲传唱,如 2016 年武汉市举行的"戏曲进校园·千校千场"演出活动在江城校园掀起一场广泛的传统戏曲热。活动中,武汉汉剧院不仅完成了 230 多场演出,还进行深入推广,包括在武汉市第三十中学设立"汉剧基地"。该校从 2014 年起就开设了"汉剧表演与欣赏"选修课,每周一次,七、八年级(初一、初二)的孩子可以自由选修,受到了极大欢迎。据校长介绍,"以前走在校园里,课间听到孩子们都爱唱流行歌曲,但现在,经常可以听到孩子们哼汉剧小调。"学生也表示,因为平日里说惯了普通话,练汉剧要唱地道武汉话,老师们会给他们纠正口音,地道的汉腔汉味特别有意思。②

5. 重庆市

重庆市与"方言文化进课堂"相关的、比较有影响的事件是重庆

---

① 《学说方言,了解民俗,武汉一小学开"汉口伢"课》,长江日报融媒体,2017 年 11 月 8 日,http://www.cjrbapp.cjn.cn/p/4679.html。

② 《汉剧文化在中学校园里生根发芽 课间经常哼汉剧小调》,《武汉晚报》,2016 年 11 月 16 日,http://hb.ifeng.com/a/20161116/5152711_0.shtml。

方言进入了 2017 年重庆市初中毕业生学业水平暨高中招生考试语文试卷。试卷中列举了"灯儿晃""撑花儿""搭扑趴""巴心巴肠"等 4 句重庆方言,让考生选择其中一项,并说出它的妙处。值得一提的是,为了考试的公平,试卷对方言做了解释,因此即使考生不是重庆人,也能理解这些词语的内容。①

此外还有个别学校开展了方言展演活动,如南岸区东港学校教师刘静致力于广阳民间故事传承,用重庆话特有的腔调给学生讲故事。在她的影响下,学校每月都举办"广阳民间故事擂台赛",让更多的孩子参与其中;为丰富广阳民间故事的外延,学校还创设了《广阳民间故事新编》、广阳民间故事连环画、绘本、剪纸及话剧等课程,激发他们对广阳民间故事讲述的兴趣。②

6. 昆明市

昆明市五华区按照教育部颁布的《幼儿园教育指导纲要(试行)》《3—6 岁儿童学习与发展指南》中关于"要引导幼儿实际感受祖国文化的丰富与优秀,感受家乡的变化和发展,会说本民族或本地区的语言"的要求,于 2017 年 9 月启动了"幼儿园昆明方言童谣、民间游戏试验项目",来自全区各幼儿园的 400 多名负责人和保教工作人员参加了相关培训。

据五华区教育局副局长高红介绍,从 2017 年秋季学期开始,五华辖区内 13 所公办幼儿园通过实践探索,把昆明方言融入幼儿园教育,通过讲方言、说童谣、玩民间游戏等方式,让幼儿更好地体会方言的语调、用词、用句之美,更好地感受昆明作为历史文化名城的魅力,从小培养幼儿热爱家乡、热爱昆明的情怀,实现社会主义核心价

---

① 《2017 重庆中考语文解析:重庆言子"巴心巴肠"等入考题》,华龙网,2017 年 6 月 12 日,http://cq.cqnews.net/html/2017－06/12/content_ 41912579. htmhttp://cq.cqnews.net/html/2017－06/12/content_ 41912579. htm。

② 《刘静:和孩子们一起传播广阳民间故事》,转引自 www.cqna.gov.cn/Item/16824.aspx。

值观的从小培养。

为了便于老师在教学中把握好方向和目标,区基础教育科学研究中心还组织部分幼儿园园长、骨干教师和专家收集整理了方言游戏、童谣等相关资源,编写了供教学使用的试验参考教材,并给出了教法提示和教学建议。参考教材分为 5 个主体板块,把爱家乡、文明、友爱、诚信等核心教育理念渗透其中。同时,也鼓励老师在此基础上大胆创新,进一步丰富方言童谣和游戏的教法和玩法,为五华区教育改革探索出一条特色创新之路。①

第四节 华北地区"方言文化进课堂"开展情况

华北地区包括北京、天津、河北、山东、山西、河南等省市,其中除山西省方言状况较为复杂外,其他省市都属于官话方言区,省(市)之间的差异以及省(市)内部的差异都不大。华北地区的"方言文化进课堂"活动仅在北京和山东有一些探索。

1. 北京市

北京市是目前北方开展"方言文化进课堂"声势最大的地区。2016 年 6 月,《北京青年报》以"《北京市语言生活状况报告》下半年面世 本市将利用校本课程保卫北京话"为题报道了对北京市语委办的访谈。报道标题后被改为《北京市语委办公室:将利用校本课程保卫北京话》,并被包括新华网在内的各大网站转载②,一时间引发了一些争议。

报道中引述北京市语委办的主要观点为:

---

① 《讲方言说童谣玩民间游戏 五华 13 家幼儿园将昆明话融入教学》,昆明信息港,2017 年 9 月 1 日,https://www.kunming.cn/news/c/2017-09-01/4756659.shtml。

② 《〈北京市语言生活状况报告〉下半年面世 本市将利用校本课程保卫北京话》,《北京青年报》,2016 年 6 月 1 日,转引自 http://www.xinhuanet.com/politics/2016-06/01/c_129032771.htm。

（1）"调研过程中，我们发现中学生对老北京话不很熟悉。方言的衰落，不仅是北京话面临的问题，全国其他方言都面临类似的困境"；

（2）北京作为一个现代化的国际大都市，无论是国内人员还是国际人员的交流，地方方言根本用不上。再加上普通话是以北京语音为基础的，且老北京人比例逐渐下降，北京方言日渐式微；

（3）"上海做得比较好"，一方面，上海有学校开发的方言校本课程，另一方面，开展校园文化活动用方言来表演，可以起到保护传承地方话的作用。北京也有这方面的考虑，准备学习借鉴上海，进行有组织的校园文化艺术活动，通过校本课程，来保护北京方言。这些设想已列入"北京市语言文字事业十三五规划"之中。

其中"保护（传承地方话）"的提法被相关媒体改为"保卫北京话"，并作为新闻标题。有媒体就北京话该不该进课堂发表了各不相同的看法，如《北京晚报》采访了4位北京中学生，其观点均为支持①：

没了"京腔"，我们到哪里寻根儿？

北京话是一座精神宝库。它饱含着一代代老北京人的生活智慧、彰显着老北京人的性格与情怀。"京腔儿"进校园有助于提升作为北京人的文化自信与归属感，对"京味儿"文化的传承产生深远影响。

"京腔儿"走进中小学课堂的方法可以是多样的。比方说阅读京派作家的作品，如老舍的《骆驼祥子》《四世同堂》以及林

---

① 《"京腔"该不该进课堂》，《北京晚报》，2016 年 6 月 30 日，http：//news.163.com/16/0630/15/BQQNJ6GQ00014AED.html。

海音的《城南旧事》等，还可以拍一些市井生活的纪录片为学生播放……

京腔承载着独特的老北京文化，可是真会的人屈指可数。到了我们这代，为什么"日渐式微"了？不会一点"颠儿了""上赶着""哪一出儿"这样的话，我们又如何能自称为"北京人"呢？

面对当下京腔日渐式微的现状，北京市出台相关政策，要将正统的北京话引入课堂，引入学生的学习生活中，作为一名即将踏入大学校园的准大学生，我觉得非常必要，真希望北京话能重现其顽强的生命力。同时还希望这个"京腔进校园"的活动不要"三天打鱼，两天晒网"才好，还北京一群"机灵鬼儿"和"京片子"。

《新京报》更是发表了题为"只在校园'保卫北京话'还远远不够"的评论，认为①：

北京市的相关部门，能够认识到老北京话的尴尬状况，并且开始想办法改变，值得点赞。但单单指望校本课程、方言特色的校园文化活动等形式，去带动青少年保护和传承老北京话，还远远不够。……但不要忘了，此前诸如禁止电视节目说方言的规定，也是让人"记忆深刻"的。

……要知道，对任何一个城市来说，方言中所蕴含的文化传承与本土气息，根本不是普通话可以诠释与涵盖的。

探索开设校本课程、方言特色的校园文化活动，只是保卫北京话的一个引子与态度——告诉了青少年，方言不是一种"很土"的话，值得我们去学习与传承。归根结底，方言要复兴，就

① 《只在校园"保卫北京话"还远远不够》，《新京报》，2016 年 6 月 2 日，http：//epaper. bjnews. com. cn/html/2016－06/02/content_ 637922. htm。

要融入到城市整体文化的塑造中去综合考量。

也有一些媒体发出了不同的声音，如题为"校本课程不是传承北京话的最好土壤"指出①：

> 从语言自身的发展规律来说，保护与传承北京话的最好土壤却不在学校。一则，方言乡音的式微，是社会发展的问题，比如城市化的急速推进，农村人口大量流入城市，让故土乡音的空间越来越窄；二则，就课堂实施效果而言，未必够达到令人满意的效果，没有故土乡音的生活背景，即使学会了几个词汇，也不过是炫耀的资本，而缺乏实际的用途，更不用说成为维系人与人的情感纽带；三则，方言乡音的生命力在于特有的生产方式与文化方式，比如老北京叫卖，晚清和民国发展至鼎盛时期，五行八作积累了众多的叫卖调，但是新中国成立后，随着对个体商贩的吸收和改造，老北京叫卖很快趋于绝迹。
>
> ……录音声像等手段可以留下资料，却挡不住"无可奈何花落去"的结局，建立语言博物馆，却难抵"音渐不闻声渐消"的尴尬，开设课程进行考核，却陷入了"聊无一用"的悲怆现实。不是方言乡音已死，而是其赖以存在的土壤越来越贫瘠，而是故土家乡已全然不在原先的维度。
>
> ……保护方言乡音，实际就是保护特有生产方式和文化方式，从早些年的"粤普之争"，就可以窥探到这样一个现象，经济越强盛，说方言乡音的人就越多，自豪感就越强。从中人们或许可以悟到，保护和传承北京话的最好土壤不是校本课程，而是在民间，而是在经济与文化上确立起说方言乡音的自豪感。

---

① 《校本课程不是传承北京话的最好土壤》，红网，2016年6月2日，http：//hlj.rednet.cn/c/2016/06/02/3998837.htm。

2. 山东省

山东省在省一级开展的涉及"方言文化进课堂"的活动包括启动全国首个省级方言吟诵普查①，开办多期"经典诵读与中华优秀传统文化骨干教师培训班"。如 2018 年第八期培训班的培训对象为②：

> 未参加过我办培训的各市、县（市、区）语文教研员、分管经典诵读教学的校领导、中小学和高校经典诵读和中华优秀传统文化课骨干教师。

培训内容包括：

> （一）专题讲座：普通话吟诵方法、古诗文朗诵方法、汉字音形义体系、诗词格律与创作、中小学及大学吟诵教学观摩课、山东省方言吟诵普查方法。
>
> （二）实践训练：朗诵及吟诵教学及技巧训练。

从我们搜集的材料来看，目前山东方言吟诵的相关工作主要在高校开展，未发现在中小学及幼儿园开展的情况。山东全省方言文化活动最突出的是青岛市以地方戏曲为核心的非遗保护。如从 2010 年开始，即墨区就在实验四小、实验二小、长江小学、德馨小学启动了"柳腔走进校园"活动，几年来培养了数千名柳腔演员和爱好者，目前几个学校的柳腔小学员有 300 多人。此外，青岛市文广新局还于 2015 年主办了"青岛人讲青岛故事"首届青岛方言文化大赛，吸引了全市

---

① 《全国首个省级方言吟诵普查在山东启动》，央广网，2017 年 4 月 14 日，http://news. cnr. cn/native/city/20170414/t20170414_ 523708299. shtml。

② 《关于举办第八期山东省经典诵读与中华优秀传统文化骨干教师培训班的通知》，山东省语言文字工作委员会办公室，2018 年 4 月 17 日，http://edu. shandong. gov. cn/art/2018/11/4/art_ 12423_ 1699336. html。

近万名选手报名参赛，其中不少是少年儿童，最小的只有七岁。①

2016年3月，《半岛都市报》报道了青岛十六中历史老师徐建军保护青岛方言的事迹。如平时教学中有意识地让学生学习青岛话，平时讲座也几乎次次用青岛话，此外还给父母为外地人的学生进行青岛方言课外讨论辅导。②

此外，东营垦利一中编写的校本教材《垦利方言文化》也得到了多家媒体的关注。教材共分三大章：一是南腔北调垦利话；二是垦利方言详说；三是垦利乡土文学。其显著特点是地方特色浓郁，图文并茂；穿插的美丽传说、俚语童谣等，生动有趣、耐人寻味；乡土作者的文学作品亲切感人，引人入胜。教材旨在帮助学生通过垦利方言了解当地丰富的文化内涵和鲜明的时代特征，增强学生热爱家乡、建设家乡的责任感和使命感。③

---

① 《青岛非遗保护成绩突出 方言大赛成全省亮点》，《青岛早报》，2016年12月28日，http://news. qingdaonews. com/qingdao/2016 - 12/28/content_ 11884850. htm。

② 《用青岛方言讲青岛历史 秀出青岛话大奖拿回家》，半岛网，2016年3月28日，http://news. bandao. cn/news_ html/201603/20160328/news_ 20160328_ 2619899. shtml。

③ 《垦利一中校本教材〈垦利方言文化〉新鲜出炉》，大众网东营频道，2015年11月6日，http://dongying. dzwww. com/dyjy/201511/t20151106_ 13291585. htm。

第六章　对校园方言活动的各类争鸣

经过前几章对福建、江苏、上海三个热点地区"方言文化进课堂"活动情况的梳理，不难发现，这些地区的相关社会舆论肯定、称赞、鼓励之声占压倒性多数。但放眼全国会发现，支持与质疑之声皆有。持肯定立场的观点无一例外地是基于传统文化的传承，而提出质疑的观点考虑因素比较多样。现将后者做一集中整理，以求更深刻地理解整个现象的全貌。

第一节　不看好校园方言活动的效果

有一种观点赞同对方言进行保护，但对校园方言活动的成效持保留态度。早在 2006 年，上海市刚刚在幼儿园试点开展上海话和上海童谣活动之际，知名历史学家、复旦大学教授葛剑雄就曾指出①：

> 作为教育主管部门，上海市教委可谓用心良苦，究其动因，显然是回应前阶段部分专家学者和教师"保护方言""保卫上海市话"的呼吁。不过，从实际出发，我并不看好这项措施的结果，即使市教委真的推行这些措施。
>
> 一种文化、一种方言，一旦赖以存在的社会基础发生变化或

---

① 葛剑雄：《保护乡土文化，不能光从娃娃抓起》，《南方都市报》，2006 年 9 月 16 日，搜狐新闻转载，http://news.sohu.com/20060916/n245373941.shtml。

消解，这种文化肯定会随之变化或消解。除非能恢复这种基础，任何其他措施最多只能起延缓作用。所以最好的办法还是抓紧时间，尽可能详细的记录下来，供后人了解、研究或借鉴。而这些只能依靠这些文化或方言最忠实的传承者和相关的专家，而不能指望靠普通民众，更不能将希望寄托于下一代。

2012 年，葛剑雄在发表于"中国文明网"的一篇题为"方言的'传'和'承'"的文章中发展了上述观点①：

　　一定会有语言学家或热心保卫沪语的人士批评我不理解他们的良苦用心，这样做是为了造就听沪语说沪语的环境，是为了保卫沪语，传承沪语。实际上，我也曾对沪语的前景感到困惑，但思考的结果，还是认为他们的想法和做法于事无补，而且忽略了更重要的方面，那就是对方言应该将"传"和"承"区别开来，对"传"要一丝不苟，且多多益善；而对"承"，则只能听其自然。

事实上，毕生致力于上海方言研究和保护的上海大学教授钱乃荣也认为方言进课堂"效果不会太大"。他在 2016 年接受《新民晚报》采访时指出②：

　　目前有两派在争论，一派要保护上海话，一派则希望顺其自然。我主张顺其自然。但现在很多小朋友不讲上海话了，这就是语言发展不顺其自然的结果。

---

① 葛剑雄：《方言的"传"和"承"》，中国文明网，2012 年 4 月 17 日，http://sh. wenming. cn/HPFQ/sh_ hpfq/201204/t20120417_ 614902. htm。
② 《青少年讲沪语"开不了口"沪语专家：作用不大》，《新民晚报》，2016 年 11 月 9 日，http://shanghai. xinmin. cn/msrx/2016/11/09/30584048. html。

据该报道，钱乃荣不仅拒绝了母校向明中学请他去上方言课的邀请，还坚称上海方言进课堂没啥大作用，因为只是上课教教，课后又变成了普通话，或者同学间日常交流都不说方言，因此不能真正起到传承方言的作用。此外，他还发现有些上海话比赛中，会说方言的孩子就那么几个人，且都是按固定的几个"节目"表演而已，唱"笃笃笃，卖糖粥"的孩子竟不知道"糖粥"是什么。

作为对上述报道的回应，腾讯网文化频道也发表了署名陈阿娇的题为"方言进课堂为什么不能拯救上海话？"的长篇评论，明确指出[1]：

> 新世纪以来，语言工作者意识到了方言的危机，在一些地方，以语言文字工作委员会和教育系统为主导，兴起了"方言进课堂"的活动。但是这些活动，却无法从本质上拯救日渐衰亡的方言。
>
> 方言之所以无法像一般的学科那样通过上课的形式传承，是由于语言是必须在用中学、在学中用的一种东西，如果没有日常使用的环境，语言就失去生命力了。仅仅是几节45分钟的课，不过是让孩子们学会零星半点的方言词语和个别的句子，不可能像几十年前的人们那样拥有真正的"乡音"。
>
> 目前学校里的方言教育，处于一个最基本的实验性阶段，不仅缺少教材，而且也缺少真正的方言教育工作者，很多教授孩子们方言的老师，本身可能是外地人，对当地的方言也是现学现卖。学生们上课学几个常见词汇和日常用语，或者一两首方言的童谣，对方言是窥一斑而不见全豹。

---

[1]　陈阿娇：《方言进课堂为什么不能拯救上海话？》，腾讯网，2016 年 11 月 14 日，https：//cul. qq. com/a/20161114/036393. htm。

第二节　担心影响普通话学习或加重课业负担

担心"方言文化进课堂"会影响孩子普通话的学习或加重课业负担的既有家长也有老师。如《福建日报》对厦门市方言文化进课堂有这样的报道①：

> 许多家长认为，孩子小小年纪就要学习包括闽南话在内的多种语言，这可能会令他们混淆语言，并产生严重的语言学习障碍。有的家长甚至认为，如果没有来自闽南语学习的干扰，孩子也许会更好地学习汉语（按：原文如此）。
>
> 对此，厦门市闽南文化研究会副会长、厦门大学人文学院退休教授周长楫表示，家长们大可不必担心学习闽南话会影响其他语言的发展。至今没有任何科学依据证明学习多种语言对孩子成长不利。

《信息时报》发表的一组访谈也谈到方言教学的负面作用②：

> 刘昌海（教师）：从方言保护和传承的角度看，从幼儿园开始让孩子学习当地的方言，似乎有一定道理。不过，其负面作用我们也不容忽视。
>
> 首先是对普通话学习的影响。客观地说，由于方言的影响，同样是说普通话，不同地域的人也都有自己的口音。现在再让孩子们学习方言，给同一个汉字注上方言的读音，只会加剧这种

---

① 《厦门"闽南语进课堂"迈出新步伐》，《福建日报》，2013 年 12 月 31 日，http：//fjrb. fjsen. com/fjrb/html/2013 – 12/31/content_ 701280. htm。

② 《该不该让方言走进课堂？》，《信息时报》，2013 年 5 月 16 日，http：//book. ifeng. com/gundong/detail_ 2013_ 05/16/25353372_ 0. shtml。

现象。

　　其次是对方言本身的影响。所谓"十里不同音"，同一个地区的方言，往往也存在或多或少的差异，并不完全能够用汉语拼音进行标注。比如一些相声、小品演员学习的方言，虽然也下了功夫，但总让人听起来别扭。把口口相传的方言也放到课堂上标上拼音去学习，其实违背了方言本身的特点，学出来的方言很可能不伦不类。

郑州大学教授司罗红发表于《人民日报》的评论也指出[1]：

　　在幼儿园和中小学开设方言课程不利于普通话的推广。普通话虽然在大城市已经成为通用的语言，但以普通话作为第一语言自然学会的儿童还是少数，大部分儿童需要依靠学校教育习得普通话，当学校同时开设方言课和普通话课，稍有松懈就会使已有的推普成果付诸东流。

第三节　担心影响教育公平

　　也有不少学者担心"方言活动进课堂"会影响教育公平。如前述复旦大学教授葛剑雄在2006年就曾指出[2]：

　　幼儿园的教师中有多少人能说"标准"上海话？幼儿中父母双方都是上海人并能说上海话的占多少比例？外地幼儿为什么不能唱其他方言的童谣或普通话童谣？当然，教育主管部门倡导一

---

① 司罗红：《方言传承的纽带在家庭》，《人民日报》2016年5月10日。
② 葛剑雄：《保护乡土文化，不能光从娃娃抓起》，《南方都市报》，2006年9月16日，搜狐新闻转载，http://news.sohu.com/20060916/n245373941.shtml。

下，让一部分有条件又自愿的幼儿园作些推广并无不可，但千万不要变成行政命令，强行推广。

前述陈阿娇的长篇评论也指出①：

> 方言教学先天不足，后天又受制于强势的应试教育。方言课不列入考试考察的内容，所以就跟体育课或者美术课一样，变成了一种"放松课"。会说方言的孩子不用教，上方言课是浪费时间，不会说方言的学生们上课也学不会，上课学来的几句语音语调不地道的四不像方言，方言课怎能不被视为鸡肋？

司罗红发表于《人民日报》的评论更明确地指出，就方言的课堂学习而言，"农村不用学，城市学不会，学会没有用"②：

> 一方面，广大农村和中小城市还存有方言赖以生存和发展的社会土壤，少年儿童不必专门在学校学习就能掌握本地方言；另一方面，大城市缺乏使用方言的环境，儿童即使在学校学习方言也未必能真正掌握这一语言，学校的方言课程很容易流于形式。从学习者的角度来说，方言即便进课堂也难以和故土情感建立联系。中国当前的城市化进程使得大城市人口来源多样，加之汉语方言变化复杂，有"十里不同音"之说，方言课堂教学择其一而弃其他，对于相当一部分学童来说，自己所学方言很可能并非自己的故土乡音。而即便学到了故土乡音，由于没有故乡的生活背景也很难形成故土情感。与此同时，因为儿童对方言与故乡文化之间关系的理解有限，强行推进方言教育还可能造成孩子心理上

---

① 陈阿娇：《方言进课堂为什么不能拯救上海话?》，腾讯网，2016年11月14日，https://cul.qq.com/a/20161114/036393.htm。

② 司罗红：《方言传承的纽带在家庭》，《人民日报》2016年5月10日。

的抵触，就好像国外一些华人送孩子学习汉语，而有的孩子对此并不理解，甚至产生逆反心理。

第四节　方言进课堂有违相关法律法规

还有一些评论以为方言进课堂有违相关法律法规。如上海外国语大学缪迅发表的题为"沪语教材进课堂可否缓行"的评论指出①：

> 让学说上海话教材进课堂这件事，还是不必推行，或者至少在现阶段缓行为好。在推广普通话依然还需要国家下大力气推广的今天，在学校专门设置学说上海话的课程，三尺讲台上重新拣起方言来"传道授业解惑"，这种做法与国家的明文规定有所不符，因此不值得提倡，至少不妨在现阶段缓而行之。
>
> 对照国家推普工作目标，我们上海还是存在着一定的差距的，推普尚未完全成功，同志仍需继续给力……与其建议让《小学生学说上海话》这样的教材进校园、进课堂，倒不如继续大力倡导且坚定不移地践行"推普从娃娃们抓起"，而且要毫不动摇、毫不松懈地一抓到底。

该评论被上海教育新闻网转载，标题改为了《学说上海话的路径与方法不妨多一些》，另外加入了开展课外方言文化活动的建议②：

> 学说上海话，功夫不妨放在课堂外，可能效果会更好一些。

---

① 缪迅：《沪语教材进课堂可否缓行》，《中华读书报》，2012 年 6 月 27 日，http：//epaper. gmw. cn/zhdsb/html/2012 – 06/27/nw. D110000zhdsb_ 20120627_ 5 – 23. htm。
② 缪迅：《学说上海话的路径与方法不妨多一些》，上海教育新闻网，2012 年 7 月 10 日，http：//www. shedunews. com/shiping/dujia/2012/07/10/564. html。

比如，不妨让中小学生学唱沪剧、上海说唱或者学会诸如"笃笃笃，买糖粥，三斤葡萄四斤壳"之类的上海童谣（这些童谣朗朗上口，趣味盎然，至今仍是如笔者这一代人孩童时代的美好回忆）；或学会欣赏上海独脚戏、滑稽戏等富有上海地域文化色彩的地方戏曲节目。这或许要比让沪语教材进课堂，学生因此又多了一门课，更有效也更有意思些。

《北京日报》发表的一篇回应浙江省丽水市"提倡语文教师在教学时引入方言教学"的评论也指出①：

　　但为了强化保护，让方言走进语文课堂，在笔者看来，恐怕是选错了场合。"书同文，语同音"历来是教育的重要内容。语文课的一大使命，就在于在诵读之间，教会孩子标准的沟通方式。而方言种类细碎繁多，"十里不同音"亦是平常，硬让语文老师讲授方言，且不说甚为"挑人"，非本地老师不能胜任，且很容易出现"各唱各的调"的尴尬。相对而言，方言走进校园，更适宜采用兴趣课程、人文课程的方式，近些年，不乏一些地方进行了尝试。比如，发掘优质的方言童谣供学生传唱，举办活动选拔方言小主持人，等等。

第五节　方言传承的纽带在家庭

司罗红发表于《人民日报》的评论明确指出为保护方言而在幼儿园和中小学开设方言课程的做法需要商榷，家庭才是传承方言的

---

① 郑宇飞：《方言要传承，但不宜课堂上教》，《北京日报》，2019年9月18日，http：//bjrb. bjd. com. cn/html/2019－09/18/content_ 12418609. htm。

土壤：①

　　父母是孩子的老师，孩子的语言、生活、情感都带有父母的影子，方言学习最适宜的环境就是家庭教育。我们应鼓励家庭成员说方言，形成"儿童在家说方言，在校说普通话"的语言培养模式。这首先需要家长具有一定的文化自觉意识，需要家长认识到传承方言与保护文化多样性之间的关系。

　　方言是联系家庭与故乡情感的纽带，家庭成员学习故乡的方言土语也自然在情理之中，父母亲朋之间所说的乡音是真真切切、原汁原味的情感，只有饱含着情感的乡音才有可能真正地传递给下一代，才有可能真正地激起孩子对故乡的感情。家庭中的方言学习是立体的、多层次的学习，超越了语言的传承，更多是一种文化的延续，这种文化和方言的互动也容易激发儿童学习的兴趣。从语言学习本身来说，语言可以是正规课堂教育的语言学习，也可以是在自然语言环境中的语言学习，儿童在自然语言环境中的学习效果，要远远优于课堂语言学习的效果。

　　一些网友也表达了类似的看法。如"苏州阳光便民12345"网上一则题为"拯救苏州方言，刻不容缓！"的帖子中②，有这样一条回帖：

　　要我说，刻不容缓的事情多着呢，岂止这一件？真要想保护和传承好苏州方言，就好好做点实事吧。连自家的孩子都不会说苏州话，你能怪谁？怪政府？怪学校？怪老师？怪苏州广电总台？为何就不怪你自己？就连自己家庭都无法营造出讲"苏州闲话"的环境氛围，你还能要求人家什么？

---

① 司罗红：《方言传承的纽带在家庭》，《人民日报》2016年5月10日。
② 《拯救苏州方言，刻不容缓！》，苏州阳光便民12345网论坛，2017年12月7日，https：//www.12345.suzhou.com.cn/bbs/forum.php? mod = viewthread&tid = 1233413。

《信息时报》刊发的访谈也认为"方言的生命力在民间不在课堂"①：

> 王琦（公务员）：为方言的生命担忧焦虑，完全是杞人忧天，为方言"开课"以保证其生存，也是多此一举。因为方言的生命力在民间不在课堂，方言的根深深地扎在地方的土壤里，扎在家乡人的心里，它的传承是世世代代口口相传的。
>
> 从广州"粤普之争""广州话说事"到"上海话"风波，以及这次的"沪语开课"，我们可以看到一个共同点，那就是他们都是经济发达的地区。经济的强盛引发当地人空前的自豪感，以说当地话为荣，以言普通话为耻，用"方言"来区分本地人和外地人，将"方言"变成检查"产地"的仪器，我们要谨慎对待这种地方"排外"现象，消除"夜郎自大式"的自得自满。保护方言，我们不反对，但仍要以推广普通话为主题。
>
> 语言在发展，地球都已经变成"村"了，普通话就是全中国的乡音。非物质文化遗产需要保护，但不用人人都会。现在社会已经对方言多加保护了，以方言为主题的电视节目，几乎各大电视台都有，所以在多管齐下的"保护方言"行动下，学校就不用再插一脚了，要知道"过犹不及"，就让方言顺其自然地生长吧。

前述对校园方言活动的效果不看好，但依然主张传承方言的人士也有类似观点。如陈阿娇的评论《方言进课堂为什么不能拯救上海话?》认为家庭与社会环境都应为方言留出空间②：

> 复兴方言，最重要的还是要从本质上重塑说方言用方言的语

---

① 《该不该让方言走进课堂?》，《信息时报》，2013 年 5 月 16 日，http：//book. if-eng. com/gundong/detail_ 2013_ 05/16/25353372_ 0. shtml。

② 陈阿娇：《方言进课堂为什么不能拯救上海话?》，腾讯网，2016 年 11 月 14 日，https：//cul. qq. com/a/20161114/036393. htm。

言环境，形成相对立体化的方言氛围，在普通话强势介入日常交往和沟通的同时，给方言辗转腾挪出一点空间。比如在一些保留了单独的方言广播电视频道的地方，方言的日常使用度就相对高一些。目前多数人使用方言是在家庭环境或私人场合，但只有公共空间也允许方言的存在，方言（才）能够继续坚挺下去。

此外，福建文明网发表的安溪县委文明办刘运喜的一则题为"方言进课堂不是保护方言的最好方式"的评论也指出①：

> 保护方言不一定要通过课堂教学，因为方言具有浓郁的地方特色，不宜向其他地方推广。保护方言、传承方言的最好方式是人们在日常生活中口耳相传，成为当地交流的首选语言。否则，如果没有日常生活中的交流使用，即使在课堂上学了，也难以达到保护方言的目的。

第六节　应该用发展的眼光对待方言

绝大多数对校园方言活动持保留或反对态度的论者都主张用发展的眼光对待方言。如复旦大学教授葛剑雄在《方言的"传"和"承"》一文中就指出②：

> 随着人际交往的扩大，特别是人口的迁移，土著和移民原来所用的方言都会发生不同程度的变化，以至分化为不同的方言，

---

① 刘运喜：《方言进课堂不是保护方言的最好方式》，福建文明网，2017 年 5 月 19 日，http：//fj. wenming. cn/bmrp/201705/t20170519_ 4251094. htm。

② 葛剑雄：《方言的"传"和"承"》，中国文明网，2012 年 4 月 17 日，http：//sh. wenming. cn/HPFQ/sh_ hpfq/201204/t20120417_ 614902. htm。

产生新的方言。同一方言的人口迁入不同地区后，即使当地完全没有土著人口，只要他们之间互不来往，年深日久后也可能形成不同的方言，因为代际传承也会发生变异。所以，所谓标准的方言只能指某一特定的时刻和特定的地域，所不同的是，对变化慢的方言而言这一特定时刻可以相当长，而对变化快的方言来说这一时刻会非常短。

但想靠当地人"承"，特别是想让他们保持"标准"的方言，那是完全不可能的。上海的大部分人口是 1843 年开埠后迁入的，到 1949 年，移民及其后代占总人口近 80%。尽管这些"上海人"多数说的是沪语，但早已不是开埠前的"标准沪语"，而是融合夹杂了各种南腔北调和外语词汇的"上海话"了。六十多年后的今天，不仅有更多的新上海人和流动人口在改变沪语，还有无处不在的新媒体在用各地、各国的语言因素影响着沪语，又有谁能将"标准沪语"的传承者隔离起来，或者让他们具备超强的抗干扰能力呢？即使能，他们能代表现实中变化着的沪语吗？所以，"承"只能听其自然，大可不必作徒劳的努力。

陈阿娇题为"方言进课堂为什么不能拯救上海话？"的评论也指出①：

其实当代方言衰败的责任，并不能全让普通话背锅，普通话降低了不同地区人们的沟通成本，这只是方言衰败的表面原因，归根到底还是在近现代以来中国城市化进程中，史无前例的人口迁徙。新中国成立之前，上海原来只有三五十万本地人。后来随着经济中心的形成，不仅上海周边的江浙人移居，广东和山东人，甚至是全世界的洋人也不乏定居上海者；抗日战争和内战中，

① 陈阿娇：《方言进课堂为什么不能拯救上海话？》，腾讯网，2016 年 11 月 14 日，https：//cul. qq. com/a/20161114/036393. htm。

江淮人口又以难民身份来到上海，建立棚户区；改革开放之后，各地劳动人口和留沪人员又纷至沓来。不仅新移民中不会说上海话的人愈来愈多，就连上海话本身的语言面貌也已经发生了变化。各地移民的语言倾向，在潜移默化中改造了迁入地的方言。

也就是说，语言的发展是一个动态的过程，它受到社会环境的深刻影响，也会与其他语言不断地碰撞、融合。在人口流动相对静止的时期，地域内部的方言可以比较完整地保持和延续下去，但是当这种人口迁移的平衡被打破，方言也会随之产生动荡。方言的衰败是人口迁移的副产品，即便没有普通话的强势推广，只要有大量的人口流动，方言也会或变化或淡出。

《新华日报》在报道"苏州方言培训中心""苏州市职业大学方言教学研究中心"揭牌，苏州"千名教师培训计划"正式启动新闻的同时，刊载了南京大学文学院教授董健的观点[①]：

"在整个社会大环境下，推广方言是不合时宜。"……世界上语言哪些该消亡、哪些该存在，要顺其自然，在文化经济发展中，语言总数不断减少是一种进步。有些不会短期内立刻消亡的，应该给予尊重，但绝不能倒过来，去发展它，"方言丧失的确是一种损失，但是，人类历史的发展就是在不断的折损中前进，只要'得大于失'，就无可厚非。"

目前，不仅是苏州，西南的贵州、昆明等省市也都有提倡方言的现象出现，还有大量的方言写作出现，作为语言学者，董健认为，"这是一种文化逆流"，方言割裂了文化联系，不利于文化、政治、思想的发展。但在推广普通话的过程中，要尊重方言，不能用行政手段取消方言。方言的消亡是自然现象，"人们

---

① 《苏州方言培训进学校引发争议 南大教授极力反对》，《新华日报》，2012 年 2 月 28 日，http：//cul. chinanews. com/edu/2012/02－28/3703111. shtml。

没有必要为一种语言的消亡而惋惜——现代人不会因为自己不会说'雅言'、看甲骨文而纠结,同样,500 年后,人们也不会因为不会说'普通话'而懊恼,而消亡的语言恰可以继续作学术研究之用。"

第七章　对"方言文化进课堂"
基本要素的思考

　　李宇明先生曾指出,"教育领域的语言竞争最为激烈","当前教育的各领域、各层级、各地区都存在语言竞争"①。当前我国部分地区开展的"方言文化进课堂"活动是教育领域语言竞争的一个重要反映,不仅事关校园普方关系的和谐,也牵动着其他领域的普方关系,更深刻影响着普方关系的未来走向。

　　作为一个新生事物,这一现象目前在学界关注不多且意见不甚一致。本章尝试从构建校园普方关系和谐共赢的全局着眼,从以下三个方面对"方言文化进课堂"的基本要素做一思考②:

　　(1)方言"进课堂"与"进校园"有何区别,对这一现象应采用何种表述、如何确定其外延;

　　(2)如果让教育部门承担一定的方言保护和传承职责,方言在学校教育中的内涵是什么,学校教育所发挥的作用是交际意义上的传承,还是文化意义上的传承;为发挥这一作用,可采取哪些基本形式;

　　(3)"方言文化进课堂"有哪些必要前提,如何求同存异、健康发展。

---

　　① 李宇明:《教育是语言竞争的热点领域》,《光明日报》2016年10月16日第7版。

　　② 本章第一至三节主要内容以"也论'方言文化进课堂'"为题,发表于《语言文字应用》2017年第2期。

此外，本章还对近年来涉及"方言文化进课堂"的几个影响较大的舆情事件做了分析。

第一节　校园方言活动的内涵与外延

涉及校园方言文化活动的首要问题是提法问题，这既关系到活动的内涵，也关系到活动的外延。当前校园方言活动的相关实践中，"方言进课堂""方言进校园""方言文化进课堂""方言文化进校园"等提法皆有，且未加区别、相互混用，但其含义实际上相去甚远。

1. 从语域理论探讨校园方言活动的外延

按照一般的理解，课堂是教学活动的场所，校园内则既包括教学活动，也包括非教学活动，两者分属不同语域，普通话与方言的使用情况也有所不同。

近年来，在普方关系问题上，已有多位学者提出分级、分层的基本原则，如李宇明指出，清末以来的百余年，汉语的层级构造发生了巨大变化，总的特点可用"共同语增层次，方言减层次"来概括。在古代，方言是交际的主体且层次繁多，共同语虽已形成但其表现形式主要是书面语（如图 7 - 1 所示）；而近百年来，方言层级不断简化，一些方言区由古代的多层简化为三层甚至两层，同时共同语层级由古代不完善的单层发展为大华语、普通话和地方普通话三层。因此，"'双言生活'将成为我国相当时期内的基本语言生活，也是理想的语言生活"①。

郭龙生也指出，"在现实生活中，汉语方言与普通话也是并存分用、互补存在的，二者共同构建了一个良好的语言生态环境。方言是

---

① 李宇明：《汉语的层级变化》，《中国语文》2014 年第 6 期。

图 7 - 1　汉语层级的古今对比（李宇明 2014）

普通话健康发展的不竭源泉，方言与普通话就像一张纸的两个面，普通话离不开汉语方言"，"只有让汉语方言与普通话共同构建并存分用的生态环境，各自服务于不同的社会功能域，在公共场合讲普通话，在其他非正式场合说方言，才能促进国家通用语言和汉语方言的健康发展"①。

　　这里郭先生谈到的"社会功能域"（语域）是社会语言学的理论基石之一。现代语言学草创之时，索绪尔之所以"排斥"变异，并不是要否认变异的存在，而是因为以当时的理论水平和技术条件，对变异现象进行严整描写和有效解释存在困难。从结构主义到生成语法，语言研究的对象最终走向了理想说话人和理想听话人，但事实上，由于社会层级结构的存在，任何一个言语社团都存在或大或小的变异；同时，由于多种社会身份的存在，任何一个人在不同的交际场合也都存在或多或少的变异。战后语言变异理论勃兴，实验语音学等技术手段也有了长足进步，这些都为变异研究提供了条件，也为全面客观认识变异现象提供了理论基础。

　　作为实施基础教育的场所，在学校的空间范围内也有着不同的语域。事实上《国家通用语言文字法》的相关条款已有着较为明确的界定，其中直接涉及中小学校园语言使用的规定有以下 4 条：

---

① 郭龙生：《构建并存分用的语言生态环境》，《光明日报》2016 年 9 月 18 日第 7 版。

第十条　学校及其他教育机构以普通话和规范汉字为基本的教育教学用语用字。法律另有规定的除外。

学校及其他教育机构通过汉语文课程教授普通话和规范汉字。使用的汉语文教材，应当符合国家通用语言文字的规范和标准。

第十六条　本章有关规定中，有下列情形的，可以使用方言：

……（四）出版、教学、研究中确需使用的。

第十八条　国家通用语言文字以《汉语拼音方案》作为拼写和注音工具。

……初等教育应当进行汉语拼音教学。

第十九条　凡以普通话作为工作语言的岗位，其工作人员应当具备说普通话的能力。

以普通话作为工作语言的播音员、节目主持人和影视话剧演员、教师、国家机关工作人员的普通话水平，应当分别达到国家规定的等级标准；对尚未达到国家规定的普通话等级标准的，分别情况进行培训。

这些规定从两个层次给校园方言的使用预留了空间：

首先，学校空间内的语言既有教育教学用语，也有非教育教学用语。前者包括教育机构实施德育、智育、体育、美育等基本教育内容时的用语，以及实施授课、练习、评讲等基本教学过程时的用语；后者包括跟教育教学不直接相关的用语，如同学之间的课外交流。《国家通用语言文字法》的规定仅涉及前者，因为教育教学过程属于公共场合，普通话和规范汉字是其公平有效实施的基本保障；同时法律并未涉及后者，因为后者属于私域，采用普通话还是方言，法律并不干涉。因此，以往在学校里常见的"普通话是校园语言"的标语，严格来讲有一定片面性；同时，"方言进校园"的提法也有一些问题，因为方言本来就在校园私域中存在。

其次，法律虽然规定普通话为基本的教育教学用语，但也规定了可以除外的情况，即"出版、教学、研究中确需使用的"，可以使用方言。据我们了解，对确需使用的情况现阶段尚无相关司法解释，福建、江苏、上海等省市制定的《实施〈中华人民共和国国家通用语言文字法〉办法》也无相关细则。在高等教育领域，涉及方言教学和方言研究当然属于确需使用的情况，但在基础教育领域，是否应该开展方言教学确实存在一些争议，这就涉及对"方言进课堂"内涵的理解。

2. 从文化视角探讨校园方言活动的内涵

"方言进课堂"这一提法本身同样存在问题，可以有多种解释。较早提出这一看法的《中国语言生活状况报告（2016）》编委会就曾指出，"方言进课堂"既可以指用方言作媒介语进行教学，也可以指教授方言本身，还可以指教授方言知识和地方文化；并建议有关政策文件使用"方言文化进课堂"的说法，以免产生误解。王莉宁也指出，"当前方言文化教育及其衍生的'方言进校园''方言文化进课堂'等的内涵尚不明确，各地对其解读及实施的力度、范围也有所不同，故也存在一些争议。"① 以下我们就在前人研究的基础上，对"方言进课堂"提法的不同理解分别展开论述。

第一种理解，用方言作媒介语进行教学，这显然不符合《国家通用语言文字法》的规定。事实上相关建议在个别政协提案中已有涉及，如苏州市政协十二届五次会议第043号提案就建议"允许非语言课程的教学过程中适当地使用苏州话"，对此苏州市教育局按照《国家通用语言文字法》和《江苏省实施办法》的规定进行了答复和解释②。需要指出的是，在20世纪八九十年代甚至更早期，在一些农村

---

① 王莉宁：《让校园适度拥有方言时空》，《光明日报》2016年10月16日第7版。

② 《对市政协十二届五次会议第043号提案的答复》，苏州市教育局，2012年4月19日，http://www.suzhou.gov.cn/asite/lh2012/zx‑onepage1.asp? bh=043。

地区甚至一些城市用方言授课的情况较为普遍，其原因主要是受师资条件所限，跟以上政协提案建议的情况完全不同。进入 21 世纪，随着师资的更新，中小学教师用方言授课的情况已大为减少。

第二种理解，教授方言本身，包括发音、词汇、语法等。这一点目前争议较大，如司罗红指出①：

> 关注方言、保护方言的理论价值和社会意义自不待言，但是为保护方言而在幼儿园和中小学开设方言课程的做法则需要商榷。且不说在幼儿园、中小学开设方言课与我国宪法中"国家推广全国通用的普通话"精神相违背，也暂不论方言课程大纲制定、教材编写、课程设置等方面的问题尚需更多的研究和讨论，幼儿园和中小学开设方言课程的必要性与合理性还需学界和社会谨慎思考。

他在文中还指出，"广大农村和中小城市还存有方言赖以生存和发展的社会土壤，少年儿童不必专门在学校学习就能掌握本地方言"，而"大城市缺乏使用方言的环境，儿童即使在学校学习方言也未必能真正掌握"，因此就方言的课堂学习来说，容易出现"农村不用学，城市学不会，学会没有用"的局面。

司罗红的担心不无道理。仅从技术层面而言，除了他提到的大纲制定、教材编写和课程设置等问题外，还有三个突出的技术问题：

（1）正音问题。东南方言一市甚至一县内常常存在或大或小的差异，如上海方言除市区话外，还有崇明、嘉定、松江、练塘四种郊区话，市区的浦西话和老浦东话也有差别，此外市区话在不同年龄层也存在一定差异②；又如苏州市域范围内，苏州市区、常熟、昆山、吴江等地方言也有明显差异；闽南地区厦门、泉州、漳州以及下属各市

---

① 司罗红：《方言传承的纽带在家庭》，《人民日报》2016 年 5 月 10 日第 14 版。
② 钱乃荣：《上海方言》，文汇出版社 2007 年版。

县的差异就更加显著，以何为范存在一定争议。从语言学的角度来讲，郊区和小城镇人口流动较小，因此方言存古更多；但从影响力来看，显然大城市方言的影响力更大。

（2）记音问题。方言的读音与普通话在声、韵、调三方面都不尽相同，如要精确记录必须采用国际音标，但掌握国际音标需要普通语音学知识，即使中文专业的本科生也需要数月的训练，将其纳入中小学课程显然不妥。

（3）正字问题。方言中有音无字的现象十分普遍，民间往往采用同音字、训读字甚至方言字来记录，学界则尽量考求本字。但同音字相当于给汉字另加新义，训读字相当于给汉字增设新音，方言字或本字有时较为生僻、常常不在《通用规范汉字表》内。由于基础教育、特别是小学阶段，汉字尚在逐步掌握之中，因此这些记录方法也都存在或多或少的问题。

毋庸讳言，在基础教育阶段，按照方言学专业的要求去开设相关课程是不切实际的；以掌握方言本体为教学目标的课程也存在诸多问题。

第三种理解，教授以方言为载体的地方文化。方言不仅具有交际功能，还是重要的文化载体和情感纽带，这一观念已成为学界的共识，并已在方言保护工作中得到体现。2015 年启动的"中国语言资源保护工程"就一改前人重语言本体、轻文化民俗的观念，"把语言文化看作语言资源的重要组成部分，在开展汉语方言、少数民族语言调查的同时，同步推进语言文化调查"，不仅在"调查表"部分增设"口头文化"一节，将歌谣、故事、自选条目（含顺口溜、谚语、歇后语、谜语等）包括在内，还专设语言文化调查项目，编写、出版了《中国方言文化典藏调查手册》及各地《方言文化典藏》系列丛书①。

---

① 王莉宁：《中国语言资源保护工程的实施策略与方法》，《语言文字应用》2015 年第 4 期。

李宇明专门对文化视角下的语言资源保护进行了总结①：

> 过去的语言保护工作，多是语言学的目的，采用的多是语言学的视角，即把语言主要看作语言学的资源，把语言资源主要用作语言研究和语言应用的素材；……文化视角下的语言保护，不仅关注语音、词汇、语法等对语言本体的记录，更关注语言及语言表达中的各种文化现象。
>
> 农村、牧区的语言调查和保护，其实就是在保存我国的农耕文明和农牧文明。城市的语言调查和保护，保存的是当年的农商文明、工业文明和正在进行中的现代城市文明……

他还提出，近些年的语言资源保护工作已出现若干重大发展变化，即"从关注语言发展到也关注言语""从关注语言发展到也关注语言文化""从纸质保存方式发展到多媒体的保存方式""从学者参与发展到政府和社会大众的共同参与"，亦即，"由学术活动发展为社会文化工程"，这些理念无疑为教育领域的方言文化保护打开了思路。

如前所述，不同人群对教育部门应在方言保护中发挥何种作用的理解并不一致。比较极端的观点是，不仅要求学校开设教授方言的课程，还要求在非语言类课程中采用方言作为教学媒介语，即要求课堂教学去承担方言保护和方言传承的主要职责，这显然是不合适的。且不说是否与《国家通用语言文字法》的规定相悖，仅从当前中小学课业负担和升学压力的实际来看，这类要求也是难以实现的。

而方言文化与方言本体有所不同，后者更多地停留在工具性、符号性的层面，即同一人群思维的工具、交际的工具，以及不同人群之间彼此区别的符号。而前者落脚点在文化，方言只是途径。张日培就

---

① 李宇明：《文化视角下的语言资源保护》，《光明日报》2016 年 8 月 7 日第 7 版。

曾结合上海市的实践指出①：

> 随着社会的进步、城市化进程的加快、人员流动的加剧，上海话（包括其他方言）的工具职能将逐步让位于普通话，各地方言中特有的表达方式、细腻的语词分工等将视其生命力在与普通话的接触融合过程中沉淀下来，成为普通话的底层现象，这是方言为普通话发展作出的重要贡献。因此，在普通话高度普及的当下，保护和传承上海话说到底是文化层面的需求，主要是为了保持语言的文化职能，这对上海建设独具特色的文化大都市具有重要意义。

张日培还较早指出，"上海话教育体验活动不是上海话教学"，"应避免将上海话当作一门学科来教的课程化倾向"。王莉宁也指出，"方言文化教育不是让方言成为教学用语，也不是提倡把地方话学习纳入教学体系"，其重点在于发挥方言的文化传承和情感纽带作用，带动广大青少年"在家庭、社区、课外等领域愿意使用并传承方言，形成良性循环"。

这些观念对深入理解"方言文化进课堂"活动的内涵具有重要意义。作为一个历史悠久的文明古国，在充分发挥通语、汉字在维系国家统一和民族认同作用的同时，也应看到多语多言所承载的多元文化的积极作用。从国家文化软实力的角度来讲，海纳百川才能相互借鉴、取长补短；从个人语言能力的角度来讲，保持一定的方言活力就是保存与故乡之间的一种情感纽带。需要指出的是，跟普方关系类似，爱乡与爱国、地域文化与国家文化之间从来就不是对立的。爱国要靠爱乡来具体体现，国家文化也要靠千姿百态的地域文化才能充实丰满。同时，爱乡的终极目的是爱国，发展地域文化的目的也是为了

---

① 张日培：《在幼儿园营造和谐自然的语言环境》，《上海托幼》2014 年第 9A 期。

整个国家文化的繁荣昌盛，这是两相促进的正反馈关系。

第二节   "方言文化进课堂"的基本形式

将校园方言活动的外延和内涵界定为"方言文化进课堂"之后，其基本形式也是一个突出问题。我们认为，应区分交际性与文化性两类活动，在实践中应主要突出后者。

1. 交际性活动与文化性活动

综观当前东南沿海地区的各项实践，大体可分为偏重交际性的活动与偏重文化性的活动两大类。前者以方言本身的教学为主、文化教学为辅，主要形式如日常会话、诵读课文以及即兴演讲等，这类教学形式分布比较广泛，几乎在各个开展地区都存在。适当教授方言知识和日常表达是必要的，但不能喧宾夺主，用方言教学去取代文化教学，因为使用方言进行交际并不属于课堂教学应该承担的主要内容。

尤其是使用方言诵读现代文或进行即兴演讲时，由于语料本身承载的传统文化因素较少，师生双方的注意力就更容易聚焦到方言本身，如字音是否"标准"、遣词造句是否"地道"、是否受普通话影响等。受自身发展程度和规范化程度的制约，绝大多数汉语方言都无法精确、顺畅地表达现代科技术语和社会政治概念，只能将普通话词汇转换为方言发音来表达现代名物。这种处理对传统文化传承的意义并不大，反而有可能加重学生负担，因此可减少相应活动的比例。

"方言文化进课堂"应多在传统文化上下功夫，围绕传统文化去开展形式多样、内容丰富的活动，将对方言的情感寓于传统文化教学之中。这类活动的主要形式包括童谣说唱、方言讲古、戏曲曲艺欣赏和文化读本选修等形式。

2. 童谣说唱

参与对象以幼儿园和小学低年级学生为主，影响较大的活动，如当地教育主管部门组织或联办的"泉州闽南童谣电视大赛""苏州'普通话、苏州方言、英语口语'比赛""'家在苏州，吴侬软语圆梦苏州'苏州童谣比赛""上海市优秀童谣传唱活动"等。

儿歌童谣往往是对一地自然景观或社会风情的集中概括，如"天乌乌、卜落雨"生动地描写了闽南地区的海洋气候特色，而"笃笃笃、卖糖粥"则形象地还原了吴方言地区的小吃叫卖场景，潜移默化中塑造了少年儿童的乡情、乡念。童谣的发音主要靠老师口授，因此在教学过程中不存在记音问题，正字问题虽然存在，但显然不是聚焦的重点。一些有条件的幼儿园和小学还将"说童谣"升级为"唱童谣""演童谣"，集文学、方言、音乐、表演等多种艺术形式于一体，在传承方言文化的同时也增强了学生的美育。

3. 方言讲古

进入小学高年级，随着少年儿童智力水平的不断发展，教学材料可逐步由简短的童谣过渡到篇幅较长、情节也较为复杂的民间故事。很多民间故事以表演、讲述的形式流传，北方方言区称为"说书"，闽、粤等南方方言区称为"讲古"，它们不仅是民间文学的瑰宝，也是重要的非物质文化遗产。由于"讲古"在闽南地区有着良好的群众基础，相关活动也开展得最为活跃。如厦门市不仅在基层学校广泛开展"讲古"活动，还举办了面向海峡两岸的少儿闽南方言"讲古"电视大赛，取得了积极的社会反响。

4. 戏曲曲艺欣赏

优秀戏曲曲艺作品同样是我国传统文化的精粹，在广播电视尚未发明或普及的古代及近现代社会，戏曲曲艺是广大人民群众最为重要的娱乐形式。进入现代社会，影视、网络等新的媒体形式对戏曲曲艺造成了一定的冲击，戏曲曲艺的传承和保护成为文艺界人士经常呼吁的热点问题。无论南方还是北方，地方戏曲曲艺多采用当地方言进行表演，长期的口耳相传已使方言成为戏曲曲艺形式中的一个不可或缺的要素，因此可将二者的传承与保护紧密结合起来。在这方面，拥有昆曲和评弹两大曲种的苏州市进行了较好的尝试。

据《光明日报》报道①，早在 2007 年苏州市就成立了未成年人昆曲教育传播中心，启动了"昆曲为在校学生公益演出普及工程"，旨在实现全市百万未成年人都能看一场昆曲、学一段历史、听一次解说、会一句唱腔。工程由苏州市财政全额拨款，启动近十年来，共演出 1000 余场次，让 30 余万中小学生观赏到了昆曲演出、聆听到了相关知识介绍。昆山市千灯小学通过开发《一曲一世界》等昆曲校本教材，注重校本课程与学科课程并举，将昆曲融入学科课程之中，同时通过"小昆班"专业训练，让有特长的学生初步具备了专业的表演水平。除昆曲外，苏州市还鼓励学校增设发源和流传于该地区的其他地方戏，如评弹、越剧、滑稽戏等的戏剧兴趣班和特色课程。这些举措生动活泼、形式多样，为其他地区树立了样板。

5. 文化读本选修

说唱、表演等形式固然是方言文化传承最为直接的方式，但有时也会受到课时、场地等客观条件，以及少年儿童性格差异等主观因素的影响，在受益面上有所制约，这时校本教材的优势也就越加凸显。先行开展"方言文化进课堂"的东南沿海省市已有较为成熟的方言文化校本教材，如厦门双十中学早在 2006 年就发布了包括《闽南方言》《闽南民俗》《闽南民间戏曲》在内共八册闽南文化校本教材②，其后厦门外国语学校附属小学也开发了包括《闽南歌仔与谚语》《闽南民俗与阵头》在内共六册面向小学生的闽南文化校本教材③；苏州

① 《苏州：昆曲在年轻人中"流行"起来》，《光明日报》2016 年 10 月 31 日第 9 版。
② 《双十要开课传授闽南文化》，《厦门日报》，2006 年 3 月 8 日，转引自 http://www.fj.xinhuanet.com/gov/2006-03/08/content_6411113.htm。
③ 谢友锦：《〈闽南文化〉校本课程实施的现状与困惑》，思明教育网，2014 年 12 月 5 日，http://www.smjy.net/web/study/xiaochangluntan/2014/1205/22655.html。

市跨塘实验小学不仅将吴文化校本课程正式纳入教学课程体系，还集全校十多位老师之力，五易其稿，编写出版了一套十册《吴文化一百课》校本教材，"吴文化"成为统领该校深化素质教育、推进教育现代化进程中的"文化灵魂"①；胥口实验小学编写的《从小读点吴文化》也取得了良好的社会反响和教学成效②；2016 年，由上海市语言文字水平测试中心编写的《上海文化知识与方言应用能力测试》丛书开始陆续出版，对该市校本教材的编写发挥了指导性作用。

　　不仅东南沿海，其他地区一些有条件的学校也推出了以方言文化为主题的校本课程及校本教材，如山东东营垦利一中推出的校本教材《垦利方言文化》③、成都龙泉一中推出的校本课程《客家文化》④ 等。

　　当前，随着互联网的普及，公民网龄也在不断降低，少年儿童可以通过互联网接触到各种媒体形式和各国文化样态，这对方言文化的传承保护形成了不小的压力。在这一背景下，只有通过不断地形式创新，才能更加有力地吸引广大青少年，并通过他们影响、带动全社会的重视和参与。

第三节　"方言文化进课堂"的实施前提

　　主体性与多样性的辩证统一是历史与现实对我国语言政策的内在要求，对"方言文化进课堂"活动同样具有根本的指导意义。一方面要认识到多样性是主体性前提之下的多样性，主体性的基础越牢固，多样性的空间才能越宽广；另一方面也要认识到多样性要因地制

---

　　① 《传统吴文化浸润百年老校 跨塘实小焕发生机》，新华网，2012 年 5 月 27 日，http：//www. js. xinhuanet. com/xin_ wen_ zhong_ xin/2012 – 05/27/content_ 25300447. htm。

　　② 《苏州胥口镇开展"从小读点吴文化"阅读活动》，吴中区文明办，2013 年 5 月 28 日，http：//sz. wenming. cn/gjbs/201305/t20130528_ 660485. shtml。

　　③ 《垦利一中校本教材〈垦利方言文化〉新鲜出炉》，大众网东营频道，2015 年 11 月 6 日，http：//dongying. dzwww. com/dyjy/201511/t20151106_ 13291585. htm。

　　④ http：//www. lqzx. net/article. aspx？ id = 1895。

宜、因人而异，不能搞一刀切。

1. 求大同：坚决维护普通话作为学校基本教育教学用语的地位

普通话作为学校基本教育教学用语的地位不仅是《国家通用语言文字法》的规定，也是《宪法》"国家推广全国通用的普通话"表述的应有之义。夯实普通话作为学校基本教育教学用语的地位是开展所有校园方言文化活动的前提和基础，如果一地的普通话率尚不达标，显然不具备开展校园方言文化活动的条件；如果校园方言文化活动喧宾夺主，影响到正常的普通话教学，显然也背离了活动的初衷。

前述苏州市政协会议提案建议"允许非语言课程的教学过程中适当地使用苏州话"，下节提到的丽水市文化和广电旅游体育局在对人大建议的答复中主张"提倡语文教师在教学时引入方言教学"，以及某些专家和网友主张将方言作为教育教学用语的种种诉求，都应该依法反对并加以制止。

坚决维护普通话作为学校基本教育教学用语地位的深层次问题，在于如何正确认识普通话与方言之间的地位关系。对此，其实方言学界早有权威而经典的表述，即李荣先生的"普通话在方言之中、又在方言之上"[①]；任何一本《现代汉语》教材也都会指出，作为民族共同语的普通话是在北方方言的基础上发展而来的，因此它和汉语所有方言之间从来不是相互对立的，而是同源异流的关系[②]。但在当前，由于我国语言学知识普及的滞后，出现了一些误区：

（1）一些大众媒体甚至基层教育部门屡屡出现将方言与普通话、甚至将方言与其上位概念"汉语"平列为不同语言的表述，如：

> 许多家长认为，孩子小小年纪就要学习包括闽南话在内的多种语言，这可能会令他们混淆语言，并产生严重的语言学习障碍。有

---

① 李荣：《普通话与方言》，《中国语文》1990 年第 5 期。

② 黄伯荣、廖序东主编：《现代汉语》（增订五版）（上），高等教育出版社 2011 年版。

的家长甚至认为，如果没有来自闽南语学习的干扰，孩子也许会更好地学习汉语。（某省级日报 2013 年 12 月 31 日新闻稿）

展现汉语、沪语魅力 区中华经典诵读和上海话说唱比赛举行（某区教育局 2013 年 6 月 4 日新闻稿标题）

语言与方言的边界不是一个简单的语言学问题，而是有着深刻的意识形态背景（参见第七章第一节）。加之近年来"闽南语""沪语"等方言称"语"的现象颇为流行，虽然现时将方言与普通话并称为语言的情况多属无心的误用，但对普通民众、特别是少年儿童正确认识普方关系十分不利，因此亟待学界进行深入研究和有关主管部门加以规范①。

（2）片面强调方言与普通话之"异"，对两者同源而生、交互影响的关系认识不足。如果是将方言的本体结构作为研究对象，对普通话与方言之间的差异详加辨别无疑非常重要；但如果是将方言作为文化传承的载体，显然应该更加注重普通话与方言、乃至方言与方言之间的交集和交融。因为文化从来就不是孤立存在的，方言文化在保持自身特色的同时，也要让其他方言文化区、甚至世界其他文化群体理解，这是一个典型的跨文化交际过程，先求同、再存异才能更好地达成。

具体到"方言文化进课堂"活动，我们认为不宜苛求符号层面的"正宗""存古"，也要给方言在传承过程中发生的代际变异、变化留出空间。既允许普通话受到方言影响在各地形成地方普通话变体，同时也允许方言受到普通话影响在语音、词汇乃至语法方面发生局部变异，从而形成普方关系良性互动、水乳交融的局面。

2. 存小异：因地制宜、因人而异地开展方言文化活动
在"求大同"的基础上，也要允许一定范围内的"小异"，具体

---

① 李佳：《关于规范汉语方言称谓的建议》，《语言文字决策参考》2015 年第 2 期，国家语委科研机构秘书处编。

而言：

（1）充分尊重校园内私域语言的选择，不干预学生课下使用的语言变体。以往在学校推普工作中，确实存在一些强制学生课下说普通话的做法，严格来讲这种做法是不妥的。但一些两会提案和专家建议要求倡导师生课下说方言，这一做法更为不妥。

（2）允许各地自主决定是否开展校园方言文化活动。由于中国国情复杂、各地经济水平和社会发展程度差异较大，面临的普方关系形势也不尽相同。因此，是否开展、如何开展校园方言文化活动都不能搞一刀切，应允许各地在合法合规的前提下，因地制宜、自主决定。

比如在西部地区，由于经济发展程度和教育水平相对落后，推普的任务依然艰巨。这些地区的基础教育普遍较为薄弱，受师资、课时、硬件等条件制约，教育部门承担方言文化保护职责的资源较为有限，因此可考虑更多地结合社会力量，特别是旅游业、特色农业等在当地经济发展中占重要比重的产业加以推进。

（3）允许个人自主决定是否参加校园方言文化活动。即使是方言保护呼声较高的东部沿海地区，不同城市、不同社区乃至不同家庭的人口结构和来源都不尽相同，其对方言文化保护的诉求也有较大差异。因此方言文化类课程应严格限制在选修课，由学生和家长按其个人情况和发展愿景，自主、自愿选择是否参与；方言文化类活动的各类奖项也不应纳入升学、评优等选拔机制，方言本身更不能成为师生乃至学校发展的门槛。

第四节　相关舆情事件反思

2017年1月，中共中央办公厅、国务院办公厅印发了《关于实施中华优秀传统文化传承发展工程的意见》，《意见》将"大力推广和规范使用国家通用语言文字，保护传承方言文化"作为保护传承文化遗产的一项重点任务列出。在这一背景下，教育主管部门该承担哪些职责，职责的边界在何处，存在哪些主体责任风险，都是值得深入思考的问题，以下对近年来发生的几个较为突出的案例做些反思。

1. 浙江丽水提倡语文教师教方言事件

2019年9月，浙江省丽水市政府网站公布的一则对市人大会议《关于加强方言传承保护的建议》的答复在网上引发轩然大波。以下对此答复略做摘编①：

丽水市文化和广电旅游体育局关于市四届人大四次会议G042号建议的答复

一、关于"组织开展调查研究，制定丽水方言传承保护计划"的建议

1. 将部分方言类项目列入各级非遗保护名录，使其得到有效保护传承。当前，我国各级政府部门在支持和提倡推广使用普通话的同时，也提倡要保持语言的多样性，使普通话的推广与保护语言多样性成为我国语言政策中同等重要的两个方面。文化旅游部门有义务执行和实施国家的语言政策，通过以地方传统文化表现形式为载体，多渠道、多形式地整理和发掘方言……

二、关于"在中小学、幼儿园中适当安排会讲方言、会懂方言、听得到乡音活动"的建议

对于中小学和幼儿园方言学习与活动开展，丽水市教育局坚持两手抓，一手抓推广普通话工作，一手抓保护丽水方言文化。将紧紧围绕课程、教学、活动等三个方面……一是开展调查研究，制订丽水方言传承计划，并有计划地在丽水乡土教材《浙江绿谷》中把"处州方言文化"纳入其中。二是提倡语文教师在教学时引入

---

① 《关于市四届人大四次会议G042号建议的答复》，丽水市文化和广电旅游体育局，2019年7月26日，http://www.lishui.gov.cn/zwgk/zwxxgk/002645662/4/bmwj/201908/t20190827_3918042.html。

方言教学。在诗歌教学时可以用方言朗读，比如杜牧的《山行》：远上寒山石径斜，白云生处有人家。三是倡导学校举办“乡音”传承活动，增进学生学习方言的意识。鼓励学校通过读书节、艺术节等活动，让学生知晓方言的作用。

三、关于“在广播、电视等媒体上，适当推出诸如‘老白谈天’之类深受广大群众欢迎的方言类节目”的建议

……下一步，宣传部门与文旅部门将积极倡导保护和传承本地方言，开展调查研究和数字化保存等工作，积极推进方言文化“进校园”，鼓励开展形式多样的方言文化传承活动……

四、关于“在家庭活动中倡导使用方言”的建议

……我市一直都非常注重在组织各类文化活动中，或者在文学创作中使用方言或创作方言文学，在文化教育中积极推广乡土文化教学，以此来宣传、倡导、鼓励广大群众在家庭交流中多使用方言。通过多种途径鼓励家长树立正确的教育观念，了解方言的重要性，与孩子一起收集有关方言的知识，鼓励孩子多用方言交流、多用方言表达，以此来充分体验方言的魅力。

答复中“提倡语文教师在教学时引入方言教学”的表述引发多家媒体的明确反对，如《北京日报》的评论题为“方言要传承，但不宜课堂上教”，明确指出让方言走进语文课堂“恐怕是选错了场合”，“更适宜采用兴趣课程、人文课程的方式”[①]。

《广西日报》的评论题为“语文课堂引入方言不应提倡”，也明确指出“做法欠妥”，并提出三点理由：（1）与《国家通用语言文字法》等法规相冲突；（2）强制性课堂学习可能会把鲜活的地方方言变成一种书本知识，而这种知识与规范的汉语普通话肯定存在差异，既无端增加了语文学科的学习难度，也丢失了其中承载的乡土文化价

---

① 郑宇飞：《方言要传承，但不宜课堂上教》，《北京日报》，2019 年 9 月 18 日，http：//bjrb. bjd. com. cn/html/2019 - 09/18/content_ 12418609. htm。

值；（3）对老师提出了额外要求，无形中会拒绝外来优秀教师，不利于师资力量的培养。①

此外，《济南日报》题为"方言需保护，方言教学却不合适"的评论②，《潇湘晨报》题为"语文引入方言教学效果堪忧"的评论③，铜陵文明网题为"语文教学用方言值得商榷"的评论④，都发表了类似看法。

我们认为，出现争议的深层次问题在于，丽水市将方言保护问题归口给了文化和广电旅游体育局，而非法定的管理机构——语言文字委员会。按照惯例，丽水市语委应挂靠市教育局，并应由教育局牵头处理综合性的方言保护问题，文化和广电旅游体育局只能作为语委成员单位之一，对职责范围内的事务（如非遗、媒体等）进行答复。

事实上，除了被媒体聚焦的"提倡语文教师在教学时引入方言教学"的表述外，该答复还有多处对语言文字政策把握不准，甚至有误，如摘录的第一条：

> 我国各级政府部门在支持和提倡推广使用普通话的同时，也提倡要保持语言的多样性，使普通话的推广与保护语言多样性成为我国语言政策中同等重要的两个方面。

该条中就出现了原则性的错误，主体性与多样性从来都是一主一次，从未出现"同等重要"的政策表述。再如，宣传部门与文旅部

---

① 陆怡蓉：《语文课堂引入方言不应提倡》，《广西日报》，2019 年 9 月 20 日，http：//gxrb. gxrb. com. cn/html/2019 – 09/20/content_ 1629445. htm。

② 立美：《方言需保护，方言教学却不合适》，《济南日报》，2019 年 9 月 20 日，http：//news. e23. cn/2019 – 09 – 16/2019091600049. html? spm =0. 0. 0. 0. LFHgPC。

③ 肖竹：《语文引入方言教学效果堪忧》，《潇湘晨报》，2019 年 9 月 13 日，http：//epaper. xxcb. cn/xxcba/html/2019 – 09/13/content_ 3000853. htm。

④ 伍松杉：《语文教学用方言值得商榷》，铜陵文明网，2020 年 5 月 6 日，http：//tl. wenming. cn/wmpl/202005/t20200506_ 6445498. html。

门积极推进方言文化"进校园",这一做法显然是该部门"越位"的表现。又如,宣传、倡导、鼓励广大群众在家庭交流中多使用方言,这一做法更是于法无据,干涉了私域的语言权利。

丽水事件中出现的行政权力"错位"教训深刻,提醒我们方言问题,特别是有关方言的政策问题,应由法定的管理部门,即各级语委进行解读和统筹,履行法定职责并承担相应主体责任。

2. 上海语文教科书"外婆""姥姥"事件

2018 年 6 月下旬,由上海小学语文教科书将散文《打碗碗花》中的"外婆"改为"姥姥"一事引发的争议在网上不断传播、发酵,上至中央级党报,下至微博、微信等自媒体都给予了高度关注,《中国语言生活状况报告(2019)》也进行了详细报道。①

按照教材出版方上海教育出版社的解释②,将课文中的"外婆"改成"姥姥"是识字教学的需要,"外""婆""姥"三个字被分别安排在了二年级第一学期第 4 课、二年级第二学期第 18 课以及第 24 课中;事实上,沪教版小学语文教材中"外婆"和"姥姥"的称谓都有,"外婆"出现了 8 处,"姥姥"出现了 4 处。由此可见,这一改动本不涉及方言问题。

但沪教版《语文》课本的编写单位上海市教委教研室 2017 年的一则信访回复被网友挖出③,原来,将"外婆"改为"姥姥"的情况在另一本沪教版教辅《寒假生活》中也有出现,上海市教委教研室对此的解释是:

---

① 李佳:《让"外婆"与"姥姥"握手》,《中国语言生活状况报告(2019)》,商务印书馆 2019 年版。

② 《关于沪教版二年级第二学期语文教材将"外婆"改为"姥姥"的说明》,上海教育出版社,2018 年 6 月 21 日,http://www.seph.com.cn/NewsDetail.aspx? Id = 137。

③ 《语文教材改外婆成姥姥,以后要唱〈姥姥的澎湖湾〉?》,语情局微信公众号,2018 年 6 月 21 日发布。

　　查《现代汉语词典》（第六版），"姥姥"是普通话词汇语，指"外祖母"。"姥姥""姥爷"一般在口语中使用较多（《现代汉语规范词典》）。"外婆""外公"属于方言。

　　这则信访回复虽然针对的不是沪教版《语文》课本，但却反映了教材编写者对这一问题的看法，即据《现代汉语词典》，认为"姥姥""姥爷"是普通话词语，而"外婆""外公"是方言词语。这一回复成为整个事件升级的导火索，引发了两个层面的大讨论：

　　（1）关注语言本身，讨论"外婆"是不是方言这一"技术问题"，讨论的主体主要是语言学专业人士和专业媒体，如《咬文嚼字》杂志、中国语言资源保护研究中心等，《现代汉语词典》的编写单位社科院语言所也发表了词典编辑室主任杜翔的长文[1]，解释了将"外婆"标注为〈方〉的原因。

　　（2）关注语言文化，讨论方言背后承载的亲情、乡情。参与这一层面讨论的主要是大众媒体，因此影响要比第一个层面大得多。

　　如"光明网"发表了题为"相比'姥姥'，'外婆'一样承载着每个人的情思"的评论[2]，指出"外婆"一词承载着深沉而永恒的情感，相比之下，"姥姥"一词对南方人显得陌生而疏离；简单粗暴地篡改作家的遣词造句只会破坏原著的语言风格，这既是对作家的不尊重，也与培育学生文学素养的目的背道而驰。

　　新华社题为"'姥姥'还是'外婆'？在情感与规范间寻找平衡"的"新华时评"也发表了类似看法[3]，指出以"外婆"为非、以"姥

---

　　① 杜翔：《"姥姥"和"外婆"及相关问题》，中国社会科学院语言研究所网站，2018 年 6 月 25 日转载，http：//ling. cass. cn/xzfc/xzfc_ xzgd/201806/t20180625_ 4395651. html。

　　② 封寿炎：《相比"姥姥"，"外婆"一样承载着每个人的情思》，腾讯网，2018 年 6 月 21 日转载，https：//view. inews. qq. com/a/20180621A0XYQB00。

　　③ 萧海川：《"姥姥"还是"外婆"？在情感与规范间寻找平衡》，新华网，2018 年 6 月 22 日，http：//www. xinhuanet. com/2018－06/22/c_ 129899015. htm。

姥"为是，不仅没有考虑不同地域的语言习惯，也忽略了人们积淀多年的情感。

在网上广为流传的一则题为"外婆还是姥姥？方言战争背后的失落上海人"的自媒体评论更为尖锐地指出①，改革开放后，市场经济所带来的"马太效应"造成了大量的经济资源和社会资源向东部沿海地区集中，从而吸引了大量外地人口，但也在某种程度上挤占了本地人的生存空间，因此在这些地区出现了普方关系的紧张状况。

事件最后以主管部门上海市教委发布四点处理意见暂告平息，意见包括责成市教委教研室会同上海教育出版社迅速整改，向作者和社会各界致歉；要求全市教材编写工作吸取教训，充分尊重作者原文原意，依法维护作者正当权益等。

我们认为，这一事件就是李宇明先生所说的"教育领域的语言竞争最为激烈"的鲜明写照。根据《汉语方言地图集》的数据，"外婆""姥姥"确实存在较为清晰的地域分布，"外婆"不仅在非官话区（如吴方言、赣方言、湘方言、闽方言区等）广为分布，在包括西南官话、兰银官话在内的官话区也很常见；而"姥姥"的说法则主要分布在以北京官话、东北官话、中原官话和晋方言为代表的北方方言区。散文《打碗碗花》的原作者李天芳是陕西人，在接受采访时表示家乡"喊外婆喊得多一些，也喊姥姥"②，因此使用了"外婆"这一南方多见、而北方少见的形式。

上海市教委教研室的改动，不仅未能充分尊重作者原文，也打破了原文带来的表达"稳态"，虽然有识字等多方面的考虑，但在客观上造成了不尊重地域文化和语言习惯的口实，最终承担了本不该由教育部门承担的舆论后果。

---

① Catherine、山谷：《外婆还是姥姥？方言战争背后的失落上海人》，凤凰网文化频道，2018 年 7 月 6 日转载，https：//culture. ifeng. com/a/20180710/59093960_ 0. shtml。

② 《道歉了！"姥姥"改回"外婆"！专访原文作者，她这样说！》，《南方都市报》，2018 年 6 月 24 日，转引自 https：//www. sohu. com/a/237540437_ 99958756。

3. 北京语文中考"圈圈红"事件

同在 2018 年 6 月下旬，北京市中考语文试卷中的一个填词选择题同样引发了社会的广泛关注。题干为散文《信天游》中的一句：

> 啊，陕北，生我养我的这片厚土啊，我愿像这信天游一样高高飞起，化作装饰你的夜空的月晕，绕着月亮转_____。

要求考生从三个备选项"红圈圈""一圈红"和"圈圈红"中选出一个正确的填入。多数考生选择了第一项"红圈圈"，但标准答案却是"圈圈红"，让人大跌眼镜。

在最早爆出这一新闻的微博与自媒体上，很多考生和家长认为"转圈圈红"为方言说法，不应入题。而北京教育考试院 7 月 4 日发布的《关于 2018 年中考有关问题的说明》却坚称[1]，"题目设计与方言无关，符合《2018 年北京市高级中等学校招生考试考试说明》对现代文阅读的相关要求，并未超纲"。

但据新华社主管《瞭望》周刊报道[2]，实际阅卷时执行的标准是，对符合原作的答案"圈圈红"给全部分，对同样符合语法的"红圈圈"给部分分。某学生家长向北京市教委的网上投诉也印证了这一评分标准，该投诉指出[3]：

> 6 月 27 日，一行（应为"些"）家长代表到贵委直属单位北京教育考试院对该题目的评分标准进行询问，北京教育考试院工

---

① 北京教育考试院：《关于 2018 年中考有关问题的说明》，"中国教育在线"，2018 年 7 月 4 日发布，http：//chuzhong. eol. cn/beijing/bjzk/201807/t20180704_ 1615045. shtml。

② 赵琬微：《北京"新中考"观察》，原载《瞭望》周刊，"新华网"2018 年 7 月 17 日转载，http：//www. xinhuanet. com/2018－07/17/c_ 1123136695. htm。

③ 《今年北京中考语文 21 选择题请尊重原著尊重作者》，"人民网"地方领导留言板频道，2018 年 7 月 2 日发布，http：//liuyan. people. com. cn/threads/content？ tid＝5213675。

作人员答复该题目的评分标准为选择"圈圈红"给 3 分、选择"红圈圈"给 2 分、选择"一圈红"不给分。对于此评分标准，我们表示不认同，工作人员以"出题时就是这样设计的"为理由拒绝了家长们的诉求。

那么到底"转圈圈红"是不是方言说法？文章原作者、著名陕北籍作家刘成章于 7 月 4 日发文谈及"绕着月亮转圈圈红"①：

> 这是我的一句很得意的句子。因为它很有动感，很有味道；因为它诗意地透露出我对陕北的无比热爱。
> 但有些朋友却说：这句话是方言，与普通话不搭界。
> 我想问这些朋友："圈圈"一词大家懂不懂？"转圈圈"这个短语大家懂不懂？"红"字大家懂不懂？我想不管你是哪个省的，包括北京的人们，一定都不会回答不懂。那么，这就表明我的这句话虽然含着浓浓的陕北情调，却用的完全是规范化的汉语词语，因而是具有普遍性和全民性的，因而是不存在与普通话相悖离的问题。

即原作者认为这一表述是具有地方特色的规范汉语，"与普通话相比，地方语言往往更生动，更有表现力"，"普通话需要在汲取地方语言的精华中求得丰富和发展"。

此外，陕西方言专家高峰、邢向东也在《光明日报》发表长文②，从"转圈圈红"的语法结构谈起，详细分析了陕北方言重叠式名词的类型及其表达效果，文章指出：

---

① 刘成章：《关于"绕着月亮转圈圈红"》，"光明网"地方频道，2018 年 7 月 4 日发表，http://difang. gmw. cn/2018 – 07/04/content_ 29671973. htm。

② 高峰、邢向东：《谈谈陕北方言里的重叠词——从"转圈圈红"说起》，《光明日报》，2018 年 7 月 15 日，http://news. gmw. cn/2018 – 07/15/content_ 29867013. htm。

陕北方言的重叠词具有极强的情感化、形象化色彩。重叠词表意细腻、真挚，充满温情，用这种温情表达丰富的深层次的情感，或欢欣、或酸楚、或苦涩，表现了陕北人民的乐观、豁达和深沉。重叠词的大量运用为陕北民歌和文学作品增添了浓郁的乡土气息和鲜明的地域色彩。

也就是说，无论是原作者还是方言专家都认为这一表达具有强烈的地方色彩。作为文学语言当然没有问题，但是否应该作为北京初中生应该掌握的知识点出现在大考的试卷中？"光明网"时评频道发表的一则题为"'圈圈红'引发争议，方言词进语文试卷要慎重"的评论给出了自己的看法[1]：

> 中小学生掌握的汉语词汇，最起码的一个要求是应该进入普通话词汇系统，"转圈圈红"或者说"圈圈红"还是一个尚未进入普通话系统的词汇，拿来让从来没有接触过陕北方言的北京学生考试，并不合适，也与中小学语文教学的目标不相吻合。
>
> 类似"转圈圈红"这种说法，在陕北方言中能够接受，但由于它并未进入普通话体系，就没必要成为中学生的学习内容，更不应该进入决定他们命运的试卷。

4. 几点认识

以上三个事件都涉及教育领域、特别是语文教育中的方言问题。众所周知，学校是推广国家通用语言文字的主阵地，而语文教育又在其中发挥着至关重要的作用，不容弱化和淡化，否则极易产生敏感的方言舆情。

由于课本、试卷要面向全体学生，带有一定强制性，因此涉及方

---

① 周俊生：《"圈圈红"引发争议，方言词进语文试卷要慎重》，"光明网"时评频道，2018 年 7 月 6 日发布，http：//guancha. gmw. cn/2018 – 07/06/content_ 29710594. htm。

言问题尤其要慎之又慎。无论是"外婆、姥姥事件"矫枉过正地修改原文，还是"圈圈红事件"原封不动地保留方言，都会触发特定群体的方言情绪，甚至损害其切身利益，产生远远超出语文教育本身的后果。

在这一复杂背景下，教育主管部门首先要坚决履行《国家通用语言文字法》等法律法规所赋予的法定职责，特别是要紧紧把握对语言文字政策进行解读的职责。鉴于我国语言文字管理体制的实际状况，教育主管部门对宣传、公共事业等领域的语言文字使用并无直接管辖权，但即便如此，也不能将语言文字政策的解读权让与其他部门。

其次，要严格将"方言文化进课堂"活动限定在选修课，尤其不能在语文课堂形成普通话与方言两相对立、分庭抗礼的情况。客观地说，在这一问题上，当前的一些舆论导向存在观念误区，用绝对静止的眼光来看待方言，从而放大了普通话与方言的差异，更夸大了普通话与方言的矛盾，对社会上非普即方、非方即普、互不相容、毫无余地的二元化倾向起到了推波助澜的作用，这是教育和语言文字主管部门尤其应当注意的问题。

第八章　对方言社会使用问题的思考

从前几章的描述不难看出，"方言文化进课堂"并非独属教育领域的孤立活动，其诉求与实践涉及立法、行政、公共事业、媒体、社区、家庭等社会各个方面，换言之，它是我国方言社会使用的一个重要组成部分。

近二十多年来，我国方言的社会使用正经历着深刻而复杂的变化，可大致分为两个阶段：前十年以《国家通用语言文字法》的正式实施为标志，普通话的推广成为社会舆论的主流，这一阶段部分沿海地区也有一些方言保护的呼声，但集中于地方晚报、都市报以及广电非时政类节目，总体上发表级别不高、社会影响不大；后十年以2010年"撑粤语事件"和2009年"《新民晚报》事件"为主要标志，社会舆论开始转向方言的保护与传承，个别地方、领域出现了对方言公共权利的主张，传播途径也扩展至日报、广电时政类节目、政府信访网站甚至两会提案。

"方言文化进课堂"正是后十年方言社会使用范围有所扩大的一个缩影，其所涉及的问题不仅包括上一章所谈及的教育问题，还包括政治、经济、法律等更为广阔的领域。以下我们着重对方言称"语"和方言使用入法两个问题做些思考。

第一节　方言称"语"问题

方言名称问题看似微不足道，实则兹事体大，尤其在当今各种博弈复杂化、语言问题政治化日趋突出的形势下更是如此，不同的名称往往隐含着不同、甚至对立的立场、感情和名分。近年来，"闽南语""沪语"等名称滥用成风，大有取代传统名称"闽南话""上海话"之势，此外"粤语""吴语"等名称也较为流行，其中的逻辑与问题亟待澄清①。

1. 汉语方言名称的复杂性

世界语言普遍存在方言差异。跟世界其他语言相比，汉语不仅内部差异大，方言之间完全无法通话的现象十分普遍；而且名称也异常复杂。其基本结构形式为"地域范围+称谓类别"，常见的称谓类别包括"话""方言"和"语"三种，但这三种类别对应的方言层级和正式程度却互有交叉。一般认为"话"的方言层级和正式程度均较低（山东话、武汉话），但"官话（或北方话）""客家话"为两大一级方言的正式称谓；"语"的方言层级和正式程度最高（吴语、粤语），但也有一些二级甚至更低层级的次方言被称为"语"（闽南语、沪语）。在福建、上海等地，将"闽南话""闽南方言""闽南语"混用、将"上海话""上海方言""沪语"混用的现象十分普遍。

由于"语"不仅可以指汉语方言，还可以指不同语言，在实际运用中，容易出现将方言和语言混为一谈的情况。如新华社播发的一则反映广东高中新疆班各民族团结和睦的新闻中就出现了这样的表述：

> 我们会用汉语、英语、维吾尔语、哈萨克语、粤语等5种语言唱生日快乐歌。（新华社乌鲁木齐2009年7月17日电，中央政府门户网站同日转载）

---

① 本节内容先后以《"闽南语"、"沪语"称谓滥用成风 亟待立法规范以防被人利用》《关于规范汉语方言称谓的建议》《"粤语""闽南语"和"沪语"——汉语方言称"语"的三种形成模式》等不同版本发表于国家语委科研机构中国语情与社会发展研究中心编《中国语情特稿》（总第8期）、国家语委科研机构秘书处《语言文字决策参考》（第2期）和商务印书馆编《语言战略研究》（2018年第3期）。

又如《光明日报》在介绍中国梦主题新创歌曲《北京时间》时出现的表述：

> 汉语、闽南语、藏语、粤语、维语、蒙古语依次整点报时，这些来自母亲的语言、亲切的报时，把人们记忆深处的情感再一次唤醒。(《光明日报》2015年1月8日第9版)

再如中新社播发的一则新闻所使用的表述：

> 初步计划3个月后在所有返沪的航班上推出沪语广播，最终，沪语广播将贯穿整个飞行，形成普通话、英语、沪语三种语言的广播特色。(中新社上海2012年1月23日电)

方言称"语"现象既有复杂的历史背景，也有深刻的现实根源。从历史上看，在近代民族国家观念形成以前，无论中国还是西方，对方言和语言的边界都缺乏明确的区分，普遍存在方言与语言的混用。鲁国尧就曾指出①：

> 直至19世纪末，汉语里的"方言"意指各地的语言，它既包括现在意义的汉语各方言，也包括中国境内的少数民族语言，甚至被用来指称国外的语言。后来词义缩小了，仅指各地的汉语土话，在本世纪，随着中国现代语言学的兴起，专家们袭用传统词，赋予"方言"以科学的定义，例如"一种语言中跟标准语有区别的，只在一个地区使用的话，如汉语的粤方言、吴方言等"。

事实上，直到20世纪初，中国和西方都还存在用"方言"称谓

---

① 鲁国尧：《"方言"的涵义》，《语言教学与研究》1992年第1期。

来指称语言的现象。如清末官办的外语教学机构称"方言学堂"（武汉大学的前身即"湖北方言学堂"）。又如法国语言学家梅耶（Meil-let）1908 年出版的 *Les dialectes indo – européens*（《印欧诸方言》）一书，实际指的是印欧诸语言（les langues indo – européennes）①。

　　汉语中"方言"一词的本义即五方之言，西语方言一词多源于希腊语的 διάλεκτος，据《牛津英语词典》的解释，该词由前缀 dia – 加词根 legein 构成，前者为穿越之意，更早来自词根 duo（"二"）；后者为言说之意，常见的 logos 是其名词形式。也就是说，无论中国还是西方，方言的本义都立足于语言的空间变异，并不与国家、民族、族群等概念相关联。

　　随着近代民族国家观念的形成，民族边界与国家边界开始在方言与语言的划分中起到主导作用。其时，结构主义语言学仍在探索从语言结构内部出发，以"互懂度"作为语言与方言的划分标准。然而，从语言结构内部进行"互懂度"的衡量极为困难，现实语言存在太多的反例，完全能够互通却互不承认对方讲的是同种语言（如塞尔维亚语和克罗地亚语、印地语和乌尔都语等），基本不能互通却相互承认对方讲的是同种语言（如汉语诸方言、中东和北非的阿拉伯诸方言）的情况比比皆是。以至于，二战以后兴起的社会语言学往往开宗明义就规避方言或语言等概念，统一采用"变体"（variety）来称呼。

　　变体的观念打开了建立语言连续体的通道，不同社团以特定变体为其身份标识，在地理空间上形成跨域国家和民族边界的"地域方言连续体"。以欧洲为例，虽然葡萄牙语、西班牙语、法语和意大利语不能互通，但如果将考察尺度缩小到村镇，会发现从西到东，葡、西、法、意四国每个相邻村镇的变体都有一定的互通度，形成"罗曼语连续体"。相似的，从荷兰、德国到奥地利，有"西日耳曼语连续体"；从丹麦、瑞典到挪威，有"北日耳曼语连续体"；从捷克、波

---

① 王超贤（2003）北京大学中文系"印欧语言学"课程笔记（未刊）。

兰、白俄罗斯、乌克兰和俄罗斯，有"北部斯拉夫语连续体"等。所谓法语、意大利语等语言，只不过是政治、文化中心的方言上升为了整个国家和民族的共同语言。

语言同方言之间的升降途径是政治权利的"自治"与"他治"，如某个变体无独立行政权力，即为"他治"（heteronomous），如荷兰与德国国境两侧的两种变体，在语言结构上并无二致，但荷兰境内的变体认为自己是荷兰语方言，德国境内的变体则认为自己是德语方言，此为因"他治"不同造成的心理认同差异；又如，瑞典南部地区在 1658 年前曾是丹麦领土，所操为丹麦语方言，但归属瑞典后，只用了短短半个世纪就转化为瑞典语方言，其间语言结构并未发生显著变化，此为因"他治"改隶造成的心理认同转换①。

如某个变体拥有独立行政权力，即为"自治"（autonomous），如在沙俄时代，乌克兰语和白俄罗斯语曾被长期认为是俄语的方言，到了苏联时代，乌克兰和白俄罗斯的民族独立性得到承认，其语言的独立性也逐渐得以建构，苏联解体以后，其语言独立性在地位规划、本体规划与习得规划等方面全面加强，跟俄语越加疏离，正如一句名言所说，"A language is a dialect with an army and a navy"（语言是带有军队的方言）。

由此可见，语言与方言的边界首先不是一个纯语言学问题，不能简单地以能否互通作为划分标准；其次，在很多情况下甚至不是语言学问题，而更多地从属于政治学范畴，反映的是政治权力通过政治话语对特定政治身份的建构。而当前我国的方言称"语"现象，既有古来的习惯称呼，也有现实的政治建构，更多的还有不明就里的盲从，以下分为三种模式详细梳理。

---

① J. K. Chambers and Peter Trudgill, *Dialectology*, Second edition. Cambridge：Cambridge University Press, 2004.

2. "粤语"模式：古来传袭的一级方言称"语"

语言或方言在二维地理空间的分布并不是扁平、离散的，相互之间存在一定的组织结构关系。非语言学专业往往以当代行政区划层级来建构这种组织结构关系，如福建话—福州话、福建话—厦门话等。语言学专业则按照语言分化的历史时序，仿照生物发生学建构所谓"谱系树"来描摹这一关系，如闽方言—闽东方言—福州话、闽方言—闽南方言—厦门话等。

由于客观条件所限，古人不可能对各地方言进行全面调查，因此古籍中只有对宏观地理区域方言词汇、语音特点的零散记录，常以"地域范围+语"或"地域范围+音"（后者更偏重语音、相当于英语的 accent）来对方言进行指称，如扬雄的《方言》一书中就曾出现"秦晋语""关西语""中州语""宋语""齐语""楚语""江东语"等称谓，大致反映了周秦和汉代的一级方言格局。关于吴地方言，除"江东语"外，《方言》多用"吴越曰""吴楚曰""荆吴曰""吴扬曰"等并称说法，尚未出现"吴语"的称谓。到了魏晋南北朝时期，"吴语"的说法始见于史籍，如陈寅恪《东晋南朝之吴语》提到的两例：

> 敬则名位虽达，不以富贵自遇，危拱傍遑，略不尝坐，接士庶皆吴语，而殷勤周悉。（《南齐书》卷二十六《王敬则传》）
>
> 刘既出，人问："见王公云何？"刘曰："未见他异，唯闻作吴语耳。"（《世说新语·排调篇》）

六朝以后，"吴语"的说法开始在史籍中大量出现，"中国基本古籍库"的唐代文献中出现 70 余次，宋代文献 150 余次，明代文献 240 余次，到清代则激增至 2000 余次（按：少数文献中的"吴语"为《国语》之《吴语》）。

至于闽地及岭南方言，扬雄的《方言》一书并未涉及，更未出现"闽语""粤语"的说法。据刘晓南的研究，史籍中较早提及闽方言的是《说郛》所载、五代入宋时的僧人赞宁所言"闽土人言音诡异"，包括《朱子语类》在内的宋人笔记也多有对闽音特点的描述①，当时中原士大夫多鄙视闽音，宋立国之初据说还立有"不以南人为相"的规矩。在"中国基本古籍库"中"闽语"共出现 127 次，最早出现于宋代、仅现六次，明清两代最为集中，元修《宋史·刘昌言传》也有"或短其闽语难晓"的记载。"粤语"的称谓同样最早出现于宋代、但仅现一次，为宋人陈瓘撰《四明尊尧集》之"适粤而北辕、粤不可至，徙粤人而置于齐里、则粤语可易而为齐"（按：但《宋文鉴》和《事文类聚》收入此文时"粤"皆作"越"；考虑到陈文齐、粤对举，《四明尊尧集》里的"粤"有可能是"越"字之误）。现代意义（即指粤地方言）上的"粤语"称谓在清代才开始出现，如屈大均《广东新语》有"日久亦能粤语"、赵学敏《本草纲目拾遗》有"苗如竹节、出广西粤语"等。

显而易见，在统一的国家认同与文化认同之下，古代文人笔下的"某语"只不过是口语"某话"的雅化说法。事实上时至今日，两广粤方言仍自称"白话"。至于古代的"某语"究竟是汉语方言还是周边少数民族语言，在"以夏变夷""夷狄进于中国则中国之"的古代民族观念里其实并不重要。民族融合是汉语方言形成过程中不可或缺的因素，这已是方言学界的共识，如潘悟云就曾系统论证百越语通过习得转化为原始吴方言的具体过程②。

但近代以来情况发生了变化。以粤方言为例，其一，因广东最先与西方通商，清末民初又有大量粤民移居北美、澳洲等地，因此粤方言进入西方普通民众的视野可能比官话更早，英美澳等华人移民较多

① 刘晓南：《从历史文献的记述看早期闽语》，《语言研究》2003 年第 1 期。
② 潘悟云：《吴语形成的历史背景——兼论汉语南部方言的形成模式》，《方言》2009年第 3 期。

的国家至今仍普遍将两者视为两种语言，分别称为 Cantonese 和 Mandarin，这种观念又回流影响粤港澳等地；其二，港澳割让使当地粤方言长期脱离母体，其时正值晚清民国开展"国语运动"、新中国开展"推普"，内地确立了普通话为国家通用语、方言为地方口语的双层语（diglossia）格局。而港澳两地受占领当局压迫，作为母语的粤方言长期没有法律地位，在这种激烈的民族矛盾之下，粤方言成为两地汉民族认同的主要标志，在长期的斗争中，同占领者的语言形成事实上的双重语（bilingual）格局。

在处理回归事宜时，港澳《基本法》均采用"文"而非"语"的称谓：

> 第九条　香港（澳门）特别行政区的行政机关、立法机关和司法机关，除使用中文外，还可使用英文（葡文），英文（葡文）也是正式语言。

从语言学的角度来讲，"文"不等于"语"，同一种语言可以用不同的文字来记录，同一种文字也可以用来记录不同的语言。但《基本法》的模糊处理，实际上充分尊重了港澳两地的历史与现实。回归祖国以后，香港特区政府进一步将语文政策明确为"两文三语"，这也无可厚非。田小琳就曾指出[①]：

> "两文三语"中对于中文和普通话的提法，符合"一国"的要求，对于英文和英语、广东话的提法，则保留着"两制"的特点。"两文三语"的语文教育政策尊重香港百年来的历史和回归中国的实际，反映了语言和社会的密不可分的关系。

---

① 田小琳：《试论香港回归中国后的语文教育政策》，《语言文字应用》2001 年第 1 期。

　　由此可见，香港特区将英语、粤方言、普通话称为"三语"的前提是"两文"，这跟前述北美等地将"Cantonese"和"Mandarin"视为两种语言的性质存在根本不同。从这个意义上讲，"粤语"同"吴语""闽语"等称谓一样，都是古来传承的一级方言称"语"，有着统一的民族认同和国家认同。

3. "闽南语"模式："自治"状态下的次级方言提升为"语"

　　对汉语方言的大规模调查始于民国时期，随着调查的深入，对一级方言的分区也由少到多、逐步深入。以下为李小凡、项梦冰对民国以来的汉语方言一级分区方案所做的总结①：

表 8－1　　　　　　　　　　　汉语一级方言分区简况

王力	赵元任					李方桂	丁声树	袁家骅	李荣
5 区	7—11 区					8 区	8 区	7 区	10 区
1936	1933—1948					1937	1955	1960	1987
官话	华北官话	北方官话	北方官话	北方官话	北方官话	官话	北方方言	官话
	华南官话	上江官话	西南官话	西南官话	西南官话				晋语
			湘语	湘语	湘语	湘语	湘方言	湘语
		皖方言	下江官话	徽州方言	下江官话	赣语	赣方言	徽语
		下江官话		下江官话				赣语
			赣客方言	赣语	赣客方言			
客家话	客家方言	客家方言	客家语	客家语	赣客方言	客家话	客家方言	客家话
粤音	粤方言	粤方言	粤语	粤语	粤语	粤语	粤方言	粤语
吴音	吴方言	吴方言	吴语	吴语	吴语	吴语	吴方言	吴语
闽音	闽方言	闽方言	闽北语	闽北语	闽语	闽北话	闽方言	闽语
	海南方言	潮汕方言	闽南语	闽南语		闽南话		
								平话

① 李小凡、项梦冰：《汉语方言学基础教程》，北京大学出版社 2009 年版。

中华人民共和国成立以后的一级方言分区，从"文化大革命"前到 20 世纪八九十年代影响最大的是袁家骅的七区说①，在称谓上均采用"某某方言"，高等学校中文系广为采用的几本《现代汉语》教材（如黄廖本 2011 年第五版、胡裕树本 2011 年第七版、北大本 2012 年增订本和 2014 年新一版等）多从此说。80 年代末，社科院语言所编制的《中国语言地图集》（李荣 1987，后续综述性著作为侯精一2002）正式提出十区说②，在称谓上采用"语"或"话"；九十年代以后十区说逐渐为方言学界广为接受，但在《现代汉语》教材中仍较少采用。

尽管两种方案对一级大方言称"方言"还是"语"有所不同，但对一级大方言之下的各级次方言，无论"七区说"还是"十区说"均不以"语"相称，通常称为"方言"或"话"，这与非学术界的社会称呼一致。但值得注意的是，传统上原本称"话"的次方言——闽南话和上海话，近年来"闽南语"和"沪语"的称谓激增，甚至出现跟普通话平列为不同语言的现象。其传播特点，从地域上看，早期集中于福建、粤港澳、上海等地，之后向全国其他地区扩散，现已进入中央政府层面的新闻表述；从语体上看，早期多见于文艺性、娱乐性报道，之后向评论性、记叙性文章扩散，现已进入政论、公文等严肃语体；从传播媒介上看，早期以网络传播为主，之后向当地晚报、广电生活频道等扩散，现已进入当地甚至中央级党报、广电综合类和新闻类频道，乃至政府文件中。这两种方言称"语"现象成因有所不同，先来看"闽南语"。

如前所述，福建方言在宋明文献中多有记载，以"闽音"或"闽语"相称。近代以来，闽南方言的海外影响逐渐扩大，其英语称

---

① 袁家骅等：《汉语方言概要》，文字改革出版社 1960 年第一版，语文出版社 2001 年第二版。

② 李荣等主编：《中国语言地图集》，香港朗文（远东）有限公司 1987 年版；侯精一主编：《现代汉语方言概论》，上海教育出版社 2002 年版。

谓 Hokkien 即"福建"一词的闽南话读法。早期出海的闽南人并不称自己的方言为"闽南话"或"闽南语",而称"福佬话"(或"鹤佬话"、闽南方言"福""鹤"同音),字面意即"福建人的话"。

近年来,"闽南语"的称谓逐渐增多,比较常见的是将"闽南语"同"闽南方言""闽南话"视为等义词混用,如福建省各级教育主管部门的正式文件、新闻稿和工作报告都呈现出"闽南方言""闽南话""闽南语"混用的状况,以第二章提到的厦、漳、泉三地教育局推进方言文化进课堂的指导性文件为例:

> 制定活动方案,把闽南方言与文化课程内容纳入地方课程、校本课程和综合实践活动体系;开设闽南语教学课,开设闽南文化选修课,确保课时,定期开课;组织课堂内外的各种活动,努力使学生掌握闽南话,学会用闽南话进行基本的沟通交流……(《关于确定首批闽南方言与文化进课堂试点校的通知》,厦教基〔2009〕54 号①)

> 各地学校要提倡课堂讲普通话,课外讲闽南话;组织学生开展闽南语互帮互学活动,帮助外来学生学习闽南语,让他们尽快融入闽南,融入泉州。——(《泉州市教育局关于开展"闽南文化进校园"活动的实施意见》,泉教综〔2008〕8 号②)

> 通过开展学讲闽南话、学唱闽南童谣、学说闽南语故事、收集闽南语民间故事、追寻闽南文化历史的足迹等活动,推动我市少年儿童对闽南语、闽南童谣、闽南文化的了解,传承、弘扬家乡优秀传统文化,让学生耳濡目染,在浓郁的闽南文化氛围中,感受闽南语的魅力,掌握说好闽南语的技能,提高学生语言文化

---

① 《关于确定首批闽南方言与文化进课堂试点校的通知》,厦门市教育局,2009 年 7 月 27 日,http://www.xmedu.gov.cn/sso/GovInfo.do?action=showGovInfo&newsID=15161。

② 《泉州市教育局关于开展"闽南文化进校园"活动的实施意见》,泉州市教育局,2008 年 4 月 7 日,http://www.qzedu.cn/content.aspx?uni=842f6658-035b-4029-8020-6ab9ff579229。

素养，培养热爱家乡、热爱祖国的高尚情操。(《关于开展漳州市
首届闽南文化进校园活动的通知》，漳教初〔2010〕20 号①)

这些指导性文件是各区县开展闽南方言进课堂的主要政策依据，
越往基层、"闽南语"称谓越普遍。此外，文化、媒体、公共服务甚
至政务领域也同样存在大量"闽南语"同"闽南话""闽南方言"混
用的状况，以福建省人民政府办公厅《关于印发闽南文化生态保护区
总体规划的通知》(闽政办〔2014〕54 号)为例②，"闽南方言"出
现 14 次，主要为学术性表述，其中两处为书名；"闽南话"出现 3
次；"闽南语"出现达 13 次，且七处出现在政府指导性意见中：

　　　　各媒体积极宣传文化遗产保护，电视台开设闽南语频道、栏
目，报道、介绍闽南文化遗产知识和活动。
　　　　政府有关部门要采取措施加强两岸青少年文化交流，举行闽
南童谣、闽南语歌曲比赛、非物质文化遗产知识竞赛、旅游参观
等活动，不断为传承闽南文化、维护两岸关系和平发展增添新的
活力。
　　　　在推广、普及普通话的前提下，鼓励青少年学习闽南语，培
养青少年闽南语应用能力；进一步发挥厦门卫视、泉州电视台、
漳州电视台闽南语电视频道、栏目的作用，扩大闽南语的传播；
鼓励公务员、服务业人员、外来务工人员学讲闽南语，形成有利
于闽南文化保护的语言环境。

在厦漳泉三地的新闻媒体乃至政府公文中，"闽南语"已有取代

---

① 《关于开展漳州市首届闽南文化进校园活动的通知》，漳州市教育局，2010 年 1 月
29 日，http：//59.60.156.138：81/content.aspx？id＝695。
② 《关于印发闽南文化生态保护区总体规划的通知》，福建省人民政府办公厅，2014
年 4 月 23 日，http：//www.fujian.gov.cn/zwgk/zxwj/szfwj/201405/t20140513_739229.htm。

"闽南话"，成为闽南方言通行称谓之势。不仅如此，"闽南语"称谓已经进入了中央层面的新闻表述，如在报道 2014 年 7 月福建省委书记尤权访台时，新华社、《人民日报·海外版》和《福建日报》的报道都采用了"闽南语"称谓。

4. "沪语"模式："他治"状态下的次级方言提升为"语"

上海方言是吴方言太湖片的一个次方言，一般通称"上海话"，本地人称"上海闲话"。近年来，"沪语"称谓在上海本地报纸、广电媒体和网络媒体大量出现，有强势取代"上海话"成为上海方言通称之势，仅以上海市委机关报《解放日报》为例：

> 普通话、沪语以及英语的多种语言表达，让人耳目一新，受到了评委们的肯定。(2014 年 12 月 1 日第 24 版)
>
> 上海的公交车将从下月起增加沪语报站服务……公交车报站的根本目的是为市民和游客提供规范的引导服务，所以增加沪语报站不会影响其他语言报站。(2013 年 9 月 13 日第 2 版)
>
> 在登机口加推沪语广播……未来，沪语有望在更多浦东机场航班提醒广播中推广。(2013 年 5 月 28 日第 2 版)
>
> 市教委提出，本市将在幼儿园开展沪语教育试点……本市已有 100 多所中小学在校本课程中开展了沪语教学。(2013 年 5 月 24 日第 3 版)
>
> 除提供普通话和沪语服务之外，12345 热线还能够提供英语、日语、韩语、西班牙语等外语服务……(2012 年 10 月 9 日第 1 版)
>
> 上海电视台《新闻坊》首播沪语节目，主持人用沪语播报新闻、聊新闻。作为上海荧屏首档沪语电视新闻节目，让人们看到上海话不仅能说滑稽戏，同样可以播新闻……(2012 年 6 月 26 日第 7 版)

　　一般人也许会认为"上海话"与"沪语"并无本质区别，只不过前者更口语化、后者更书面化，事实上，在我们所考察的材料中，将两者视为等义词混用的现象也颇为常见。但深入观察会发现，尽管基层中小学、幼儿园大量使用"沪语"称谓（甚至在某区人民政府网站出现"展现汉语、沪语魅力 区中华经典诵读和上海话说唱比赛举行"的新闻标题），但作为上海市语言文字主管部门的上海市教委在此问题上较为审慎，在其发布的涉及上海方言的《2014 年上海市语言文字工作要点》《2012 年保护传承上海话工作情况》《本市开展上海话有声数据库建设情况》等文件中均采用"上海话"称谓。由于近年来关于保护上海方言的信访件时有出现，上海市教委形成了一个对此类问题的官方回复①，值得玩味的是，在涉及上海市教委管辖范围以内的幼儿园、中小学的上海话教学问题时，该回复均采用"上海话"称谓，如：

　　　　二、关于学校开展上海话教学的问题……用上海话与儿童交流，指导儿童学唱上海话童谣，开展上海话儿童游戏，建立少年儿童对上海话的语言敏感……在小学阶段，上海话教学依托不同学校的特色课程的建设平台进入到教学中。据 2013 年的调查统计，目前本市已有 209 所小学、59 所中学在兴趣课、活动课等拓展型课程中开展了上海话教学。

　　而在涉及上海市教委管辖范围以外的公交报站、上海话节目等问题时，该回复均采用"沪语"称谓，如：

　　　　三、关于公交沪语播报的问题……逐步增加沪语播报的公交

---

　　① 《对〈关于拯救上海方言的建议〉的回复》，中共上海市委领导信箱网站，2014 年 1 月 21 日，http：//wsxf. sh. gov. cn/swldxxnew/feedback _ show. aspx? State = C4AD4221A364E620&LetterID = DF590AE74C341813。

线路。

四、关于文化传媒沪语节目的制作与播出问题。据了解，上海广播电视节目中的沪语节目近年来逐渐增多，如广播沪语……电视沪语节目……办好沪语节目，为繁荣海派文化发挥应有作用。

《新民晚报》于 2015 年 2 月 10 日发表的《"沪语"与"上海闲话"啥差别?》一文给出了更为直白的解释（按：原文以上海方言写成，括注普通话解释为笔者所增）：

> 仔细琢磨，大赛定名为"沪语"而非"上海闲话"也是精心推敲个（的）结果，两个名称个差别应该类同于"普通话"与"北京话"的差别。"沪语"属于基本、基础个上海话，而"上海闲话"更多个是土生土长个上海人互相交流时个上海话，两者语音基本相同，但词汇、语法上还是有较多差异。

> 辣个（这个）大赛个目的明确，就是推动已将近上海一半人口个一千多万新上海人学讲上海话，当然要定位基础、基本，有了基础、基本，新上海人辣（在）上海工作生活才能消除勿（不）便，辣个便利同时也惠及上海人口一半多一点个上海本地人，所以，伊个功效是双向和翻倍个。至于色彩、滋味更丰富个"上海闲话"，辣是要有了基础之后逐渐随着时间个积累来慢慢理解、体味个，急功近利勿得。

该文将"沪语"与"上海闲话"的差异类比为"普通话"与"北京话"，一方面反映了其提升上海方言地位的诉求，另一方面也暗示了为上海方言建立书面语的诉求，甚至对"沪语大赛"的目的也有着直言不讳的表述。近年来，上海、苏南等地外来人口大量涌入，至 2014 年末，上海市外来常住人口已达 996.42 万人，占常住人口总数（2425.68万人）的41%①；而苏州市2014年末流动人口达698.9万，已超过661万的户籍人口，前者增长率为6.89%，比后者的7.99‰高出一个数量级。② 此外，两市的户籍人口中还有相当一部分为原籍外地的新市民。

上海方言由"话"升"语"的动因同台湾不尽相同，上海一直处于中央政府的管辖之下，有着统一的法律和政治架构，显然不存在类似"台独"的政治土壤。然而从深层次上看，"闽南语"和"沪语"背后所折射出的人群疏离却在客观上存在一定共性，在台湾，"闽南语"与国语分别成为本省人与外省人的身份标签，而在上海，"沪语"和普通话则分别成为本地人与外地人的身份标签。

5. 相关政策建议

近年来，我国方言保护的呼声日益强烈，其背后的动因是复杂的，大致可分为两类：一类是出于对语言文化多样性的保护和对语言资源的珍爱，这一动因从深层次上看要归因于全球化和城市化带来的方言式微，其出发点和落脚点都是方言本身；另一类则是出于一定的政治诉求，通过方言来建构族群身份，其出发点是方言、但其落脚点显然不是方言。换言之，前者关注的是"实"而不是"名"，后者则恰恰相反，真正关注的是"名"，"实"只是"名"的手段和途径。

也许有人会提出，对于前一种情况，方言称谓不应该成为问题，一些媒体将粤语、"闽南语""沪语"与普通话甚至汉语并立为不同语言只是一种无心的误用。但现实是复杂的，一方面可能会习非成是、造成语言意识形态的混乱，另一方面则可能会授人以柄、被人

---

① 《2014年上海市国民经济和社会发展统计公报》，上海市统计局网站，2015年2月28日，http：//www. stats‐sh. gov. cn/sjfb/201502/277392. html。

② 《2014年苏州市人口数据公布》，江苏省人民政府网站，2015年3月13日，http：//www. jiangsu. gov. cn/gzdt/201503/t20150313_ 377492. html。

利用。

名不正、则言不顺，对此广大宣传部门实际上有着清楚的认知，但涉及语言问题却会出现一些低级错误，这至少说明两个问题：一是我们的语言学教育、特别是对语言意识形态性的教育不到位；二是我国语言文字的法律法规，从《国家通用语言文字法》和各省市制定的实施办法，均未对方言称谓这一重大原则问题作出规定。以下就方言称"语"现象提出一些具体建议：

（1）加强党政机关和新闻媒体的语言国情教育，在相关法律法规尚存真空的情况下，先以部门规范的形式，为方言的具体称谓以及称谓的使用制定既尊重历史习惯又严守政治"红线"的操作细则。所谓尊重历史习惯，即一级方言可沿袭古来"语"的称谓，次级方言由于学术上、习惯上均不称"语"，可不鼓励称"语"；所谓严守政治"红线"，即严禁将方言与普通话、甚至汉语并列表述为多种语言。在此前提下，具体称谓和称谓的使用仅作建议、不作强制，以保持一定的弹性。

（2）由于方言学界一级方言既可称"方言"（袁家骅1960七区说的做法），也可称"语"（李荣1987十区说的做法），在充分尊重学术自由的前提下，宜将这一分歧或争鸣限定在方言学界内部。事实上，十区说与七区说最核心的区别并不在称谓，而在于是否将晋方言、徽方言与平话提升为一级大方言。随着调查的深入、理论的更迭乃至方言本身的发展变化，十区说很难说不会再发生变化。因此，对于社会的一般使用，一级方言可建议采用"方言"称谓，对方言学界的内部使用也可适当做些引导。

第二节　方言使用入法问题

截至2020年，我国已有两地为方言保护和方言社会使用制定了地方性法律或法规，分别为：

（1）厦门市人民政府 2015 年颁布实施的《厦门市闽南文化生态保护区建设办法》（参见第二章第一节），以及厦门市第十五届人大常委会 2020 年通过的《厦门经济特区闽南文化保护发展办法》；

（2）苏州市第十六届人大常委会 2017 年通过的《苏州国家历史文化名城保护条例》（参见第三章第二节）。

这些地方法律法规所涉及的方言保护和使用问题，既包括从古代传承下来的非物质文化遗产，也包括现实社会生活中的政务、媒体、公共事业等各领域，其中无一例外地对校园方言活动提出了要求。这些法律法规是否存在问题？以下就以较早实施的《厦门市闽南文化生态保护区建设办法》（以下简称《办法》）为例做一初步分析①。

1. 涉方言部分立法依据缺失

《办法》共 6 章 41 条，其中第四章 "闽南文化生态环境" 多处明确提及闽南方言的具体使用，现摘录如下：

> 第二十七条 教育主管部门应当开展 "闽南方言与文化进校园" 活动，幼儿园、小学、初中应当将闽南文化列入教学课程；
>
> 鼓励高中、中等职业学校将闽南文化列入选修课程；鼓励市属高校在相关专业开设闽南文化和文化遗产保护课程。
>
> 支持各种职业院校培养闽南文化遗产保护专门人才，支持院校、研究机构及社会组织开展闽南文化研究。
>
> 鼓励非物质文化遗产代表性项目保护单位与学校开展闽南文化传承合作办学。

---

① 本节内容以 "方言使用入法宜慎行" 为题，收入国家语委科研机构中国语情与社会发展研究中心编《中国语情特稿》第 11 期，2016 年 3 月出刊。

第二十九条　支持市语言文字管理部门开展闽南话水平测试工作。

市属电视台、电台等媒体应当开展闽南话新闻播报、制作闽南话专题节目。鼓励市民学习闽南话，公共场所、公共交通工具应当逐步推广普通话和闽南话双语广播。

第三十四条　鼓励涉及闽南文化的行业成立行业协会。支持行业协会开展闽南文化遗产的宣传、展示、教育、传播、研究、出版等活动。

由上述摘录不难看出，《办法》直接规定了教育、媒体、公共服务领域的方言使用，并对语言文字管理部门开展方言水平测试表示支持，可以说大量涉及了《中华人民共和国国家通用语言文字法》以及《福建省实施〈中华人民共和国国家通用语言文字法〉办法》的管辖范围，但其第一章第一条的立法依据却只字未提以上两部法律、法规：

第一条　为了加强闽南文化生态保护区建设，传承和弘扬闽南优秀文化，提高市民的文化自觉和文化自信，根据《中华人民共和国非物质文化遗产法》《中华人民共和国文物保护法》等法律、法规，结合本市实际，制定本办法。

查《非物质文化遗产法》，仅在第2条对非物质文化遗产具体形式的界定时提到了语言问题：

第二条　本法所称非物质文化遗产，是指各族人民世代相传并视为其文化遗产组成部分的各种传统文化表现形式，以及与传统文化表现形式相关的实物和场所。包括：

（一）传统口头文学以及作为其载体的语言；

（二）传统美术、书法、音乐、舞蹈、戏剧、曲艺和杂技；

（三）传统技艺、医药和历法；

（四）传统礼仪、节庆等民俗；

（五）传统体育和游艺；

（六）其他非物质文化遗产。

属于非物质文化遗产组成部分的实物和场所，凡属文物的，适用《中华人民共和国文物保护法》的有关规定。

《非遗法》所定义的保护对象是"传统口头文学以及作为其载体的语言"，强调的是"遗产""传统"，因此其所包括的语言（含方言）在使用场合上是有严格限定的，即必须是作为传统口头文学载体使用。如果不在这一场合使用，应当归入《国家通用语言文字法》的管辖范围。

换言之，《非遗法》与《国家通用语言文字法》不仅不冲突，而且是互补的。《非遗法》所涉及的方言使用是《国家通用语言文字法》的一类特殊情况，后者已通过"出版、教学、研究中确需使用的"以及"法律另有规定的除外"等表述将前者囊括在内。用《非遗法》对方言使用的特殊规定来规约方言使用的一般情况，这在法律依据上有本末倒置之嫌。

2. 与上位法基调不合甚至冲突

厦门《办法》由市人民政府颁布，属地方政府规章，在我国法律体系中处于较低层级，其内容不能跟上位的全国或省级法律法规相冲突。现将厦门《办法》的相关内容与《国家通用语言文字法》和《福建省实施〈中华人民共和国国家通用语言文字法〉办法》对比如表 8 - 2：

表 8 - 2　　《国家通用语言文字法》《福建省实施办法》与厦门
《办法》的对比

	《国家通用语言文字法》	《福建省实施办法》	厦门《办法》
教育教学用语	以普通话为基本用语，法律另有规定的除外，教学、研究中确需使用的可以使用方言。		教育主管部门应当开展"闽南方言与文化进校园"活动，幼儿园、小学、初中应当将闽南文化列入教学课程。
广播电视用语	以普通话为基本的播音用语。经国务院广播电视部门或省级广播电视部门批准的播音用语可以使用方言。	以普通话为基本用语，国家法律规定可以使用方言的除外。	市属电视台、电台等媒体应当开展闽南话新闻播报、制作闽南话专题节目。
公共服务用语	提倡以普通话为服务用语。		鼓励市民学习闽南话，公共场所、公共交通工具应当逐步推广普通话和闽南话双语广播。

易见，在教育教学、广播电视以及公共服务用语三个领域，无论是《国家通用语言文字法》还是《福建省实施办法》，所用表述均为"以"或"提倡"，立法基调是引导性的，且为方言的社会使用留出了充足的法律空间；而厦门《办法》不仅未明确规定国家通用语的主体地位，在涉及方言的条款上还使用了"应当""鼓励"等表述，"应当"一词显然是刚性的，在立法基调上有违相关上位法的基本精神。

此外，厦门《办法》要求"市属电视台、电台等媒体应当开展闽南话新闻播报、制作闽南话专题节目"，这也与《国家通用语言文字法》中"经国务院广播电视部门或省级广播电视部门批准的播音用语可以使用方言"的规定有出入。

3. 方言水平测试的法律地位问题

厦门《办法》第 29 条要求"支持市语言文字管理部门开展闽南

话水平测试工作"。事实上，早在《办法》正式实施半年前的2015年6月，"闽南话水平测试"已由厦门市教育局联合厦门市文化广电新闻出版局、厦门广播电视集团联合发布厦教语〔2015〕2号文（《关于开展厦门市闽南话水平测试工作的实施意见》）开始实施。现将该《实施意见》加小标题摘要如下：

（开展闽南话水平测试的必要性）激励人们、特别是少年一代学习、掌握闽南话的热情与积极性，加大全社会普及闽南话的力度，提高市民学说与运用闽南话的水平，培养一批闽南话传播与教学骨干，促进两岸文化交流。掌握并使用一定水平的闽南话是闽南地区各行各业民众，特别是教师、播音员、节目主持人、演员、窗口服务人员等专业人员必备的职业素质。

（等级标准）成绩在90分及以上为一级，75分及以上为二级，60分及以上为三级。

（不同行业达标建议）社会上从事一般性工作要求，建议应达到三级水平；从事闽南话课程教学的中小学教师建议应达到二级或一级水平；闽南话广播和电视节目的播音员、节目主持人建议应达到一级水平；闽南话电影、电视剧演员和配音演员，以及相关专业的院校毕业生建议应达到一级水平。鼓励和支持上述群体人员所在单位逐步实行持闽南话等级合格证书上岗的制度。

（执行机构）成立厦门市闽南话水平测试指导大纲编委会，负责全市闽南话水平测试指导大纲的制定和编写工作；在广泛征求意见的基础上，负责制定闽南话水平等级标准和《测试大纲》。编委会由厦门市语委办、厦门市非遗办、厦门广播电视集团、闽南文化研究会有关负责同志和闽南语专家学者等相关人员组成。厦门市闽南话水平测试、培训和发证工作由市语委办负责组织实施，并负责闽南话水平测试工作前期启动经费。厦门广播电视集团负责机构搭建、组织大纲编写和审定等具体工作。

同网上流行的各种方言水平测试不同的是，"闽南话水平测试"以及相关培训、发证工作由厦门市语委办负责组织实施，是一种政府行政行为。行政行为的合法要件包括主体合法、职权合法、内容合法、程序合法和形式合法①，其中内容合法指行政行为要有法律依据，适用法律、法规正确。

可是，且不说厦教语〔2015〕2号文发布时（2015年6月12日）《厦门市闽南文化生态保护区建设办法》尚未正式施行（2015年12月1日），就算前者可以后者为法律依据，如前所述，《厦门市闽南文化生态保护区建设办法》在立法依据上并未明确提及《中华人民共和国国家通用语言文字法》，其明确依据的两部法律《中华人民共和国非物质文化遗产法》和《中华人民共和国文物保护法》也不涉及日常社会生活中的方言使用问题。

反观普通话水平测试，在《国家通用语言文字法》和各省颁布的《实施办法》中均有明确的授权和规定：

《中华人民共和国国家通用语言文字法》

第二十四条　国务院语言文字工作部门颁布普通话水平测试等级标准；

第十九条　以普通话作为工作语言的播音员、节目主持人和影视话剧演员、教师、国家机关工作人员的普通话水平，应当分别达到国家规定的等级标准。

《福建省实施〈中华人民共和国国家通用语言文字法〉办法》

第十一条　普通话水平测试工作由省人民政府语言文字工作委员会批准的普通话水平测试机构具体实施。普通话水平测试等级证书由省人民政府语言文字工作委员会颁发；

第十条　下列人员的普通话水平应当分别达到下列等级

---

① 姜明安主编：《行政法与行政诉讼法》，北京大学出版社、高等教育出版社1999年版。

标准：

（一）播音员、节目主持人和影视、话剧演员为一级乙等以上水平，其中省级广播电台、电视台的播音员为一级甲等水平；……

对普通话水平未达到规定等级标准的人员，所在单位负责组织并督促其参加培训。

按照国家有关规定持证上岗的或者国家对普通话等级标准有其他规定的，从其规定。

即便《厦门市闽南文化生态保护区建设办法》在立法依据上不存在问题，市一级人民政府能否通过行政规章授权（《办法》中的表述为"支持"）语言文字管理部门开展方言水平测试，并颁布相应的测试标准、颁发等级证书，从我们所掌握的材料来看，该问题尚属法律空白。

按照《中共中央关于全面推进依法治国若干重大问题的决定》中"行政机关要坚持法定职责必须为、法无授权不可为"的精神，既然现行国家法律和省级法规均未对方言水平测试进行授权，厦门市政府能否授权（或"支持"）又存在法律真空，那么厦教语〔2015〕2号文的行政行为是否于法有据也值得讨论。

4. 奖惩标准界定问题

厦门《办法》还明确规定了涉及闽南文化保护的奖惩考评措施：

第三十六条　任何单位和个人有权就闽南文化的保护、传承、传播向文化主管部门提出建议和意见，文化主管部门应当予以及时处理。

第三十七条　对歪曲、诋毁、破坏闽南文化的行为，任何单位和个人有权予以制止并向文化主管部门举报。文化主管部门应当依法予以调查、处理。

第三十八条　……文化主管部门和其他有关部门及其工作人员在闽南文化生态保护区建设工作中玩忽职守、滥用职权、徇私舞弊的，依法给予行政处分；构成犯罪的，依法追究其刑事责任。

第三十九条　闽南文化生态保护区建设工作纳入各级政府及其工作部门年度绩效考核。

市、区人民政府应当每年对闽南文化生态保护区相关建设情况进行监督检查；发现相关建设措施未能有效实施的，应当及时纠正、处理。

上述条款虽未明确提及闽南方言，但由于语言与文化具有统一性，在实际操作中难以分离。那么显而易见的问题是，何谓"歪曲、诋毁、破坏闽南文化"、何谓"在闽南文化生态保护区建设工作中玩忽职守"？在法律上如何界定？

我们注意到，《国家通用语言文字法》也有相关的管理监督规定：

第二十六条　违反本法第二章有关规定，不按照国家通用语言文字的规范和标准使用语言文字的，公民可以提出批评和建议。

本法第十九条第二款规定的人员用语违反本法第二章有关规定的，有关单位应当对直接责任人员进行批评教育；拒不改正的，由有关单位作出处理。

第二十七条　违反本法规定，干涉他人学习和使用国家通用语言文字的，由有关行政管理部门责令限期改正，并予以警告。

《国家通用语言文字法》与厦门《办法》的相关规定是否会发生冲突，这也是一个需要观察和思考的问题。

5. 相关政策建议

按照《中华人民共和国立法法》第 4 条之规定，"立法应当依照法定的权限和程序，从国家整体利益出发，维护社会主义法制的统一和尊严"。地方政府涉及语言文字的立法，应该严格遵守这条规定。

首先，从立法权限上看，地方政府显然没有权力制定超出国家法律的地方性法规或规章来规定当地方言的社会使用。现行《国家通用语言文字法》在普方关系问题上，大的原则是清晰的，即公共领域使用普通话，同时为方言留出充分的使用空间，对私人领域则不加干涉。其在公共领域预留的法律空间亦有明确的规定（第 16 条），作为地方性法规或规章，显然没有权力去规定超出《国家通用语言文字法》规定的事项。

其次，普通话体现的是国家整体利益，其地位不仅有《国家通用语言文字法》的规定，更有《宪法》的规定；普通话不仅是汉族地区的民族通用语，也是包括少数民族地区在内的全国通用语。因此退一步说，即使地方政府得到相关授权，在立法时也必须明确国家通用语的主体性地位，不能将方言与普通话相提并论，更不能通过各种体制、机制安排，造成在社会公共领域，方言与普通话平起平坐、分庭抗礼的局面。

最后，如果各地方政府都为当地方言的社会使用立法，显然有悖社会主义法制的统一和尊严，造成语言文字领域各自为政的不良后果，也不利于全国市场的统一和人口的正常流动。在国家层面，更难以界定和协调各地公共领域普通话与方言的权利边界，给立法和监管带来被动。同时，对于个人而言，地方政府是否有权力，将该地部分居民的方言权利施加于全体居民；特别是在人口流动日益频繁、人口结构更加多元的时代，是否只有本地人口拥有方言权利、而外来人口没有方言权利，这也是法理上难以回答的问题。

基于以上考虑，我们建议：

（1）加大《国家通用语言文字法》的执法力度。应进一步强调，虽然《国家通用语言文字法》是一部专门法，但却有着明确的《宪法》基础，应维护其严肃性，依法制止与其相悖的做法。

（2）加强方言入法的理论与实践研究，要注意区分"方言保护入法"与"方言使用入法"。如前所述，"方言保护入法"在2011年实施的《中华人民共和国非物质文化遗产法》中已有所提及，可考虑进一步完善，但要注意把握"度"的问题。方言保护与方言使用没有绝对界限，不同利益主体的诉求也各不相同，有的群体要求的"保护"只是保存，而有的群体要求的"保护"则是社会使用；有的群体要求的使用符合《国家通用语言文字法》的规定，而有的群体则是多多益善、完全不顾《国家通用语言文字法》。情况颇为复杂，因此要深入研究、谨慎立法。

（3）审慎探索方言保护的法律路径，在相关理论研究和实践经验尚不充分的情况下，优先采用政策投石问路，不宜轻易上升到法律法规层面。因为政策的权威性、稳定性毕竟有限，如发现不妥，可以及时做出调整或修改；而一旦作为法律法规发布，则难以轻易改动。

结　　语

　　本书撰写进入尾声之时，中华人民共和国成立以来第四次全国语言文字会议于 2020 年 10 月 13 日在京召开。会议全面总结了语言文字事业取得的成就和经验，分析了新时代语言文字事业面临的新情况新问题，明确了今后一个时期语言文字工作的方针、目标和任务①。会议形成的《国务院办公厅关于全面加强新时代语言文字工作的意见》（以下简称《意见》）于 2021 年 11 月正式发布。

　　《意见》在肯定我国语言文字事业取得历史性成就的同时，也指出国家通用语言文字推广普及仍不平衡不充分，语言文字工作治理体系和治理能力现代化水平亟待提升。《意见》提出了五大方面的主要任务，最首要的就是"坚定不移推广普及国家通用语言文字"，其中又特别提到要"坚持学校作为国家通用语言文字教育基础阵地"，包括"全面落实国家通用语言文字作为教育教学基本用语用字的法定要求""坚持把语言文字规范化要求纳入学校、教师、学生管理和教育教学、评估评价等各个环节"等具体要求。

　　涉及方言保护的内容主要在第四项任务——"积极推进中华优秀语言文化传承发展"中提及，包括"传承弘扬以语言文字为载体的中华优秀文化""大力推进语言资源的保护、开发和利用""科学保护方言和少数民族语言文字""推进中国语言资源保护工程建

---

　　① 《语言文字事业与时代共进——专家学者解读全国语言文字会议精神》，《光明日报》2020 年 10 月 17 日第 12 版。

设”等。

在这一背景下，无论是"方言文化进课堂"，还是其他公共领域开展的方言文化活动，要保证其良性、有序和持久的发展，正确认识和处理普通话与方言的关系是一大前提和关键。这也对语言文字工作者和语言文字科研提出了更高的要求，至少可以在以下三个方面发力：

（1）要努力开创普方关系的中国话语。有不少学者已指出中国语言学在话语体系建设上的滞后，如：

> 在相当长的一段时间里，中国学者习惯于使用西方话语体系与国际学界对话；直至新世纪以来，糅合语法、对言语法等涉及汉语本质的标识性概念的提出，才开始形成兼具当代学术特色和中国传统文化特色的汉语话语方式。①
>
> 几十年来我们都是国际语言学的"跟跑者"，在研究思想、研究范式、研究方法上，很少能够有原创性成果，特别是难以有"设置话题"的机会和能力，很难获取较大的学术话语权。②

在普方关系方面，虽然本体研究和政策研究的学者都有很多精辟论述，但客观地说，社会影响力尚显不足，从本书第八章对方言称"语"问题的讨论可见一斑。近年来，随着"语保工程"的深入推进，中国学者在向世界推介"语保"经验的过程中，对话语建设已有所关注，如在《岳麓宣言》中加入了"方言"的表述。但要真正建立一套与中国国情相符的完整话语体系，恐怕还有很长一段路要走。

---

① 《中国语文》编辑部：《中国语言学的体系建设和时代使命》，《中国语文》2021年第3期。
② 李宇明：《语言学的问题意识、话语转向及学科问题》，《广州大学学报》（社会科学版）2019年第5期。

（2）要深入研究普方关系和谐共生的具体路径。长期以来，无论是政策层面还是学术层面，对普通话与方言和谐共生关系的表述都是较为清晰的。但一旦落实到社会层面，却经常出现这样或那样的问题，形成社会关注的焦点甚至舆情事件。我们认为其中的一个重要因素，就是具体操作缺乏有力的理论指引。

比如在校园方言文化活动中，展现地域特色很容易做到，但与此同时，要避免地方本位，看到异中之同就不那么容易了。方言所代表的地域文化与普通话所代表民族共有文化有哪些交集，不同方言代表的不同地域文化之间又有哪些交集，这些交集如何通过方言的语音、词汇、语法加以体现，又如何通过方言承载的各类传统文化形式加以体现……只有多思考、多回答这类问题，才能让普方关系和谐发展落到实处，真正实现主体性与多样性的统一。

（3）要全面认识普方关系的广阔社会图景。无论是国家通用语言文字推广普及的不平衡不充分，还是"方言文化进课堂"显著的地域性特征，都可看作是新时代我国社会主要矛盾在语言文字领域的具体表现，都应当结合近年来党中央、国务院推动区域协调发展的各项要求和部署加以考察。对语言文字领域发展的不平衡与不充分，语言学界一直有着清醒的认知。目前最需要的，是将这些认知转化为国家语言文字的发展方略和语言文字主管部门的具体举措。而实现这一点的关键，是适当跳出语言符号本身，更多地去观照语言背后的广阔社会天地。

由于各种主客观条件的限制，我们对"方言文化进课堂"的观察与思考还存在着一些明显的不足，热切盼望广大读者和后来的研究者以更高的站位，把握新时代语言文字工作的脉动，对相关问题做更深入、更具体、更富有实效的思考。

后　记

从我的第一篇关于"方言文化进课堂"的调研报告发表于《中国语情》2012 年第 1 期，到这本小书的最终付梓，已是 11 年的时光。这个看似简单，实则关联甚多、影响甚大的问题，不仅让我对方言本身有了更深入的理解，还让我能有机会去了解中国的语言国情和语言文字治理，有机会迈入社会语言学和语言规划学的大门，有机会学有所用、为国家和社会尽微薄之力，这是我这 11 年来最大的收获。

借此机会，请允许我衷心感谢多年来给予我提携和帮助的领导、老师和朋友们！赵世举和赫琳老师带领的语情团队自不待言，郭熙老师带领的绿皮书团队、张日培老师带领的语言政策研究团队以及曹志耘、王莉宁老师带领的语保的朋友们也对我帮助尤多，在此谨向你们表达深深的谢意和敬意！

在这本小书涉及的诸多问题中，最让我放不下的是李宇明先生倡导的文化视角下的语言资源保护。包括"方言文化进课堂"在内的社会性的方言活动中，最为人民群众喜闻乐见的不是抽象的语言单位和语言结构，更不是虚无缥缈的所谓"母语"权利，而是质朴的童谣、渊博的讲古、韵味十足的戏曲唱词和引人共鸣的影视对白……

由此想到本科时学过的邢福义先生那本厚厚的《文化语言学》，想到上世纪九十年代的"文化语言学"热潮。如果这一范式能够发扬光大，中国语言学不知又会是怎样的图景。

三十年弹指一挥间。国家越是发展，社会越是进步，人民群众对祖国语言文字的热爱就越深切,越需要语言学科去贡献中国主张、中国智慧和中国方案。党的二十大报告所提出的"坚守中华文化立场,提炼展示中华文明的精神标识和文化精髓,加快构建中国话语和中国叙事体系",我们认为对语言学科未来的发展同样具有指导意义。

最后,谨向本书责编许琳老师,向帮助我搜集资料的王安琪和陈正仪同学深表谢意!同时,也期盼读者多提宝贵意见,共同为新时代语言文字事业的发展贡献力量!

作者谨识
2023 年秋于武昌